모험으로 사는 인생

폴 투르니에 | 정동섭·박영민 옮김

모험으로 사는 인생

폴 투르니에 | 정동섭 · 박영민 옮김

lvp

IVP(InterVarsity Press)는
캠퍼스와 세상 속의 하나님 나라 운동을 지향하는
IVF(InterVarsity Christian Fellowship)의 출판부로
생각하는 그리스도인을 위한 문서 운동을 실천합니다.

Originally Published by Delachaux et Niestlé
as *L'Aventure de la Vie* by Paul Tournier
© 1989 by Delachaux et Niestlé
Translated by permission of Delachaux et Niestlé
S. A., Nechâtel, Switzerland

This Korean edition is based upon English translation
The Adventure of Living(Highland Books, 1983)

Korean Edition © 1994, 2005 by Korea InterVarsity Press
156-10 Donggyo-ro, Mapo-gu, Seoul 04031, Korea.

L'Aventure de la Vie

Paul Tournier

차례

한국어판 서문 009

1부 모험

1│ 인간 특유의 본능 015   2│ 가상 모험과 실제 모험 033
3│ 좋은 일, 궂은 일 051   4│ 뛰어들기 069
5│ 일의 의미 087   6│ 헌신 103   7│ 하나님의 모험 117

2부 위험

8│ 모험의 특징 137   9│ 성공과 실패 151
10│ 실패 심리학 169   11│ 역설들 189   12│ 독신과 결혼 207
13│ 실패의 교훈 227   14│ 안전 추구 본능 243

3부 선택

15│ 가치 있는 모험 265   16│ 하나님의 인도 279
17│ 의탁 295   18│ 분별의 근본 309   19│ 묵상의 필요성 325
20│ 일의 모험 343   21│ 삶의 의미 357

주 371
역자 후기 377

한국어판 서문

이 책을 번역한 정동섭 교수의 요청에 따라 한국어판 서문을 쓰게 된 것은 나에게 커다란 기쁨이 아닐 수 없다. 나는 이 기회에 한국의 독자들과 '인격적인' 관계를 맺을 수 있게 되어 무척 행복하다는 말을 전하고 싶다. 이제 한국인들도 내 글을 읽을 수 있게 되었기 때문이다. 성자와 같은 삶을 살았던 은자 니콜라(Nicholas de Flue)의 요구에 따라 국제 정치에서 엄정한 중립을 유지해 왔던 우리 스위스인들은 전쟁이나 불의, 또한 분단과 같은 불행을 겪은 다른 민족에게 커다란 관심을 가지고 있다.

나는 한국에 갈 기회가 없었지만, 가까운 친구인 신학자 에밀 브루너(Emil Brunner)는 한국에 초빙되어 다녀온 적이 있다. 그는 한국인들의 뜨거운 신앙심에 대하여 말해 주었다.

그리스도인 의사들의 국제 대회에서 만난 두 명의 한국 의사는, 내 책 중 두 권이 이미 한국어로 번역되었다고 알려 주었다. 그 후에 다른 책들도 한글로 번역되었다는 소식을 들었지만 아직까지 모두 몇 권이 번역되었는지는 확실히 모르겠다.

본문 내용과 가장 부합하는 개인적인 예화를 하나 들고 싶다. 이 책에서 나는 가장 흥분되는 모험이라 하더라도 잠시 동안만 지속될 뿐이며, 결국 모든 모험은 일상적인 것으로 서서히 퇴색하게 마련이라는 것을 말하고 있다. 그래서 모험에서 생겨나는 창조적 열정은 성령의 자극을 받아 새로운 모험으로 부활하지 않으면 안 된다. 자, 이것이 바로 86세가 되는 나에게 일어난 일이다. 나는 10년 동안 홀아비로 지내다가 최근에 재혼하였다. 피아니스트이며 작곡가인 코린 오라마(Corinne O'Rama)와 결혼한 것이다.

내 나이라면 누구나 이해할 수 있겠지만 나는 노년의 재혼에 대해 많이 주저했다. 그러나 그녀와 나는 마음속에 사랑이 피어나면서 하나님이 우리에게 이 결혼을 허락하셨다는 확신을 공유했다. 나는 강연회로, 그녀는 연주회로 동역하라는 부름을 받았을 때도 우리는 결혼에 대해 전혀 생각하지 않았다. 우리는 그저 주님의 인도하심을 따라 사역에 충실했는데, 오히려 이러한 태도로 인해 깊은 일체감을 갖게 되었던 것이다.

그래서 우리는 결혼에 다다르게 되었다. 우리 두 사람의 생활은 흐트러졌고, 놀랍고 예기치 못한 새로운 모험에 휘말리게 되었다. 내가 이 책에서 말하고 있는 새로운 모험을 직접 체험하고 있는 것이다. 인류를 창조적인 삶으로 부르시는 분은 하나님이다. 그분이 창조주로서 인간을 자신의 형상대로 지으셨기 때문이다.

폴 투르니에(Paul Tournier)

모험

1부

L'Aventure de la Vie

1 인간 특유의 본능

나는 지금 마요르카 섬의 팔마에서 이 글을 쓰고 있다. 발코니에서는 부드러운 곡선을 자랑하는 항구와 고요히 반짝이는 바다가 보인다. 맞은편 커다란 방파제에는 배가 몇 척 정박해 있으며, 짐을 내리느라 배 위의 기중기가 정확하고 분주하게 움직이고 있다. 저녁이 되면 바르셀로나를 향해 항구를 빠져나가는 커다란 흰색 배도 늘 보인다. 왼쪽으로는 거대한 대성당이 버티고 있는 마을이 펼쳐진다. 대성당은 마치 어미 닭이 흩어져 있는 병아리들을 날개 아래로 모으듯이, 온 세상을 내려다보며 우뚝 서 있다.

대성당에서 조금 더 가면 성 프란체스코 수도원의 탑이 보인다. 바로 이 곳에서 프란체스코회 수도사들이 위대한 선교의 장정을 시작하여 태평양 연안을 따라 샌프란시스코에 이르게 된 것이다. 샌프란시스코는 그들이 1776년에 세운 도시다. 작년에 우리는 캘리포니아 주에서 '왕의 길'(royal way: 스페인이 18세기에 닦아 놓은 도로로 캐나다에서 멕시코에 이른다—역주)을 따라 그들의 발자취를 더듬어 보았고, 그들이 지낸 흔적이 남아 있는 정착촌 가운데 한 곳을 방문했다. 미국 한복판에 있는 그 곳은 매력적이고 고요한 작은 섬 같았다. 성벽에는 오래된 종 세 개가 걸려 있었고, 우리가 다가가도 날아가지 않을 만큼 사람들과 친숙해져 있는 비둘기들이 많았다.

프란체스코회 수도사들이 그 머나먼 해안을 따라 평화롭고 의기양양하게 전진한 것은 얼마나 엄청난 모험이었던가! 오늘날에는 비행기만 타면 편안하게 좌석에 앉아 몇 시간 만에 대서양과 미국 대륙을 건널 수 있다. 시계처럼 정밀하게 움직이며 현대 기술의 놀라운 발명품을 모두 장착한 안전 장치가 모든 위험을 막아 준다. 그러나 크리스토퍼 콜럼버스(Christopher Columbus)를 비롯한 수많은 항해자를 생각해 보라. 이들은 몇백 년에 걸쳐 온갖 위험과 험악한 폭풍우를 무릅쓰고 새로운 해로(海路)와 새 땅을 찾아 미지의 세계로 떠났다.

까마득한 옛날부터 그런 기항지 가운데 하나였던 이 섬과 내 눈앞에 펼쳐져 있는 바다는, 몇백 년에 걸쳐 인간성을 고양한 모험심의 상징으로 남아 있다. 지금 까라벨르 비행기 한 대가 새 공항에 멋지게 착륙하기 위해 강력한 제트 엔진 소리를 내면서 항구와 마을 위를 지나고 있다. 이 공항도 세계의 여느 공항처럼 신형 비행기의 개발에 보조를 맞추지 못해 계속 공사를 하고 있는 중이다.

나는 하늘을 나는 모험을 제대로 체험했다. 어렸을 때 최초의 비행 묘기를 보기 위해 오드 사브와 지방의 비리(Viry)라는 곳에 갔다. 거기서 비행기 바퀴가 정말 공중에 뜨는지 살펴보려고 납작하게 엎드렸다. 비행기 한 대가 하늘에 떠서 교회 첨탑을 한 바퀴 도는 것을 보고 얼마나 흥분했었는지! 그런데 지금은 손자 손녀에게 로켓, 우주 비행사 장비, 인간의 모험 선두에 서 있는 과학자들이 사용하는 큼지막한 기구의 실물 크기 모형 등 최신식 장난감을 사 줄 수 있게 되었다.

또한 나는 무선 통신이라는 모험의 전 과정을 겪었다. 결혼한 지 얼마 안 되어 처음으로 무전기를 조립했는데, 그 때는 아마추어로서 필요한 모든 부품을 대부분 만들어 사용했다. 종이나 골판지를 말아서 그 위에 전선을 감아 코일로 썼고, 전기 저항 장치는 경질 고무 조각 위에 연필로 표시를 해서 썼으며, 축전기는 은박지와 절연 종이를 번갈아 여러 층으로 싸서 썼다. 나는 매주 무선 통신에 관한 잡지가 나오기를 학수고대했다. 그 잡지에서 초민감 수신 장치인 개량 수신기의 설계도를 얻을 수 있었기 때문이다. 매주 우리 아마추어들은 수신기를 분해해서 다르게 조립해 보곤 했는데, 그 때마다 성공적으로 작동했던 것은 아니지만, 에펠 탑과 수신했을 때의 짜릿함이란 이루 말할 수 없다. 그러나 지금 나는 텔레비전 수상기(감히 건드려 볼 생각도 안 한다) 앞 안락의자에 앉아서 위성을 통해 전송되는 미국 방송을 보고 있다.

이처럼 인간의 모든 발명품은 수많은 난관과 그 난관에 대처하는 임기응변을 동반한 발견의 열정에서 출발한다. 이들 발명품은 점점 체계화되고 개량되기 때문에 이내 표준화되고, 결국에는 어디에서나 볼 수 있는 그저 일상적인 것이 되어 버린다. 이제 그것들은 이전 시대 원형의 결점을 보완하여 흠잡을 데 없이 순조롭게 작동한다. 그러나 이쯤 되면 모험의 기쁨은 사라져 버린다. 삶에서 그런 기쁨이 다시 살아나려면 또 다른 새로운 통로를 찾지 않으면 안 된다.

이것이 이 책의 주제다. 나는 모험을 향한 위대한 충동에 대해 말하고자 한다. 이는 특별히 인간에게만 있는 것이며, 영원히 지속될 수 없는 것으로, 조직화라는 따분함을 피하기 위해서는 계속 새로워져야만 하는 것이다. 더 나아가서 나는 모험에 대한 욕구를 하나의 본능으로 보아야 한다고 생각한다. 이러한 충동은 본능의 특성인 보편성을 가지고 있으며 아울러 억누를 수 없는 힘이 있고, 또 이를 만족시키면 특별한 기쁨이 생겨나기 때문이다. 이 모험 본능은 감춰져 있거나 덮여 있거나 억제될지는 몰라도 절대로 인간의 본성에서 사라지지 않는다. 펜대나 놀리는 소심한 사무직원도 정신 분석을 해 보면, 특히 그의 꿈을 분석해 보면, 안정을 위해 희생시킨 '모험에 대한 비밀스런 향수'가 드러날 것이다. 그는 이유도 정확히 모르면서 아슬아슬한 모험 영화를 좋아할 것이며, 마음속으로 자신을 영화 주인공과 동일시하여 현실 생활에 결여된 기쁨을 간접 체험할 것이다.

나는 이 모험 본능이 인간에게만 있는 특유한 행동을 아주 명확하게 설명해 줄 수 있다고 생각한다. 또한 이를 인간 행동의 배후에 있는 거대한 추진력이자, 문명과 그 기술적 진보의 원천으로 자주 일컬어지는 자기 보존의 본능만큼이나 중요한 것으로 본다. 그러므로 이제 내가 하고자 하는 것은 인간 활동의 의미에 대한 연구가 될 것이다.

모든 모험이 동일한 형태를 띠고 동일한 과정으로 진행된다는 것은 놀라운 일이다. 맨 처음에는 인간을 꼼짝 못하게 사로잡는 갑작스런 상승세―폭발적이고도 강력하며 저항할 수 없는―를 보이다가 이내 긴 하강 곡선으로 치닫는다. 즉, 모험은 조직화되면서 쇠진되고, 모험의 짜릿함을 느꼈던 경험자는 그 소중한 진실과 흥분을 유지하려 애쓰지만 더 이상 전과 같은 대담함이나 기쁨을 느끼지 못하게 된다. 이렇게 짧은 출현 단계가 긴 조직화의 단계로 바뀌는 것은 내가 「인간 의미의 심리학」(*The Meaning of Persons*)에서 설명한 바 있는 삶 자체의 성질과도 상응한다. 이 삶은 어디에서 비롯되었는지 알 수 없으나 솟아나자마자 굳어져 버리고, 우리가 쉽게 분석할 수 있는 자동 현상(automatism)으로 드러난다. 이 현상은 삶의 결실일 수도 있고, 무덤이 될 수도 있다. 모험은 일상화되면 곧 멈추어 버리기 때문이다.

모험은 처음에는 너무나 갑작스럽게 나타나는 경우가 많아서 저절로 생겨난 듯한 인상을 준다. 마치 삶 자체가 저절로 생긴 것이라고 오랫동안 여겨진 것처럼 말이다. 모험은 또한 삶과 마찬가지로 인간과의 접촉을 통해 퍼져 나간다. 모험에 깊이 빠져 있는 사람과 만나게 되면 우리 자신도 모험이라는 마력에 사로잡히고, 한번 사로잡히면 쉽게 빠져나올 수 없게 된다.

역사상의 위대한 모험을 생각해 보자. 알렉산더 대왕과 프랑스혁명, 간디의 모험 그리고 다른 모든 모험. 많은 역사가들은 이들 모험의 성향에 따라 그 메커니즘을 규명해 보려고 무던히 애를 쓴다. 이념 운동에 의한 이상주의적 모험이 있을 것이고, 경제적 욕구에 의한 현실주의적 모험도 있을 것이다. 역사가들의 설명은 모두 맞지만, 거기에는 늘 무엇인가 빠져 있다. 파악하기 힘들며 재기 힘든 것, 인간에게 내재해 있는 그 무엇 말이다. 그것은 언제든지 금세 터져 나올 수 있는, 모험에 대한 가공할 만한 욕구다.

이것은 종종 이해되지 않는 사실을 설명해 준다. 즉, 진지하고 교양 있고 사려 깊으며 매사에 신중하고 온건하게 보이는 사람이라도 갑자기 극도로 불확실한 정치적 모험에 뛰어들 수가 있는 것이다. 이들은 과도하게 조직화되고 화석화된 사회의 끔찍한 단조로움과 무력감을 깨기 위해 무엇인가 새로운 일을 해야 한다고 생각한다. 이렇게 모험에 뛰어드는 사람은 잠재된 본능을 충족시킨 만족감으로 인해 곧바로 강한 흥분과 활력 그리고 생동감을 느끼고 자신을 내던진 대의명분이 훌륭한 것이라고 생각하게 된다. 설사 그 대의명분을 의심하게 된다 할지라도 이제는 그것과 자신을 분리할 수 없다. 그는 이제 모험의 무서운 결정론에 사로잡힌 것이다.

다른 일도 그렇지만 특히 모험이야말로 첫걸음을 떼는 것이 가장 어렵다. 사고의 습관과 기존 관습의 구속을 벗어나는 첫 번째 발걸음을 떼어놓으면, 자신을 던지고 배수진을 치는 데서 극도의 어려움을 겪을 수 있다. 다른 한편 일단 몸을 맡기면 모험의 내적인 역동성이 모든 비판적 사고를 휩쓸어 버릴 정도로 우리를 강력하게 지배할 수도 있다. 이 둘의 엄청난 대비에 우리는 놀라지 않을 수 없다. 이것이 바로 삶의 자동 현상이다. 모험의 주인공은 삶의 흐름에서 벗어나자마자 새로운 삶의 흐름에 구속된다.

이러한 경우는 일찍 잠자리에 들기로 작정하고도 읽고 있던 탐정 소설을 손에서 쉽게 놓지 못하는 것에서 볼 수 있다. 소설의 결말을 알고 싶은 것이다. 사람들은 이를 호기심이라 하지만, 여기에는 그 이상의 무엇이 있다. 바로 모험이 시작된 것이다. 문제가 발생했기에 이를 풀어야 한다. 우리는 자신을 소설 속의 탐정과 동일시한다. 그의 모험은 이제 우리의 모험이 된다. 우리는 탐정과 더불어, 가능하다면 그보다 앞서 사건을 풀어 보고 싶어한다.

나는 소설 속의 문제보다 현실의 문제를 좋아하는 편이다. 아마 너무나 많은 문제가 내게 닥쳐왔기 때문일 것이다. 그것도 얼마나 어려운 문제들인지! 이는 내가 전문 기술을 요하는 문제에 반해 버리는 성격을 가진 탓도 있다. 나는 특히 해결책을 찾아내기 전까지 사람을 들들 볶는 그런 전문적인 문제에 쉽게 매혹된다. 수련의 시절, 나는 베르나르 위키(Bernard Wiki) 교수의 임상 연구실에서 레지던트로 있었다. 그분은 과학에 대한 왕성한 탐구심을 지녔던 분으로, 나는 그분께 진 빚이 많다. 우리는 둘 다 수학에도 상당한 관심을 가지고 있었다. 한번은 어느 정기 간행물에서 미묘하고 어려우면서도 매혹적인 문제를 보게 되었는데, 우리는 이것을 푸느라 사흘 동안 각자 서재에 틀어박혀 있었으며, 저녁에는 방정식이 가득 적힌 종이를 여러 장 들고 집에 가기도 했다. 연구실 조교는 실험용 동물에게 먹이를 주면서 고개를 내저었다. 그는 우리가 제정신이 아니라고 생각했던 것이다. 그것은 틀린 생각이 아니었다. 그러나 나는 이런 종류의 광기를 높이 평가한다. 이런 광기 없이는 진정한 과학자가 될 수 없고, 진정한 예술가도 될 수 없기 때문이다.

모험의 마력은 과학 연구의 배후에 있는 가장 큰 동기다. 과학은 사람들이 생각하듯이 지적인 일이라기보다는 열정어린 일에 훨씬 더 가깝다. 뜻하지 않게 실험이 기존의 이론과 어긋나게 전개되어, 새롭고 전문적인 문제에 봉착하게 된 과학자가 얼마나 흥분할지 생각해 보라. 그는 즉시 일련의 실험을 구상하여 이 수수께끼를 풀고 최초의 결과를 분석하려고 하며, 잇달아 대담한 가설을 세운다. 이제 모험이 시작된 것이다. 그는 아내와 아이들을 잊어버리고, 대학 교수 경력에 크게 영향을 미칠 장관과의 약속까지도 지키지 못할 정도가 된다. 그는 더 이상 교수가 아니다. 모험의 경이로움 때문에 다시 한 번 연구자로 되돌아간 것이다.

과학에서 말하는 위대한 발견은 연구실에서 생기는 아주 사소한 기술적 문제와도 관련된다. 이를테면 기술자는 나사를 밖에서도 조절할 수 있는 정교한 조립 방법을 찾아내야 할지 모른다. 나는 지난 해 미국 노스다코다 주 그랜드 포크스(Grand Forks)에서 생일을 맞았는데, 그 때 노스다코다 대학의 수학과 교수 찰스 햇필드(Charles Hatfield)로부터 자신이 만들어 낸 장치 하나를 풀어 보라는 제의를 받았다. 그것은 복잡하게 엉켜 있는 철사 뭉치에서 둥근 고리를 빼내는, 즉 머리를 써야 하는 일이었다. 그는 내게 굉장한 즐거움을 준 셈이다. 아무리 애써도 풀리지 않을 때는 짜증이 나고 창피한 마음이 들지만, 그것이 애쓰는 재미를 더하기도 한다.

원자탄의 위험을 막기 위해 과학 연구에 한계를 설정하고자 하는 사람은 지나치게 순진한 것이 아닐까? 과학의 전진은 멈추지 않을 것이다. 왜냐하면 과학의 추진력은 인간 자체에 내재한 강력한 본능에서 나오기 때문이다. 암벽 등반가나 동굴 탐험가, 스포츠 애호가들이 무모한 계획을 결행하여 실패하는 일이 왕왕 있다. 이들을 구조하기 위해 구조반이 생명의 위험을 무릅쓰고 출발한다. 뒤이어 신문의 독자 투고란에는 구조반의 목숨을 위태롭게 하는 이런 무모함에 대한 항의가 실린다. 그러나 이런 항의는 전혀 소용이 없다. 모험의 유혹은 이성을 따르지 않기 때문이다.

사업을 크게 벌이고 있는 한 사업가를 생각해 보자. 이미

과로했지만 이 사람은 저녁에 다시 사무실로 돌아간다. 휴일을 즐기는 일도 거의 없으며, 있다 하더라도 부하 직원들과 계속 연락을 취하고 그들에게 지시를 내린다. 그는 지금 지사를 하나 더 설립하려는 중이고, 한 경쟁사를 합병하여 통합하는 문제를 놓고 씨름하고 있다. 이렇게 하는 것은 돈을 더 많이 벌기 위해서가 아니다. 그는 이미 모아 놓은 것조차도 즐기지 못하고 있다. 이것은 그가 모험의 법칙, 즉 한번 시작했으면 추진력이 바닥날 때까지 추구하고 발전시키고 조직화할 것을 요구하는 법칙에 사로잡혀 있기 때문이다.

돈이 부족하지 않은 어떤 사람들 역시, 돈을 더 많이 모으는 것이 이들의 삶에 빠져 있는 진짜 모험의 자리를 대신하고 있을 수도 있다. 그들이 돈으로 누릴 수 있는 모든 것, 예컨대 자동차, 화려한 쇼, 예쁜 옷, 짜임새 있는 관광은 모험의 대체물 역할을 한다. 여가와 관련된 사업을 하는 사람은 향락에 지쳐서 따분한 사람들에게 미리 고안된 모험을 제공하여 모험에 대한 욕구를 채워 주려고 애쓴다. 그러나 돈으로 사는 모험은 자발적으로 하는 모험과는 사뭇 다르다.

우리는 돈과 돈으로 얻을 수 있는 것을 손에 넣기 위해 안간힘을 쓰는 사람들을 정당하게 평가하지 못할 때가 많다. 우리는 그런 사람들의 모습 속에서 이기심, 탐욕, 향락 추구만을 볼 뿐이다. 물론 나는 사람이 이기적이라는 것을 알고 있다. 누구나 마찬가지다. 교양과 정신적인 만족을 찾는 사람도 물질적인 재화를 추구하는 사람만큼이나 이기적이다. 이런 두 유형에는 프로이트 학파가 말한 단순한 쾌락 욕구보다 훨씬 더 많은 것이 관련되어 있다. 여기에는 생명 자체에 내재한 충만감에 대한 욕구와 인간에게만 있는 개인적인 모험에 대한 욕구, 그리고 절대적인 것에 대한 욕구가 개입되어 있다. 절대적인 것에 대한 욕구를 파헤쳐 보면, 이는 결국 하나님에 대한 갈망을 표현한다.

여기에서 우리는 아주 중요한 한 가지 사실에 주목해야 한다. 그것은 **질적인 모험**과 **양적인 모험**을 구별해야 한다는 것이다. 의식하든 못하든 간에 사람은 '가치 세계'에 살고 있다. 그의 내면에서 솟아오르는 이 충동, 그에게 늘 활력을 주는 절대적인 것에 대한 욕구는 바로 가치의 세계, 질적인 세계를 체험해 보고자 하는 열망이다. 이 열망을 이루지 못하기 때문에 사람은 늘 질적인 면에서 이루지 못한 것을 양적인 데서 보충하려고 한다. 예를 들어, 어떤 사람에게 특별한 의미를 지닌 선물을 하고 싶을 경우, 우리는 친밀감을 나타낼 만하고 독창적인 것을 생각해 내려 한다. 그러나 그런 것을 찾을 수 없을 때는 값비싼 선물에 의지하게 된다. 마찬가지로 신나는 모험이 될 만한 일을 직업으로 택하지 못할 경우, 많은 봉급을 주는 곳으로 돌아서게 된다.

그러나 모험이 이렇게 질적인 것에서 양적인 것으로 바뀌면 비극적인 악순환에 빠져 버린다. 양이란 항상 더 비싼 선물, 더 많은 봉급 같은 무엇인가 더 바랄 여지를 남기기 때문이다. 돈이란 다른 어떤 대상보다도 양으로 계산되는 것이므로, 돈을 모험의 재료로 삼는 사람은 이런 악순환으로 인해 실망하게 된다. 해마다 더 고급 자동차로 바꾸어 보아도 소용이 없다. 이들은 절대로 만족하지 못한다.

그래도 자본주의 국가에서는 경제적인 성공이, 성공한 사람이나 그렇지 못한 사람에게나 적어도 모험을 상징한다. 만족스런 모험은 아니라 해도 말이다. 미국 사람은 돈을 중시하며 모든 것의 가치를 단순히 값으로만 평가하고 사람을 소득으로 평가하는 경향이 있는데, 유럽 사람은 종종 이런 점을 비난한다. 미국에서는 봉급이 사람의 가치(모험 가치라 할 수도 있겠다)를 평가하는 데 더 적합하다고 간주되기 때문일 것이다. 봉급은 새롭고 유효한 것에 대한 기여도를 잘 반영한다고 여겨진다.

내가 보기에 여기에는 미국이라는 나라의 영웅적인 기원에 얽힌 더 근본적인 이유가 있는 것 같다. 미국은 위험에 맞서 스스로 새로운 삶을 일구어 내야 했던 이주민들의 추진력을 배경으로 성장했다. 유럽인과는 달리 이들은 이름과 물려받은 재산과 대학 졸업장과 필수적인 학위만 있으면 쉽게 자리잡을 수 있는 처지가 아니었다. 미국의 개척자들은 모험에 내몰릴 수밖에 없었고, 내깃돈은 모험의 상징이었다.

도박의 열기 배후에 모험 욕구가 도사리고 있다는 것은 두 말 할 필요도 없다. 도덕적 질병 중에서 도박보다 더 치료하기 어려운 것은 없다. 이 대목에서, 내가 의사로 일하는 동안 가장 참담하게 실패했던 환자들 몇 명이 떠오른다. 정작 비난을 받아야 할 대상은 이 열정을 비웃으면서도 이용하는 사람들이다. 스위스 연방 헌법은 도박을 정식으로 금하고 있다. 그러나 막상 국가는 공공복지 사업에 필요한 재원을 마련하는 유일한 방법이라는 근거로 여러 종류의 복권을 발행하고 있으며, 이는 특히 도박으로 망한 사람들을 도와주기 위해서라고 말한다.

도박만큼이나 치료가 어려운 습관은 여러 가지 형태의 약물 중독이다. 약물 중독 역시 모험에 대한 본능적인 표현이라 할 수 있다. 약물 사용자는 화려한 모험에 대한 환상을 경험하고 여기에 사로잡힌다. 나는 캘리포니아 주 산타모니카를 방문하여 이전에 약물 중독자였던 사람들이 만든 훌륭한 모임에 참석해 보았다. 이들은 서로 도와주면서 어떤 정신 병원보다도 성공적으로 다른 약물 중독자들을 구해 내고 있었다.

그러나 이들의 모임이 성공한 이유는 남달리 헌신적이었던 한 사람 때문인데, 그에게는 이 모임 자체가 하나의 큰 모험이었다. 이 모임은 약물 중독에서의 탈출이라는 모험에 새로운 회원을 끌어들이고, 그렇게 해서 질적으로 저하된 모험을 고귀한 모험으로 대체할 수 있었다. 한 가지 사소한 사항을 덧붙이자면, 그 곳 벽에는 미국인의 취향대로 여러 가지 표어가 붙어 있었다. 내 영어 실력으로는 모두 이해할 수 없었지만 그 중 하나는 지금까지도 잊혀지지 않는다. "우리는 스스로 문제를 해결할 처지는 못 되지만 당신이 문제를 해결하는 것을 언제나 도와주고 싶습니다."

물론 돈이나 도박 또는 약물의 모험 외에도 다른 **양적인 모험**이 있다. 예컨대 어떤 활동에 미친 듯이 열중하는 모험이 그렇다. 요즈음 많은 사람이 이런 식으로 자신의 삶을 채우고 있는데, 여기에는 자신의 삶의 질에 대한 깊은 불만족을 보상하려는 심리가 깔려 있다. 이렇게 잠시도 가만히 있지 않고 활동하다가 삶의 질은 더욱 떨어지고, 항상 이를 보충하려고 애쓰게 된다. 그러다 이들은 시간이 충분치 않은 것을 점점 더 걱정하게 되고, 점점 더 시간을 낼 수 없게 된다. 이들은 시간이 냉혹하게 도망가 버리는 것을 예민하게 느낀다. 나는 심한 불면증 때문에 나를 찾아온 한 남자를 잊지 못한다. 그가 잠자는 시간을 낭비하는 것이 두려워 잠을 이루지 못한다는 사실을 깨닫는 데는 그리 오랜 시간이 걸리지 않았다. 뒤르케임(K. von Dürckheim) 백작도 자신을 찾아온 한 사람의 이야기를 들려준다. 그는 백작에게 이렇게 말했다고 한다. "제가 혹시 어디가 아픈 게 아닌지 모르겠어요. 몇 분 동안이나 아무 일도 하지 않아서 놀랐다니까요!"

권력을 향한 모험은 또 다른 양적인 모험이다. 그렇기 때문에 모든 독재자가(정치계뿐 아니라 문화, 예술, 경제계에서도) 비타협적인 태도를 굳히게 되고, 자신을 반대하는 모든 입을 막고, 가차 없이 타르페이아의 바위(Tarpeian Rock: 고대 로마에 있었던 바위로 여기에서 범죄자와 반역자를 떨어뜨렸다고 함-역주) 처형을 실행하기에 이를 수밖에 없다.

더욱 미묘한 점은, 질병과 같은 불행 가운데서도 모험 특유의 만족을 느낄 수 있다는 것이다. 많은 사람에게 질병은, 특히 위중하지는 않지만 치료하기는 어렵고 가장 실력 있는 의사를 요구하는 질병은 삶의 커다란 모험이 된다. 다른 사람에게는 일어나지 않는 일이 일어났기 때문이다. 이는 질병이 상상에서 기인한다는 말이 아니다. 상상으로 인한 질병은 없을뿐더러 나는 이들이 실제로 고통을 겪는다는 사실을 부정하는 것도, 이들이 병을 즐긴다고 암시하는 것도 아니다. 그렇다 하더라도, 이들이 늘 시인하거나 인식하는 것은 아니지만 이들은 병이 자신을 특별하게 만들어 주기라도 하듯 병에 집착하며, 병이 다 낫게 되면 이 특별한 지위를 누리지 못할 것이라고 본다. 이러한 집착은 치료에 도움이 되지 않는다.

둘째 아들이 열네 살 때 스키를 타다가 다리에 골절상을 입은 적이 있다. 우리 부부는 크게 걱정을 했다. 그러나 아이는 이렇게 말했다. "오히려 잘됐어요. 저도 나름대로 경험을 하게 됐으니까요. 지금까지는 너무 평범하게만 살고 보호만 받았잖아요. 드디어 제게도 무슨 일이 일어난 거예요." 맙소사! 그 뒤로 이 아이는 본격적인 모험을 더 많이 했고, 한번은 기적적으로 목숨을 건진 적도 있었다. 그래도 다행히 모험심을 잃지는 않았다. 큰아들도 마찬가지로 꺼질 줄 모르는 열정을 간직했다. 그 무엇에도 더 이상 짜릿한 감정을 느끼지 못하는 사람, 더 이상 모험을 기다리지 않는 사람은 무척 불행하리라!

또 다른 일이 생각난다. 이것은 인간을 자극하는 맹목적인 모험 본능과 관련되며 한층 더 골치 아픈 측면이다. 프랑스 스트라스부르의 오크센바인(Henri Ochsenbein) 목사가 말한 것인데, 그는 종신형 죄수 담당 목사로서 자신의 사역에서 경험한 놀라운 모험들을 책에 기록해 놓았다.[1] 그는 전과자를 돕는 기관 설립에 찬성하는 여론을 조성하기 위해 제네바에서 강연해 달라는 요청을 받은 적이 있었다. 그런데 전날 저녁에 여러 사회 복지 기구 위원회의 몇몇 주요한 인사가 근사한 상류층 모임에 초청되어 오크센바인 목사와 사적으로 만나 질의를 하게 되었다. 여기에 참석한 한 부인이 우아한 목소리로 그에게 물었다. "그 불행한 범죄자들이 어떤 충동으로 그런 짓을 하게 되는지 말씀해 주시겠어요?" 이 질문에 대한 목사의 대답은 이 분위기에서는 좀 이상하게 들렸다. "그건 부인께서 좋은 일을 해서 남과 구별되려고 하는 것과 같은 충동에서 그렇습니다." 그는 이것이 모험에 대한 욕구라고 말하지는 않았지만, 결국에는 그런 뜻이었다.

잘 살펴보면 많은 남자에게 간통은 모험 욕구를 만족시키는 수단일 수 있다. '모험'이라는 단어가 한 남자의 질서 정연한 삶을 한순간에 뒤집어 놓는 열정적인 사랑의 불꽃을 표현하는 데 사용되는 것은 우연이 아니다(불어 *aventure*는 모험이라는 일차적 의미말고도 정사, 연애라는 뜻이 있다-역주). 변덕스런 여인을 사랑하게 되어 무슨 일이든 하게 되는 것도, 인습에 얽매인 숨막히게 단조로운 삶에서 벗어나 모험의 짜릿함을 다시 느껴 보는 그 나름의 방법이다. 말하자면 이것은 누구에게나 가능한 모험이다. 상대 여인이 '바람둥이'일 수도 있다. 마음에 상처를 받은 정숙한 아내는 이 사실에 더욱 분노하게 될 것이다. 자신의 너무나 무미건조하고 비모험적인 태도에도 어느 정도 책임이 있다는 생각은 전혀 하지 못한 채 말이다. 정부(情婦)의 처지에서는 자신이 그 남자를 기적과도 같이 30년이나 젊게 만들었다고, 그의 삶을 변화시키고 전에 경험해 보지 못한 삶의 기쁨을 알게 해주었노라고 자랑을 할 수 있다. 그럴듯한 생각이다. 그러나 아내 편에서는 남편이야말로 자신의 무미건조한 삶에 조금이나마 모험을 가져다 주었더라면 좋았을 것이라고, 또 남편이 정부에게 해주는 것과는 달리 자신의 변덕은 받아 준 적이 없었노라고 이유 있는 반박을 할지도 모른다.

2 가상 모험과 실제 모험

현실적으로 우리의 삶은 모험에 대한 욕구를 충분히 채워 주지 못할 때가 많지만 우리가 상상력을 동원해서 부족한 부분을 채울 수 있다는 것은 다행한 일이다. 지루하고 단조롭기 짝이 없는 생활도 유쾌한 상상을 통해 활기차게 만들 수 있다. 어린아이는 일찌감치 모험과 공상에 대한 욕구를 느끼지만, 아이를 보호하기 위해 미리 주의를 주는 부모의 엄격한 제재에 부딪히게 된다. 부모가 잘 돌봐 주는 울타리에서 벗어나기만 하면 혼쭐이 나기에, 아이는 모든 것이 가능하고 허용되는 동화에 마음을 빼앗기고, 나중에는 모험 소설에 빠져든다. 그 후에는 자기가 실제로 모험을 겪은 것처럼 느끼며 스스로 모험담을 꾸미기도 한다. 아이는 자기의 모든 욕구가 채워지는 자신만의 작은 세계를 건설한다. 나는 소심하고 자신감도 없으며 고아로서 아무의 시선도 끌지 못했던 어린 시절, 내가 주인공이 되는 다소 유치한 이야기를 상상하며 얼마나 행복한 시간을 보냈는지 모른다. 어떤 아이들은 부모의 간섭에 앙갚음이라도 하듯 위력과 사랑이 가득한 부모를 상상 속에서 새롭게 만들어 낸다. 상상 속의 부모가 **진짜** 부모이고, 지금의 부모가 자신을 몰래 훔쳐 왔다고 상상하는 것이다.

나와 환자 사이에 신뢰감이 있어야 돈독한 유대가 형성될 수 있고, 그렇게 될 때 환자는 어린 시절 끊임없이 즐거움을 얻었던 그 모든 멋진 꿈을 쉽게 털어놓을 수 있다. 이와 같은 환자의 꿈은 숨겨 놓은 보물과 같기에, 남이 알게 되면 그 소중한 매력은 이내 사라져 버린다. 이런 몽상에는 단순하고 초보적이며 어린아이다운 자랑스러움이 결합되어 있으나, 사회생활을 하다 보면 이것을 감춰야 함을 곧 깨닫게 된다. 그러나 우리는 다른 부분에서와 마찬가지로 이 부분에서도 언제나 어린아이로 남아 있다. 노년의 문턱에 들어선 나도 현실적인 모험에 둘러싸여 있기는 하지만 다행히도 어린아이와 같은 낭만에서 쉽게 벗어나지 못하고 있다.

상상력이 부족한 사람이라면 언제나 다른 사람의 상상력을 이용할 수 있고, 소설도 얼마든지 읽을 수 있다. 대체로 독자는 독서를 통해 모험 욕구가 충족되면 더 이상 많은 것을 요구하지 않지만, 솔직히 그들이 손에 잡히는 읽을거리를 위해 얼마나 많은 시간을 사용하는지는 알 수 없다. 물론 유명한 소설, 이를테면 「로빈슨 크루소」나 쥘 베른(Jules Verne)과 기타 다른 작가의 소설이 엄청난 성공을 거둔 이유 중의 일부는 독자를 모험 속으로 끌어들였기 때문이다. 소설 외에도 신문 연재 소설이나 값싼 문예지가 있고, 다이제스트판 잡지와 천박한 책들은 단편 모험담을 짜깁기해 선보이기도 한다. 게다가 여성이라면 화려하게 화장한 패션 잡지의 모델과 자신을 동일시할 수도 있다.

카니발 같은 떠들썩한 축제도 모험에 대한 열망을 발산하는 배출구 역할을 한다. 며칠 동안 시끄럽게 떠들고 함부로 행동해도 상관없고, 유명 인사를 풍자해도 처벌받지 않으며, 관습에 얽매이지 않고 마음대로 행동할 수도 있다. 이 모든 것은 지루한 일상 생활과는 대조적으로 흥미진진할 뿐 아니라 속을 후련하게 해주는 모험을 하고 있다고 느끼게 한다. 실제로 이런 축제에서는 우스꽝스럽고 뻔뻔스러운 인물의 가면을 쓰고 자신의 정체성을 숨기고, 그 대상과 자신을 동일시해서 진짜 모험가인 양 자유롭게 느낄 수 있다.

사람들이 영화나 라디오, 텔레비전, 서커스를 보면서 큰 돈을 들이지 않고 모험에 참여하는 기분을 만끽할 수 있는 것도 자신을 누군가와 동일시하기 때문이다. 이것은 운동 경기 관중의 경우에도 마찬가지다. 실제로 관중의 입장에서 한 일이라곤 선수들에게 환호를 보낸 것뿐인데, 응원한 팀이 승리하면 관중은 "우리가 이겼어!"라고 자랑스럽게 외친다. 선거에서도 자기가 지지하는 정당이 의회에서 단 두 석이라도 더 차지하게 되면, 당원이 아니더라도 흥분해서 "우리가 이겼다!"고

소리칠 것이다. 어쩌면 이들은 실제로 투표에 참가하지 않았을지도 모른다.

물론 거실의 안락의자에 앉아 입씨름을 하면서 스포츠나 정치의 희화적 측면만 언급하는 것은 잘못이다. 실제로 스포츠는 고된 훈련과 예견된 위험, 그리고 충분히 보상되는 승리가 있기에 충족감을 느낄 수 있는 고도의 모험이다. 또한 소신 있고 용기 있게 헌신하면서 자신의 일을 잊고 사회를 위해 정의로운 개혁을 일으키려고 노력하는 정치적 투쟁도 참된 모험이다. 그렇기 때문에 유명한 운동 선수나 정치 지도자가 대중적인 명성을 누리고 많은 사람이 이들과 자신을 동일시하는 것이다.

우리는 '동일시'라는 말에 대해 조소해서는 안 된다. 이것은 누구에게나 있을 수 있는 정상적인 현상이자 강력한 사회적 힘이다. 이것은 모험 본능의 중요한 분출구로서, 이런 분출구가 없다면 모험 본능 때문에 개인이나 국가가 자신이나 남을 위험에 빠뜨리는 방향으로 감으로써 더욱 심각한 피해를 낳게 될 것이다. 모든 사람이 다 우주 비행사가 될 수는 없다. 적어도 아직까지는 말이다. 아무나 그렇게 될 수 있는 때가 오면 분명 그것은 모험이 아닐 것이다. 그러나 누구라도 인류의 위대한 모험, 가슴 벅찬 사건에 정신적으로는 참여할 수 있다. 이것은 정당하고도 유익한 것이다. 물론 국민적 연대감도 동일시를 촉진하기 때문에, 러시아 국민은 러시아 우주 비행사와, 미국 국민은 미국 우주 비행사와 자신을 동일시하기가 더 쉽다. 그래서 올림픽과 같은 국제 경기에 강력한 흡인력이 있는 것이다. 이 경우에는 각 개인이 직접 모험에 참가하는 것처럼 나라 전체가 들썩거린다. 고대인들은 이 점을 잘 알고 있었다. 쿠베르탱(Pierre de Coubertin) 남작은 근대 국가들이 모험에 대한 욕구―서로 분쟁하게 만들 소지가 있는―를 통해 단합할 수 있도록 올림픽을 재건했다. 그는 노벨 평화상을 받아야 마땅한 사람이다.

대부분의 부모가 자신을 아이와 동일시하여 자신이 경험해 보지 못했던 모험을 아이를 통해 이루거나 이루려 한다. 어떤 남자가 젊었을 때 전자공학에 대해 강한 열정을 품고 남모르게 지속적인 관심을 기울이다 보니, 이 분야에 대해 웬만한 전문 기술자보다 더 많은 지식을 가지게 되었다. 그러나 그는 부모의 강권에 못 이겨 은행원이 되었다. 부모는 은행원이라는 직업이 물질적 안정을 가져다 준다고 생각했지만 결과적으로 그는 이 분야에서 거의 발전하지 못했다. 다른 분야에서 모험을 해보고 싶은 생각이 언제나 있었기 때문이다. 그는 부모가 되자 자기 부모가 그랬던 것처럼 아들에게 권위주의적인 태도로 엔지니어가 될 것을 강요했다. 엔지니어가 된 아들은 아버지와 마찬가지로 성공하지 못했다. 그 아들은 음악이라는 모험을 하고 싶어했기 때문이다.

젊은 시절에 소설을 많이 읽고 근사한 결혼을 꿈꾼 한 여성이 있었다. 그런데 결정적인 기회가 될 수 있는 만남에서 지나치게 수줍어했기 때문에 그만 그 기회를 놓치고 말았다. 그녀는 결코 자신을 용서할 수 없었다. 그러다가 결국 인색한 하급 공무원과 결혼하여 딸을 낳고서는 자기 딸을 위해서 멋진 배필을 찾아 줄 원대한 계획을 세웠다. 하지만 딸은 어머니 기대에 훨씬 미치지 못하는 평범한 남자를 사랑했다.

모든 부모에게는, 특히 아이들의 개성을 존중해 주는 부모에게는 자식의 성장이 무엇보다 좋은 모험이 된다. 아이에게는 모든 것이 모험이기 때문이다. 차츰 세상을 알게 되는 것, 좋은 것뿐만 아니라 추하고 더러운 것도 점점 더 알게 되는 것, 흙탕물 웅덩이에서 새 신발을 띄우며 장난하는 것, 창가에 피어나는 꽃송이, 엄마의 웃음, 겨울의 첫눈, 성탄절 행사, 이 모든 것이 아이에게도 모험이지만 부모에게도 모험인 것이다. 부모는 이 모든 것을 더 생생하게 의식한다. 그래서 더욱 가슴 뭉클한 모험이 된다. 부모는 아기의 이가 언제 처음으로 났는지, 말을 언제 처음으로 했는지, 언제 처음으로 걸었는지, 언제 처음 재미있는 말을 했는지를 예쁜 사진첩에 적어 둔다. 아버지가 아이를 들판이나 숲으로 데리고 가서 자연에 대한 사랑을 일깨워 주는 것은 또 얼마나 대단한 모험인가! 그것은 할아버지와 할머니에게는 훨씬 더 흐뭇한 모험이 된다.

아이에게는 모든 선물이 다 모험이다. 아버지가 선물로 준 장난감이 어떻게 움직이는지 보여 주려고 하면 아이는 펄쩍펄쩍 뛰며 조바심을 낸다. "제가 할래요!" 이것은 아이의 모험이다. 빼앗아서는 안 된다. 이 모험에 대한 아이의 반응에서 아이의 미래에 대해 많은 면을 엿볼 수 있다. 어떤 아이는 어려운 일일수록 더 끈덕지게 달라붙는다. 그러면 많은 부모가 이런 아이를 부러운 눈길로 바라보며 자신이 포기했던 시절을 떠올리고 이렇게 중얼거릴지 모른다. "이 아이가 굳은 마음과 모험에 대한 애정을 오래오래 지켜 나갔으면…" 그러니 응석받이로 자라 모든 포부를 잃어버리고 모든 것에 싫증을 느끼는 아이의 삶은 얼마나 지루하겠는가!

아이가 학교에 들어가는 것, 부모의 보호를 벗어난 아이가 심술궂은 친구에게 처음으로 얻어맞는 것, 작은 시합에서 우승하는 것, 처음으로 댄스 파티에 가서 부모가 모르는 여학생과 춤추는 것, 졸업을 하거나 박사 학위를 받는 것, 이 모든 것은 부모에게 얼마나 대단한 모험인가!

아이의 놀이는 전부 훌륭한 모험이다. 특히 자기가 혼자 만들어 낸 놀이라면 더욱 그렇다. 여기서도 아이의 미래를 내다볼 수 있다. 어린 시절에 모래 장난을 하며 새로운 나라를 세우곤 했던 리요테 장군(Maréchal Lyautey: 프랑스 장성, 식민지 행정가—역주)처럼 말이다. 아이의 놀이는 그 아이가 자라서 무엇을 할 것인지에 대해 학교 성적보다 더 많은 것을 알려 준다. 잘 노는 아이는 장차 자라서 자기 일에서도 성공할 것이다. 인간의 노동이 갖는 참된 의미는 모험에 대한 욕구를 실현하는 것이라 할 수 있는데, 부모가 "숙제 먼저 하고 나중에 놀아라"라고 말하는 것은 그릇된 생각을 심어 준다. 즉, 공부는 지루한 것이고 재미있는 일은 다소 나쁜 것이라고 생각하게 된다.

고대의 교육은 아이의 영혼을 고무하는 강한 모험 욕구를 오늘날의 교육보다 더 잘 충족시켰다. 아이가 어릴 때부터 「일리아드」(Iliad)와 「오디세이아」(Odyssey)라는 위대한 서사시와 아름다운 신화, 그 후에는 플라톤의 우화를 교육의 기초로 삼았다. 학생들은 이들 시인의 시를 암송했다. 이 방법이 백과사전의 지식과 연대 암기보다 배움을 갈망하는 교양 있는 지성을 형성하는 데 훨씬 더 탁월했다.

역사 교육에서 전쟁과 같은 투쟁적인 요소를 삭제하기를 바라는 사람들이 있다. 그러나 어린아이들이 볼 때는 그것이 잔인한 전쟁이 아니라 멋진 모험이자 영웅담이다. 우리는 윌리엄 텔이 생존 인물인 것처럼 배웠고, 실제로 그는 우리 마음속에 생생하게 살아 있었다. 그 이야기에 나오는 사건은 나의 자그마한 조국 제네바가 스위스 연방에 가입한 시점에서 500년 이상 전에 일어났지만, 그 이야기를 통해 우리의 애국심이 고취되었다. 애국심은 상당 부분 개인이, 한 국가의 역사 속에서 일어난 집단적인 모험과 자신을 동일시하는 데서 생긴다.

다행히 교육, 특히 어린이에 대한 교육은 많은 발전을 이루었다. 스위스에서는 새로운 교육 운동의 선구자들이 대부분 루소 연구소(Rousseau Institute)와 관련을 맺은 인물이었다―클라파레드(Claparède), 피에르 보베(Pierre Bovet), 아돌프 페리에르(Adolphe Ferrière), 장 피아제(Jean Piaget), 기타 많은 사람. 이 선구자들의 삶은 실상 위대한 모험의 삶이었다. 이들이 '능동 학교'(Active School)라고 부른 것은, 단순히 교육에서 모험의 정신을 되찾자는 것이었다. 이 학교에서는 학생들이 얌전하고 다소 무관심하게 피동적으로 듣는 역할만 하지 않고 직접 활동에 참여해서 누리는 즐거움을 경험한다. 물론 교육 방식이 학교라는 제도보다 교사의 개성에 달려 있고, 모든 수업 시간을 신나는 모험으로 만드는 법을 터득한 교사도 있다. 그래도 아이들은 여전히 학교 울타리를 벗어나 옛날 이야기를 잘해 주시는 할머니 무릎 위나 값싼 만화책(아주 저급한 것일 수도 있다), 또는 공상 과학 소설을 실은 잡지에서 모험에 목마른 호기심을 채운다.

어린이에게는 모험에 대해 관심을 많이 갖도록 해줄수록 좋다. 베이든 포웰(Baden-Powell)이 스카우트 운동에서 모험을 주요한 교육 동기로 삼은 것은 이런 사실을 잘 이해했기 때문이다. 그러나 여기서 한 가지 놓치지 말아야 할 것은 평생 보이 스카우트나 걸 스카우트로 살아가는 사람들이 있다는 것이다. 이들은 진기한 장식이 달린 청소년 제복을 입고 마냥 즐거워한다. 또한 이들이 유아적인 성격을 지니고 있다는 것을 쉽게 알 수 있다. 이들은 청소년기의 모험 단계에 그대로 멈추어 버린 것 같다. 이들은 모험의 법칙, 즉 모험은 소멸해야만 새로 태어난다는 법칙을 받아들이지 않은 것이다. 사실 굉장히 신나는 어떤 모험이라도 끊임없이 소멸하는 과정을 겪으면서 우리는 성숙해 간다. 다른 모험으로 전이되는 이런 과정을 통해 우리는 유치한 단계에서 벗어나 좀더 어른답고 유익한 모험으로 옮겨갈 수 있게 된다.

그러나 대부분의 사람들이 모험에 필연적으로 뒤따르는 소멸을 받아들이지 못한 채 자기의 열정에 다시 불을 지펴 줄 자극제, 즉 새로운 활력소를 찾고 있다. 이들은 앞뒤 가리지 않고 끊임없이 맹목적으로 무엇인가에 열중한다. 그러나 이들이 여러 가지를 추구한다는 바로 그 이유 때문에 일의 효율성은 오히려 크게 떨어진다. 이런 사람은 여러 가지 대의명분을 이루려 하기 때문에 오히려 대의명분을 이루는 데 방해를 받는다. 실제로 이런 대의명분은 활동에 대한 욕구를 만족시키는 수단으로만 사용되기 때문이다.

그러나 우리는 모두 열정적인 활동에서 파스칼(Pascal)이 말한 '기분 전환'을 추구하고, 삶의 허무함으로 인한 끈질긴 불안감을 잊으려고 한다는 것은 어느 정도 사실이 아닌가? 전도자는 "헛되고 헛되니 모든 것이 헛되도다"라고 말했다. 사람은 태어나서 살다가 고통받고 죽는다. 그 뒤로 다른 사람이 태어나고, 또 그 뒤를 다른 사람이 따른다. 아침마다 같은 시간에 같은 버스를 타고 같은 직장에 가서 같은 일을 하다가 은퇴를 한다. 수고했다는 말과 그의 노고를 절대 잊지 않으리라는 말을 들을 것이다. 그리고 우리가 남긴 자리는 다른 사람이 채우고, 그들은 나와 똑같은 삶을 살게 될 것이다.

사람은 일하고, 잠자고, 좋아하는 일을 하고, 먹고, 성을 즐기고, 이것을 끊임없이 반복하며 산다. 계속해서 사람이 늘어나고, 기계가 늘어나고, 책이 늘어나고, 배워야 할 것이 늘어나겠지만, 인류는 인간 본성의 좁은 한계를(우주 공간에 나가 있다 할지라도) 절대로 벗어나지 못할 것이다. 어떤 사상을 새롭게 생각해 내더라도 언제나 소크라테스 이전의 철학자 혹은 어떤 중세 수도승이 이미 생각했던 것이라고 누군가가 지적할 것이며, 그에 대한 반론과 그 반론에 대한 반론 역시 이미 나와 있다고 말해 줄 것이다. 삶이란 무엇이며 어디에 있는가?

부모에게 반항하고, 부모가 한 일이라고는 일밖에 없기 때문에 일을 하고 싶어하지 않고, 남과 다른 옷차림과 머리 모양을 하고, 남과 구별되는 말을 하고, 남과 다른 생각을 하며 살아가고, 카페 드 플로르(Café de Flore)나 생 제르맹 데 프레(St. Germain-des-Prés)의 지하나 생 트로페(Saint-Tropez)나 그 밖의 다른 곳을 찾아가는 젊은이들을 이해해야 한다. 그들은 삶을 찾고 있는 중이다. 사람들은 이를 유행이라 하지만, 여기에는 유행보다 훨씬 더 큰 의미가 있다. 이것은 모험에 대한 본능적인 욕구이며, 모험만이 제공해 줄 수 있는, 정말로 살아 있다는 느낌을 추구하는 것이다. 이것은 자신만의 개인적인 모험을 하고 싶어하는 갈망이다. 이 갈망은 남과 같은 내가 아닌 바로 나 자신이 되고자 하는, 한 인간이 되고자 하는 갈망이다.

철학도 이 법칙에서 예외가 아니다. 처음에 얼마나 화젯거리가 되었든 간에 정말로 새로운 사상이란 드물고, 사상의 유행이란 일시적이다. 새로운 사상은 처음 등장하자마자 (대담하게든 소심하게든) 철학에 새로운 모험의 전망을 열어 준다. 그것은 들판의 불길처럼 번져 가다가 마침내 스스로 소진해

진부해진다. 데카르트(Descartes)의 유명한 '깨달음의 밤'이 그러했다. 구스도르프(Georges Gusdorf)는 내게 한 젊은 철학자의 이야기를 들려준 적이 있다. 이 젊은 철학자는 생 제르맹 거리를 우울하게 걸어가다가 한 친구를 만나 이렇게 말했다. "몸이 좀 안 좋아. 방금 출판사에 원고를 넘겼는데, 형편없는 원고야. 원고 내용에서 새로운 것은 재미가 없고, 재미있는 것은 새롭지가 않네." 이 젊은 철학자는 바로 앙리 베르그송(Henri Bergson)이었고, 그 책은 다름 아닌 의식의 직접적인 소여(所與: 인식 활동에서 사고의 전제가 되는 것-역주)에 관한 논문이었다.

베르그송은 깨닫지 못했지만 그 때 이미 모험이 시작된 것이다. 이것은 이후 그의 전 연구 과정과 그 뒤에 등장한 다른 많은 철학자의 사상을 형성했다. 나는 대학에 다닐 때 간접적이나마 이런 비슷한 경험을 한 적이 있다. 아쉽고 이해할 수 없는 일이지만 제네바 대학 인문학부의 학생들은 철학을 배우지 못했다. 적어도 우리가 배운 얼마 안 되는 형식 논리학과 '정신의 능력'(faculties of the mind)에 관한 몇 번의 수업은 철학이나 모험 어느 쪽과도 별 관련이 없었다. 그러나 우리 학교에는 「철학의 혁명」(*A Revolution in Philosophy*)이라는 베르그송에 관한 책을 저술한 그랑장(Grandjean)이라는 불어과 교수가 있었다.[1]

우리는 그 책을(그것도 그런 주제로!) 펴낸 교수를 존경했다. 우리가 사는 이 세대에 철학에서 그야말로 혁명이 일어나고 있다는 것 아닌가! 우리는 의도적인 질문을 던져서 교수가 불어로 된 강의 요강을 세세하게 설명하는 데서 벗어나 그 유명한 혁명에 대해 이야기해 주게끔 만들었고, 필수 도서 목록에도 없던 베르그송의 「창조적 진화」(Creative Evolution, 아카넷 역간)를 열심히 읽었다. 우리는 베르그송의 철학에서 무엇이 새로운지 제대로 알지도 못하면서 모두 그의 추종자가 되었다. 그것을 제대로 알지 못했던 것은 사실 그에 앞선 사상을 하나도 몰랐기 때문이다.

그 이후로 무수한 '혁명'이 등장했다가 사라졌다. 그 때마다 나의 후대 젊은이들은 하이데거(Heidegger), 사르트르(Sartre), 구스도르프, 리쾨르(Ricoeur)를 발견했다. 사상이 중요한 것은 의심할 바 없지만, 추종자들이 이들의 저서를 읽으면서 경험하는 행복감은 이들의 사상에 대한 관심에서만 나오는 것이 아니었다. 즉, 이들의 저서를 읽으며 전혀 새로운 모험에 참여하고 있다는 사실에서 느끼는 행복이기도 했던 것이다.

종교 영역에서도 신앙을 전파하며 얻는 기쁨은, 자기들이 진리를 소유하고 있다거나 진리를 전파하고 있다는 확신에서만 나오는 것은 아니다. 모험에 참여하는 과정에서 우리가 모두 느끼는 고양된 감정도 그 기쁨의 상당히 많은 부분을 차지한다. 물론 나는 조용히 연구하는 가운데 자기 신앙의 신비를 명상하고, 이를 가능한 한 정확하게 표현하려는 신학자에 대해 말하고 있는 것이 아니다. 나는 지금 가장 작은 예배 처소에 이르기까지 각 교회의 수많은 교인에 대해 말하는 것이다.

이들은 일반적으로 자기 나름의 독창적인 교리를 형성할 정도로 영적으로나 지적으로 성숙해 있지 않다. 그러나 이들은 어떤 특정한 신앙을 받아들여서 놀랄 만한 열정으로 전파하는 데 헌신한다. 불신자는 알지 못하는, 다른 교파조차 알지 못하는 신령한 진리를 자신이 맡았다고 느끼는 것은 굉장한 모험이다. 선택받은 소수의 무리 가운데 하나가 된다는 것은 최고의 모험인 것이다.

이것이 모든 교파의 힘의 원천이고, 또한 이들을 두려워하며 대항하는 기성 교회의 반대에도 불구하고 이들이 강력한 복음 전파 세력, 말하자면 기독교의 역동적인 세력이 되는 근거다. 기성 교회가 이들을 반대하는 것은 오로지 교리에 대한 주장만을 보기 때문이다. 그러나 이것은 내 분야가 아니므로 나는 여기에 대해 간섭하지 않겠다. 신학자가 이단적 요소를 탐지해 내고 교리상의 오류를 반박하는 것은 타당하다.

그러나 여기에는 또 다른 측면이 있음을 지적해야만 하겠다. 물론 이것은 내 분야에 해당된다. 어떤 종교든 그것을 진심으로 받아들인 사람은 영적인 모험으로 끌려들어 간다. 그는 무엇인가 체험하고 받은 것이 있어서 이 사실을 선포한다. 또 역동적인 에너지로써 효과적으로 새로운 개종자를 만들어 영적인 2세를 낳는다. 모험이 시작된 것이다. 어느 한 교파에서 다른 교파로 돌아서는 것은 대부분 이런 이유 때문이다. 의사라면 겉으로 드러나는 교리적인 갈등과는 별도로 이런 전향에 영향을 끼치게 마련인 심리적인 요인을 주목하지 않을 수 없다. 물론 이런 요인의 실체는 다음과 같은 이유 때문에 부인할 수 없다.

예를 들어, 한 개신교도가 엄격하고 청교도적인 가정에서 자라난다. 그는 아버지의 독선적인 태도 때문에 많이 괴로워한다. 더구나 아버지는 늘 신앙을 끌어대 자기의 전횡을 정당화한다. 그는 끊임없이 하나님에 대해 이야기하고 도덕의 영역에서 그분의 명령에 대해 늘어놓지만, 자기가 아내와 아이들을 불행하게 만들고 있다는 사실을 알지 못한다. 드디어 아들은 아버지의 권위와 아버지가 자기에게 심어 놓은 엄격한 가르침을 거부할 시기를 맞이한다.

그래도 아들은 종교적인 향수를 간직하고 있다. 아버지는 많은 실수를 저질렀지만 아들에게 채워지지 않는 영적 갈급함을 일깨워 준 것이다. 가톨릭 서적을 통해서, 경건미가 절로 우러나는 가톨릭 사제와 우연히 나누게 된 대화에서, 아름다움과 신비로움으로 가득 찬 종교 예식을 통해서 그는 어린 시절에 배웠던 것과는 전혀 다른 종교의 측면을 보게 된다. 즉, 종교는 자신을 있는 그대로 받아 주시는 하나님과 화목하는 것이고, 교회가 베풀어 주는 은혜이며, 가톨릭 교회가 유지해 온 성체라는 것이다. 이 젊은이의 암담하고 반항적인 삶은 개종과 함께 바뀐다. 그는 놀라운 모험, 하나님의 은혜라는 모험에 진입한 것이다.

불가지론적 가정에서 자라난 사람이나 대대로 유서 깊은 큰 교회에 다니는 전통에서 자라났을 뿐인 명목상의 그리스도

인도 이와 아주 비슷한 경험을(물론 심리학적인 측면에서) 할 수 있다. 이 사람은 어느 날 한 설교자를 만나 그의 헌신적인 삶에 강한 매력을 느낀다. 이 설교자는 그에게 교회가 실패한 것은 불신앙 때문이라고 설명한다. 교회가 성경의 가르침을 훼손했다는 것이다. 예를 들면 성인(成人)에 대한 전신(全身) 침례 제도를 버렸고, 안식일을 토요일에서 일요일로 변경했고, 사도신경의 일부 구절을 폐기했기 때문이라는 것이다. 그러면서 우리가 성령의 능력을 체험하려면 하나님의 모든 계명을 받아들이기로 결단하고 작정해야 하며, 자신을 완전히 바쳐야 한다고 말한다. 이 사람은 내적인 갈등을 많이 겪은 후에 그렇게 하기로 결심한다. 그리고 하나님께 "그렇게 하겠습니다!"라고 대답한다. 이것은 곧 자기를 개종시킨 설교자의 교회 혹은 회중에 소속하기로 마음먹은 것이다. 그는 이것이 자기에게 큰 복이 된다는 사실을 알게 된다. 하나님과 함께하는 모험이 시작된 것이다.

내가 여기서 강조하고 싶은 것은 어느 교회, 어느 종교에 속하든지 세상의 모든 개종자에게는 공통적인 정신이 있다는 것이다. 이들은 영적 생활에서 혁명과 같은 체험을 했기 때문에 혁명적인 정신을 지니지만, 신앙적 환경에서 자랐기 때문에 믿게 된 신앙인들은 순응적인 경향을 띤다. 모든 개종자는 의례적인 종교에서 모험적인 종교로 개종한 것이다. 나는 이러한 정신에 대해 강한 유대감을 느낀다. 나는 다른 교단이나 내가 동의하지 않는 교리를 가르치는 교파에서 열심히 활동하는 사람을 환자로 맞을 때가 많다. 그러나 이들의 영적 삶이나 사역과 관련된 문제에 대해 토론하는 데 어려움을 느끼지 않는다. 나는 생활하면서 느끼는 어려움을 이들에게 기꺼이 말한다. 그러면서 우리가 교리의 어떤 부분에서는 의견이 다를 수 있어도 하나님의 부르심에 대한 불순종이나 순종이라는 실제적인 영역에서는 놀랍도록 비슷하다는 것을 알게 된다.

이들이 자신의 신앙에 대해 열정적일수록(비록 나와 일치하는 신앙이 아니라 해도) 나는 이들과 형제라는 유대감을 더욱 강하게 느낀다. 우리는 개종자라는 같은 가정에 속해 있다. 이러한 일은 교단이나 신조를 바꾸지 않아도, 갑작스럽게 혹은 서서히, 정적이고 관습적인 기독교에서 생생하고 개인적인 신앙으로 옮겨 온 사람에게도 당연히 똑같이 적용된다. 이런 사람은 명목적인 기독교에서 모험적인 기독교로 옮겨 왔다고 할 수 있겠다.

우리 부부가 '옥스퍼드 그룹 운동'(Oxford Group Movement)과 관련을 맺고, 그래서 우리 부부의 신앙이 얼마나 추상적이고 이론적이며 실생활에서 구현되지 못한 것이었는지 알게 되었을 무렵, 아내는 오랜 친구 한 명을 찾아간 적이 있다. 그 친구는 아내에게 "할아버지 할머니와 부모님의 신앙이 언제나 모범이 되는 기독교 가정에서 자랐는데 뭐가 부족해서 그러는지 모르겠구나"라고 말했고, 아내는 "신앙은 유전되는 게 아니잖아"라고 대답했다.

우리는 그 때의 경험과 그 이후의 많은 계기를 통해 교파와 상관없이 우리처럼 신앙의 모험가가 된 모든 이에게 유대감을 느꼈다. 이들이 '젊은 가톨릭 일꾼들'(Jeunesse Ouvrière Catholique)이나 오순절파 혹은 크리스천 사이언스나 안식교에서 신앙 생활을 하든, 또 바르트(Barth)의 추종자든 자유주의 그리스도인이든 간에, 이들은 교리적인 논쟁 끝에 설복당해 마침내 그 교리를 받아들여 고수하고 있다. 이들이 이 교리를 옹호하는 것은 이것이 자신의 삶을 비추어 주고 삶에 가치를 부여하는 영적인 모험과 밀접한 연관을 맺고 있기 때문이기도 하다. 그들에게 반론을 제기하려고 하지 말라. 당신은 오직 연약한 자, 자신의 모험을 하지 못하고 남의 모험을 따르는 자만을 뒤흔들 수 있을 뿐이다. 그 외의 사람들은 요지부동일 것이다. 이들은 교리만이 아니라 자기들의 보화와 모험도 함께 지키고 있기에, 그들 마음에 의심의 씨를 뿌리는 것은 파괴적이고 나쁜 짓이다.

3 좋은 일, 궂은 일

나는 이러한 분석을 더 진전시킬 수 있다고 생각한다. 예를 들어, 무신론으로 돌아서는 것은 신앙을 받아들이는 것과 동일한 심리적 특성을 드러낸다고 볼 수 있다. 신앙 전통 속에서 자라 온 사람이 그 신앙을 거부할 때, 우리는 그의 개인적인 삶의 환경, 부모나 사회와 대치하게 된 갈등에서 원인을 찾아야 한다. 또한 그가 어떤 좌절감이나 불의를 겪었는지, 그로 인해 사회 질서에 반발하고 이 질서를 종교와 동일시하지 않는지 살펴보아야 한다. 그러나 그는 반항이라는 부정적인 태도를 인생에서 매우 건설적인 모험으로 전환할 수 있는 기회를 맞고 있기도 하다. 그는 자신이 편견에 사로잡힌 인류를 해방하기 위해 애쓰고 있으며 세상을 조금 덜 위선적인 곳으로 만들기 위해 싸우고 있다는 생각으로 계속 흥분된 감정이 솟구치게 마련이다. 그런데 여기에서 분명한 것은 주관적인 경험을 어떤 교리의 타당성을 입증하는 증거로 받아들여서는 안 된다는 것이다.

색채와 상관없이 모든 정치적 신조—공산주의, 자유주의, 개인주의, 전체주의—에도 같은 이야기가 적용될 것이다. 어떤 사람이 자신을 아낌없이 바칠 정도로 이런 신조를 믿는 순간, 그는 일종의 충만감을 느끼면서 자신의 대의명분이 정당하다고 거듭 확신하게 된다. 이것은 마르크스주의가 체제를 전복하여 사회를 형성하고 인류를 변화시키는 과학적 방법을 소유하고 있다고 주장하는 데서 특히 두드러진다고 할 수 있다. 나는 사람들이 마르크스주의를 놀라운 모험으로 여기면서 따르는 것을 많이 보았다. 이들이 마르크스주의의 용어, 변증법, 이념을 받아들이는 것은 그렇게 하지 않으면 그 모험에 정말로 참여할 수가 없기 때문이다. 이들에게는 세상에 말하고자 하는 바가 있고, 이룩해야 할 목표와 우리 시대에 대한 해답이 있다. 이 모든 것이 삶에 의미를 부여해 준다. 또한 이런 이유로, 한 사람이 신조가 전혀 다른 여러 정치 운동에 참여하는 다른 사람들과 심리적인 동질성을 느낄 수 있다.

물론 이런 현상은 훨씬 더 광범위하게 일어난다. 이런 현상은 종교나 정치에만 국한된 것이 아니다. 동종 요법(많이 쓰면 건강한 사람이라도 환자 비슷한 증상을 일으키는 약제를 환자에게 조금씩 써서 치료하는 방법—역주)이나 정신 분석, 인격 의학의 수호자뿐 아니라 기술이나 우주 정복과 관련된 일을 하는 사람, 재즈 애호가, 자연력 숭배자, 신지학자(神知學者), 반전(反戰)주의자에 이르기까지, 이들이 자기의 이상을 옹호하는 것은 자기의 모험을 지키기 위해서다. 모험은 바로 이상에 대한 이러한 헌신이며 승리하여 다른 사람을 전향시키기 위한 투쟁이기 때문이다.

이것은 모든 이상이 똑같이 가치 있다거나 모험의 목표가 중요하지 않다는 말이 아니다. 나는 "모험이기만 하면 어떤 모험이든 상관없다"고 말하지 않는다. 절대로 그렇지 않다. 진리를 위해, 정의를 위해, 타당한 대의를 위해 싸우고 있다는 확신 없이는 그 어느 것도 모험이 될 수 없다. 내가 말하고자 하는 것은 사람의 마음속에는 모험에 대한 본능이 있으며, 좋든 나쁘든 모든 집단적 운동에 활력을 불어넣는 일종의 맹목적인 힘이 있다는 것이다. 나는 헌신할 가치가 있는 목표에 전심으로 자신을 바칠 수 있는 자가 복 있는 자라고 말하고 싶다. 그 사람이 잘못 생각했다 할지라도 그는 인간으로서 놀랍고도 심오한 경험을 하고 있다. 본능적인 열망을 채우고 있기 때문이다.

마찬가지로 성적인 본능도 행복한 결혼 생활에서부터 가장 불명예스런 혼외 정사에 이르기까지 모든 애정 생활에 역동성과 특정한 쾌감을 불러일으킨다. 사람들은 자신이 행복을 느끼는 이유가 실제로는 본능적인 충동이 만족되었기 때문임에도 불구하고 이상적인 짝을 선택했기 때문이라고 느낀다. 이와 관련해서 자동차의 비유가 자주 사용된다. 자동차는 기관의 힘만으로 움직이지만, 운전자가 정신을 차리고 운전대를 잡고 있지 않다면 기관의 추진력을 받아 제멋대로 도로를 달리거나 도랑에 처박힐 수도 있다.

어떤 사람이 진짜 모험에 자신을 던지는 순간, 사랑에 빠진 것과 같은 정열이 그를 사로잡는다. 결혼하지 않은 사람이 자기 생을 거대한 모험에 바치는 것, 이것은 성(性)에 대한 최고의 대체물이다. 성과 모험에 대해서는 같은 용어가 사용된다. 예를 들어 우리는 방랑벽(lust), 모험에 대한 **사랑**, 모험의 충동을 느낀다는 말을 한다. '사랑은 맹목'이라고 하듯이 모험도 맹목이라고 할 수 있다. 모험 본능은 인간의 가장 위대한 승리의 원천인 동시에 최악의 재난의 원천이기도 하다. 내연기관에서 나오는 동력으로 움직이는 자동차 두 대가 서로 충돌할 수 있듯이 모험 본능도 민족 간, 사회 계층 간, 동맹국 간의 분쟁을 불러일으킬 수 있다. 전쟁과 혁명에서 모험 본능의 역할은 쉽게 드러난다.

한 나라가 전쟁에 돌입할 때 나라 전체를 사로잡는 열광적인 분위기를 생각해 보라. 이런 분위기가 얼마나 쉽게 조성되는지를 알면 놀랄 때가 많다. 이런 태도는 나라 전체가 모든 것이 결정된 숨막히는 상태에서 벗어나게 되었다고 느끼고 안도하는 데서 나오는 것 같다. 인간은 정치적 교착 상태로 인해 꼼짝할 수 없는 상황에 갇히면 무의식적으로 고통을 느끼게 마련이다. 이것은 일종의 폐쇄공포증이다.

사람들은 사회 생활의 사소한 부분에서 부당한 특권이나

기득권에 마주쳤을 때, 사회 조직이 본질상 점점 복잡해지면서 경직되어 간다고 느낀다. 그런데 이들이 우려하는 것은 단순한 불의가 아니며, 이런 현실의 불변성이다. 이들은 좀처럼 해결되지 않고 복잡하게 얽혀 있어서 풀릴 것 같지 않은 국제적인 문제를 대할 때도 똑같이 느낀다.

그러다가 국가 지도자들이 이 풀리지 않는 매듭을 잘라 버리기 위해 과감히 칼을 빼 들면, 자기 나라뿐 아니라 전체 인류를 그 운명에서 구해 내는 일에 착수한 것처럼 보게 된다. 그 증거는 전쟁을 결정하는 나라마다 자국을 위한 것이 아니라 새롭고 더 나은 세상을 건설하기 위하여, 더 나은 자유와 정의의 시대를 맞이하기 위하여 자국이 희생하는 것이라고 확신하는 데서 볼 수 있다.

바로 이것이 한 나라가 기적 같은 일치 단결을 이룰 수 있는 배경이다. 흥겨운 공동의 노력에는 평화가 가져다 주지 못하는 열기가 배어 든다. 마침내 기성 상태라는 경직된 구조가 깨어지며, 이 해체 과정에서 모두가 희망해 왔던 쇄신의 가능성을 보게 된다. 그 가능성은 이른바 '전쟁 목표'(가장 적절한 명칭이라고 본다)의 성취뿐 아니라, 전쟁이라는 대격변이 없었다면 생각하기 힘들었을 새로운 사회 조직, 삶의 새로운 가능성, 새로운 출발도 포함한다.

잠깐 내 조국 스위스를 보자. 스위스는 1847년의 짧은 내전을 제외하고는 지난 150년 간 전쟁을 단 한 번도 겪지 않았다. 정치적, 사회적 조직의 세밀한 부분까지 자세하게 규제되어 무기력한 정도는 아니라 해도 정체에 이른 느낌이다. 정치 세력의 균형이 너무나 잘 잡혀 있어서 만족하는 사람이 없다 해도 변화가 생기지 않는다. 내가 아는 독일인 의사가 말한 대로 스위스는 "사멸한 부르주아 세계의 작은 박물관"이 되어 버린 반면, 모든 이웃 나라에서는 중대한 변화가 계속 일어나고 있다.

또한 식민지에 이주했다가 귀환한 사람들이 고국의 새로운 생활에 적응하며 겪는 어려움을 생각해 보라. 그들은 유럽에는 살 만한 공간이 충분치 않아서 사람들이 서로의 발을 밟고 다닐 정도라고 느낀다. 물론 이들은 식민지에서 특권을 누렸고 불행히도 그런 삶에 익숙해졌다. 그러나 여기에는 그 이상의 문제가 있다. 즉, 아시아와 아프리카와 새로 탄생하는 여러 나라에서 그들의 삶은 모험이었던 반면, 유럽에서는 판에 박힌 일상에 자신을 맞추어야 한다.

얼마 전 '비밀 군사 기구'(O. A. S.)[1]의 대테러 전투가 한창이었을 무렵, 나와 같은 스위스인이자 제네바 대학의 학생인 올리비에 쥐이야르(Olivier Juilliard)가 한 불어 주간지에 글을 발표해 스위스 국민 사이에 큰 화제를 불러일으켰다.[2] 그는 스위스에 끔찍한 권태가 만연해 있고, 젊은이들은 정체 상태에 염증을 느끼지만 어떤 대의에 자신을 바쳐야 할지 모르고 있다고 했다. 그는 더 나아가 프랑스의 비밀 군사 기구가 부럽다는 말까지 했다. 물론 나는 그런 극단적인 표현은 쓰지 않는다. 그러나 그 글이 대변한 젊은 세대의 마음을 너무나 잘 이해한다. 폴 리쾨르 역시 문명화되고 안정된 사회를 사로잡고 있는

이 권태에 대해 언급한 적이 있다.[3]

쥐이야르 같은 사람에게 상당수의 선량한 사람들은 이렇게 대답할 것이다. 만일 좋은 일에 자신을 바치고 싶다면, 제네바의 위대한 모험 단체인 국제 적십자사를 비롯하여 그럴 기회를 충분히 얻을 수 있다고 말이다. 그러나 오늘날의 젊은이들에게 적십자사는 매우 훌륭하고 존경받을 만하지만 참신하다고 느끼기는 어려운 단체다. 물론 나는 젊은 시절에 적십자사의 후원으로 1920년 전쟁 포로 송환과 기아 아동을 구호하는 일을 하면서 내 생애에 큰 영향을 미친 모험을 할 수 있었다.

그 때 나는 얼마나 많은 모험에 열정적으로 나 자신을 던졌던가! 적십자사 일을 할 무렵 나는 '조핑겐 학생 연합회'(Zofingen Students' Association)의 중앙 대표였고, 그 전에는 친구와 함께 희곡 한 편을 써서 무대에 올리기도 했다. 법학교수 한 분은 스위스의 직접 민주주의 기능에 대한 문헌을 조사하면서 중요한 부분을 내게 맡겼다. 그 학과에는 그 일을 맡아서 하려는 학생이 없었기 때문이다. 그 문헌은 영국 작가인 브라이스(Bryce)가 요청한 것이었다. 나는 곧장 그 일에 몰두했고, 아주 흥미로운 주제라는 사실을 알게 되었다. 그 일을 하면서 아펜젤 주의 이너 로덴(Inner Rhoden)이라는 곳을 알게 되었는데, 그 주는 연방 계획이 제출될 때마다 단 한 번만 제외하고는 모두 투표로 부결된 곳이었다.

나는 또한 계산기에 대한 몇 건의 특허도 따 냈는데, 산부인과 병동에서 분만을 돌보는 사이사이에 인턴실에서 조그만

톱니바퀴를 깎아 시제품을 만들었다. 이는 그 전에는 존재하지 않던 것들이다. 뿐만 아니라 나는 총학생회(General Society of Students)와 프리벤토리엄(Preventorium)이라는 기구, 아동 복지 사업을 하는 '청년 운동 국제 사무국'(International Secretariat for Youth Movements)을 창설했으며, 기아로 고통받는 러시아와 다른 나라의 어린이를 위해 대규모 모금 운동을 벌이기도 했다.

그 당시 나를 가르친 교수님은 아주 엄격해서 강의에 빠지는 학생을 곱게 보지 않았기 때문에 나는 그분께 편지를 써서 사정을 설명했다. 내가 강의에 빠지는 이유는 강의 내용이 전부 책에 있어서 집에서도 공부할 수 있으며, 그렇게 해서 남는 시간에 의과 수업을 받는 것만큼이나 중요하다고 생각하는 다른 활동을 하기 위해서라는 내용이었다. 그분은 내게 답장을 보내 돈키호테처럼 있지도 않은 적과 싸우느라 노력을 분산시키는 일을 그만두라고 충고했다. 물론 나는 시험 때 열심히 공부했고, 그 결과를 보니 교수님은 엄격하지만 공정한 분이라는 것을 알 수 있었다.

그 후 얼마 되지 않아 나는 우리 교회 제직회의 구성원이 되었다. 나는 가장 젊은 구성원으로서 기구와 정신을 개혁하고자 하는 젊은이들의 대변인이었다. 제법 활기찼지만 가끔은 안타까운 논란이 일어났다. 물론 나는 헌신할 만하다고 생각했고 지금도 저버리지 않는 대의를 위해 이 모든 활동을 했다. 그러나 나 자신을 위해서도 일하고 있었으며, 모험에 대한 욕구를 채우기 위해서, 모험으로 인한 즐거움을 얻기 위해서, 그리고 그 때는 깨닫지 못했지만 내 영혼을 갉아먹는 열등감을 보상하기 위해서도 열심히 일했던 것이다.

그런데 한 모험이 세워 놓은 것은 다른 모험이 모두 무너뜨릴 수 있고, 한 모험이 무너뜨릴 수 있는 것은 다른 모험이 재건할 수도 있다. 19세기와 20세기 초의 식민지 정복이라는 모험담을 생각해 보라. 부르주아적인 순응성에 숨막혀하던 서구 세계의 모험 욕구에 그것은 얼마나 엄청난 배출구가 되었던가! 같은 기간에 이교도 땅(당시에는 그렇게 생각하였다)으로의 선교 활동이 늘어난 것도 이국적인 모험에 대한 똑같은 욕망에 뿌리를 두고 있었다. 주일 학교에서 우리 헌금의 수혜자였던 '흑인 어린이'는 신앙의 정복력에 대한 명백한 상징이었다. 그러나 편안히 안주하는 중산층 교회는 눈에 띄게 힘을 잃어 가고 있었다.

이제 우리 눈앞에서 엄청난 전파력으로 펼쳐지고 있는 탈식민지화라는 거대한 모험을 생각해 보자. 이 모험은 신생 국가의 지도자에게 큰 힘을 모아 줄 뿐 아니라 그들에 대한 우리 교회의 편견을 깨끗이 씻어 주기도 한다. 이제는 그들이 자체의 쇄신을 꾀하여 거꾸로 선교를 하겠다고 나설 정도이기 때문이다. 흑인이 문명에 등장하는 것을 보며 우리는 인간의 사회와 예술, 문화의 모든 면에 새롭고 충격적인 변화가 일어나길 기대한다. 지금 이들은 자신들의 모험을 역동적으로 펼치기 시작하는 단계에 있기 때문이다. 나는 방금 신문에서 흑인 목사 알렉스 브래드포드(Alex Bradford)의 대담 기사를 읽었다. 그는 제네바에서 멋진 노래와 춤을 선보인 '흑인 태생'(Black Nativity)이라는 선교 공연단의 단장이다. 그는 말한다. "당신들의 교회는 아이스박스요.…이 사회에는 표현의 자유가 없는 것 같소. 형식만 따지고…. 당신들은 몇 년에 걸쳐 모든 것을 규정해 놓았소. 그러나 우리는 아직도 즉흥적으로 해 나가지요."[4]

종교개혁이라는 위대한 모험을 생각해 보라. 종교개혁은 전 교회를 개혁하려 애쓰는 와중에 초창기의 기독교가 그랬듯이 한때는 영웅적 순교자를 양산했다. 그러나 불행하게도 교회를 분열시키는 데만 성공했을 뿐이다. 종교개혁의 결과로 생겨난 교회가 어떻게 되었는지 생각해 보라. 전통으로 꽉 찬 존엄한 기관이 되었다. 아이스박스라고? 브래드포드 목사의 말은 좀 과장된 것 같다. 이 흑인들은 해방의 시기가 되어 부모에게 심한 말을 해 대는 청소년 같다. 그래도 이들 말에는 어느 정도 진리가 들어 있다. 또한 교회 일치 운동의 모험을 생각해 보라. 이 운동은 이제 막 시작되었지만 여러 교파를 더 가깝게 만들고 서로의 신앙을 촉진하는 데 성공할 것이다.

인간에게 밀어닥치는 이 모든 조류는 우리가 앞에서 말한 흐름을 따른다. 카뮈(Camus)는 이 점을 반항과 연관지어 분명히 보여 주었다.[5] 반항은 본능적인 모험의 좋은 본보기다. 그것은 회오리바람처럼 커져서 마침내 혁명이 되어 앞을 가로막는 것을 모두 쓸어 버리고, 얼마 동안은 인간 안에 있는 가장 고귀한 것, 결코 자신이 억압받게 내버려두지 않겠다는 결의를 구현한다. 그러나 머지않아 새로운 기성 질서를 수립하는 단계에 이르고, 이 질서는 새로운 반항에 맞서 자신을 방어하다가 결국 또다시 굴복하는 날을 맞이할 것이다.

예술의 역사는 이 법칙을 잘 보여 준다. 소수의 화가가 더 이상 옛 거장들을 모방해서 그리지 않고, 남이 가지 않은 길로 들어섰을 때 얼마나 놀라운 혁신이 일어났는가! 그 전파력은 실로 엄청났다. 예컨대 파리 파(School of Paris)와 이 유파가 19세기 말 이후 발전해 온 길을 살펴보라. 이들의 전파력은 한 유파를 낳았고, 그것은 그야말로 집단적인 모험이었다. 집단적이라는 말은 화가들이 서로를 모방해 그린다는 말이 아니라 서로가 서로를 자극해 자신의 독창성과 모험의 짜릿함을 재발견한다는 뜻이다. 화가들이여, 이 독창적인 흐름에 서둘러 가담할지어다! 이 흐름은 곧 메말라 버릴 것이기 때문이다. 당신은 새로운 거장들[세잔느(Cézanne)나 피카소(Picasso)나 클레(Clée)]을 모방할 수 있겠지만 그것은 더 이상 모험이 아니다.

역사에서 우리는 이런 독창성의 폭발을 쉽게 볼 수 있다. 고대 그리스나 루이 16세 시기에는 독창성이 놀랍도록 풍부했다. 그 때 모험의 바람이 불었기 때문이다. 그러나 이러한 흐름은 결코 지속되지 않는다. 새로운 형식은 곧 독점적인 신조로 확립되어 참신한 독창성을 억압하게 마련이다. 모든 모험에는 쇠퇴의 시기가 온다. 누구에게나 자기 양껏 먹어 속이 꽉 찰 때가 오는 것처럼 말이다.

어떤 사람들은 모험을 마음속으로만 되풀이해 보거나 만나는 사람들에게 고작 자신의 추억을 이야기하는 데서 그친다. 나는 프랑스 목사들의 작은 모임, '노 젓는 사람들'에 관한 이야기를 기억한다(나는 1925년경 이들의 신앙적 모험의 흡인력 있는 궤적에 끌려 들어간 적이 있다). 외딴 프랑스 마을에서 전도하던 중에 이들이 숙박을 하고 있던 집주인이 이들에게 "나도 종교적인 경험이 있소!"라고 자랑스럽게 말했다. 그리고 아내를 향해 "다락에 가서 커다란 가방 뒤에 있는 것을 가져와 이 양반들께 보여 드려"라고 하였다. 그러나 안타깝게도 그의 아내가 가져온 것이라고는 너덜너덜해진 조각뿐이었다. 그 종교적인 경험이라는 것을 그간 쥐가 뜯어먹어 버렸기 때문이다.

모든 운동은 치명적 좌초라는 이 법칙의 지배를 받는다. 물론 그 이유 가운데 하나는 다음과 같은 현상 때문일 것이다. 즉, 사람이 현재 소유하고 있는 것은 바라는 것보다 언제나 부족해 보인다. 소유하고 싶은 욕구 때문에 어떤 대상이 매혹적인 색채를 띨 수 있지만, 일단 손에 넣게 되면 금새 광채를 잃어버린다. 모험은 바람과 희망에 있는 것이지 소유에 있는 것이 아니다. 파스칼은 "승리가 아닌 분투만이 우리를 즐겁게 한다. 우리는 사물 자체를 추구하는 것이 아니다. 사물에 대한 추구만을 추구할 뿐이다"라고 말했다.[6] 이 사실 때문에 비극적인 고통을 겪는 사람들이 있다. 내가 만난 환자 가운데는 이것이 자기 성격의 심각한 단점이라고 느끼고 크게 상심한 사람이 있었다. 열정적이고 이상주의적인 여성이었는데, 그녀는 언제나 넘치는 소유욕을 느끼지만, 그렇게도 갖고 싶어했던 것을 손에 넣는 순간 매력을 잃었던 것이다.

그러나 모든 모험이 점차 소멸한다는 이 법칙 뒤에는 훨씬 더 큰 이유가 있다고 생각한다. 모험은 첫 단계, 즉 상승과 역동적인 성장의 단계에서는 거의 반발을 일으키지 않는다. 이 단계에서는 여기에 헌신할 만한 진리가 들어 있다고 느끼는 사람들의 호응을 받는데, 이는 이성적이라기보다는 본능에 더 가깝다. 다른 사람들은 이 모험을 이해하지 못하고 진지하게 생각하지도 않으며, 모험이 성공하리라 믿지도 않을 뿐더러 아직까지는 이를 두려워하지 않기에 맞서 싸우려 하지도 않는다. 모험이 절정에 이르러 세력을 모으는 바로 그 때 저항이 일어난다.

그러한 저항이 모험의 성공을 막을 만큼 강력하지 못하다 하더라도, 모험은 그간 자신을 조직하고 정당화하고 옹호하면서 마련해 온 입지를 유지해야 하는 상황을 맞게 된다. 그러나 이 단계에서는 더 이상 모험이 아니다. 이제는 논의와 토론과 논쟁이 되어 버린다. 현명한 일인지는 모르지만 모험의 모습은 변했다. 출발 당시를 지배하던 직관적이고 예언자적인 요소와 매력의 원천은 물러가고, 이성적인 논쟁과 조직적인 기구가 자리를 차지한다. 평론가들이 활동을 개시하여 모험을 해설하고 정의하며 공식과 원리를 만들어 낸다. 그 뒤에는 확대경을 든 역사가들이 등장해, 이 모험을 일반적인 진화 과정상에 놓고 앞선 예와 뒤따르는 예를 찾는다. 모험은 평가되고 분류된다. 그 사상은 인류 유산의 일부가 되어 계속 살아 남을 수 있을지도 모른다. 학생들은 이에 관해 학위 논문을 쓰지만, 이제 이것으로 인해 가슴이 뛰는 사람은 아무도 없다. 그 모험은 끝난 것이다.

어떤 대의를 내걸든 모든 운동은 닥치는 대로 대응해 나가는 열정에서 시작된다. 신념을 가진 선구자는 감동적인 열정으로 이 일에 달려들어 보수도 전혀 받지 않고 막대한 노력을 쏟아붓는다. 이들은 구세군이 처음에 그랬듯이 다른 모든 사람의 회의적인 태도와 조롱을 무릅쓴다. 이런 운동은 비누 상자를 의자와 책상 대용으로 사용하며 'e'자를 칠 때마다 오타가 나오는 타자기가 놓인 오래된 다락방에서 시작될 것이다. 하지만 이 얼마나 대단한 분위기인가! 마치 음모라도 꾸미는 분위기다.

이러다가 이 운동이 성공을 거두면 모든 것은 조직화되어야 한다. 엄청난 액수의 돈을 관리해야 하므로 체계가 필요하다. 사무실도 임대해야 한다. 매끈한 사무실 빌딩을 건립할 날도 올 것이다. 회장, 부회장단, 영향력 있는 인물로만 구성된 위원회, 사무 총장, 계약직 회계사에다 똑똑한 속기사가 등장할 것이다. 그러나 이제 더 이상 모험은 아니다. 이것은 인정과 존경과 존중을 받는 조직체가 될 것이다. 다른 비슷한 단체와 마찬가지로 여기에도 기부자가 생길 것이고 이들에게 기부금을 요청할 것이다. 기부자들은 아무런 기쁨도 없이 의무감에서, 체면을 손상하지 않는 한도 내의 금액을 낼 것이다. 한편 새로운 기관이 '행복의 연결 고리' 같은 이름을 내걸고 등장하게 될 것이다. 이들은 큰 재해가 발생할 때마다 서둘러 설립되어 열렬한 활동으로 며칠 만에 엄청난 액수의 기부금을 모으게 될 것이다.

마찬가지로 교회나 교단, 또 모든 종교적인 운동이나 종파는 성령의 강력한 추진력으로 세워졌다 하더라도 자체의 성장과 성공으로 인해 점점 대규모 기구로 변해 가기 쉽다. 지도자들은 이 때쯤 행정 사무에 눌려 정작 영적인 사역을 할 시간을 거의 내지 못하는 것에 죄책감을 느끼고 걱정한다. 이들은 사도적 사명에 응하여 처음 이 일을 맡았지만 이제는 자신의 의사에 반하여 공무원 같은 존재가 되고 있다는 사실에 가슴 아파할 것이다.

이런 현상은 교회나 자선 기관에만 국한된 것이 아니다. 이것은 문학, 미술, 과학, 정치 등 모든 운동 영역에서 다 일어난다. 우리가 가끔 보지만 '젊은 작가들'의 작품에 대한 열렬한 문학 평론이나 무대 예술을 부흥시키고자 하는 연극 단체를 생각해 보라. 이들은 오래 지속되는 경우가 거의 없다. 소멸되거나 급속히 전통에 흡수되고 만다. 이들은 사회에 자신들의 추진력을 제공해 주지 못하고, 오히려 추진력을 잃고 그 사회에 잡아먹히고 만다. 그러고 나면 추종자들이 '불꽃을 되살리자!'고 서로를 격려하며 나서게 된다. 이들은 영웅적인 개척기의 이야기를 회상한다. 그러나 이것은 인위적인 노력일 뿐 더 이상 자연 발생적인 흐름이 아니다.

나는 이런 상황에 빠져 있는 사람이 자신의 기만을 인정하기보다 오히려 자신을 속이기까지 하는 것을 많이 보았다. 이들은 미래를 기대하는 것 같지만, 사실 이들의 눈은 여전히 과거에 사로잡혀 있다. 과거를 인생의 황금기로 생각하는 것은 위험한 일이다. 이것은 모험과 반대된다. 인생은 일방 통행로다. 절대 과거로 되돌아갈 수 없다. 물론 과거로부터 전해내려온 보화를 생생하게 보존하기 위해서라면 일단 시작한 일을 끝까지 밀고 나갈 의무를 느낄 수도 있다. 종교적인 책무나 유용한 과업은 이렇게 해서 이룩될 수 있다. 그러나 일상적인 봉사에 불과한 것을 모험이라고 부르는 것은 자기를 속이는 일이다. '재탕한' 모험은 아무리 열심히 추구하더라도 추진력을 잃었다는 의미에서 더 이상 모험이 아니다. 종교적 운동인 경우 이런 상황은 비극적인 차원으로 나갈 수도 있다. 즉, 모호한 죄책감을 불러일으킬 수 있는 것이다.

예를 들어, 한때 성령에게 강력하게 감화되었던 사람의 경우를 생각해 보자. 이제 이 사람은 자신을 채찍질하면서 이전의 자연 발생적인 열의를 유지하려 하지만 실패하고 만다. 그는 자신이 차지도 덥지도 않으며, 자신의 활동뿐 아니라 기도와 결의가 무기력하다고 자책한다. 또한 사도가 권고하는 대로 '하늘의 은사'를 보존하지 못한 것을 자책한다. 그러나 영적인 문제에서는 아무것도 보존되지 않고, 아무것도 쌓아 둘 수 없다. 이 사람은 심리적인 문제를 종교적인 문제로 오해하고 있다. 이 사람은 모험의 법칙, 즉 모험은 목표를 이루면 소멸한다는 것을 인정하지 않고 있다. 종교의 첫 번째 요구 사항은 인생의 법칙을 인정해야 한다는 것이다. 영적인 생활은 계속되는 새로운 탄생으로만 이루어진다. 사람의 가슴이 산발적으로나마 계속해서 뛰려면 다시금 알을 깨고 나오는 체험, 새로운 선지자, 새로운 모험(언제나 새로운 모험)이 있어야만 한다.

4 뛰어들기

우리가 이제 다루어야 할 아주 중요한 문제는 모험의 갱신, 모험의 회복에 대한 것이다. 모험은 언제나(그것도 우리가 생각하는 것보다 더 빨리) 자체적으로 소진되고 있기 때문이다. 전기 공학을 예로 들면, 우리는 감쇄 전파(damped waves: 진폭이 줄어드는 전파)에서 비감쇄 전파(undamped waves: 지속되는 전파)로 옮겨 가야 한다. 교회 역시 새로운 선지자들―제2의 성 히에로니무스나 성 프란체스코, 루터, 성 이그나티우스, 웨슬리 같은 이들―이 끊임없이 출현하였기에 지속되는 것이다.

교회 지도자들은 언제나 종교적 열기를 회복시키고 싶어하지만 기존의 방향을 유지하면서 그렇게 하려 한다. 그러나 정작 벌어지는 일은 새로운 출발이다. 이것은 처음에는 교회 지도자들과 불협화음을 낸다. 과거를 배경으로 한 그들의 교회관에 정면으로 배치되기 때문이다. 기존 교회의 지도자들은 성령의 새로운 운동이 보존하고 성취하는 것보다 배척하고 파괴하는 것이 더 많다고 느낀다. 그래서 공식적인 교회는 항상 이런 광범위한 영적 모험을 거부하며, 나중에 가서야 자기가 박해한 이들에 의하여 구원받았다는 사실을 깨닫는다.

성령은 늘 우리에게 뒤가 아닌 앞을 보라고 말씀하신다. 이 사실을 잘 표현한 것이 1963년에 세계 교회 협의회(WCC) 회장단이 발표한 성령 강림절 담화문이다. "향수(nostalgia)는 우리 교회들에게 유혹거리다(교회는 실제로 이 유혹에 자주 빠진다). 이 병은 주후 1세기나 12세기, 16세기, 심지어 교회 일치 운동의 초기 50년을 그리워하는 것이다!"[1] 물론 우리는 초대교회를 지배했던 진한 형제애를 재발견하고자 한다. 그러나 이것은 초대교회 시대와는 달리 오늘날 새로운 형태를 띠지 않으면 안 된다. 어떤 공동체는 기성 교회보다 더 성공적으로 이런 선구자적 모험의 분위기에 도달했다고 자처하고, 종종 그런 것이 사실이다. 초기로 돌아가려는 노력이 이들에게 실제적인 모험으로 자리잡았기 때문이다. 물론 그것은 새로운 모험이다. 그러나 초대교회의 정확한 복사판인 것은 결코 아니다. 역사는 절대 반복되지 않는다. 다른 사람이 다른 시대에 경험했던 것을 그대로 경험하고자 한다면, 이는 오산이다. 우리에게 현실적인 모험은 우리 시대의 모험이다.

모든 시대가 모험이고, 모든 삶이 다 모험이다. 모든 모험은 각각 개별성이 있으며, 다른 어떤 모험과도 섞일 수 없다. 나는 아이를 잃는 커다란 슬픔을 겪은 몇몇 부부를 알고 있다. 이들은 죽음에 대한 본능적 반응인 반항심 때문에, 남은 아이 가운데 한 명이나 새로 태어난 아이와 잃은 아이를 어느 정도 동일시하게 된다. 마치 그 아이가 죽은 아이의 못다 한 모험을 어떻게든 연장시킬 수 있기라도 하듯이 말이다. 그러나 이것은 허무맹랑한 날조다. 이것은 그 아이의 인격을 빼앗아 자기 삶이 아닌 다른 삶의 역할을 하도록 떠맡기는 것이며, 자신의 삶을 자기만의 모험으로 살 권리를 박탈하는 것이다.

시간이 흐르면서 모험은 계속 이어지지만, 이들은 언제나 서로 다른 모험이다. 이 사실은 생활의 모든 영역에서 찾아볼 수 있을 것이다. 어제의 모험을 계승하는 자와 오늘의 모험을 하는 자 사이에는 영원한 갈등이 있다. 후자는 전자를 밀어제치지만, 전자의 혁신적인 정신을 재발견했기 때문에 실은 어제의 모험을 더 충실히 계승하게 된다. 수구파가 신진 세력의 무능력을 비난하며 이들이 제대로 알지도 못하면서 문제를 다루고 있다고 지적하는 것은 소용 없는 일이다. 바로 그렇기 때문에 그것이 신진 세력에게 모험이 되는 것이다. 인간이 이룬 많은 업적은 그 기원을 따져 보면 아마추어의 작품이었다. 그런 특정한 지식의 분야에 그 때까지 전문적인 학자가 없었기 때문이다. 학자는 그 뒤에 나타나서 분석하고 해설하고 체계화하고 관련된 원리와 기술의 세부 사항을 다듬고 가르친다. 여기서 쇼(G. B. Shaw)의 타당하지 않은 말이 생각난다. "할 줄 아는 사람은 행동한다. 할 줄 모르는 사람은 가르친다."

정작 어떤 분야의 개척자는 일을 어떻게 시작할지 몰라 육감에 의존해야 하는 아마추어들이다. 사도 베드로는 어부로서 얼떨결에 교회의 지도자로 승격되었고, 칼빈은 법률가로서 개혁 신학의 초석을 놓았으며, 파스퇴르(Pasteur)는 화학자면서 그 시대 어떤 의학자보다 더 의학의 지평을 넓혔다. 또한 파스칼은 수학자면서 다른 많은 수학자와 마찬가지로 철학을 풍요롭게 했고, 가장 넓은 영역에 걸쳐 아마추어인 레오나르도 다빈치는 모험이 폭발적으로 일어난 르네상스 시기의 특성을 가장 잘 보여 주었다.

이것은 내가 아마추어로서 일하는 것을 늘 좋아하는 이유다. 나는 작업실에서 나무와 금속을 만지며 말할 수 없는 기쁨을 맛보는 아마추어 직공이며 동시에 아마추어 심리 치료사, 아마추어 철학자, 아마추어 신학자, 아마추어 강사, 아마추어 작가다. 내가 책을 쓰는 것은 무엇을 가르치거나 문학 작품을 창작하기 위해서가 아니라 여러 독자와 함께 모험에 참여하기 위해서다. 책을 쓰는 일은 모든 모험에 내재되어 있는 것과 똑같은 즐거움을 준다.

물론 나는 '아마추어'라는 단어가 아주 다른 의미를 띨 수 있다는 것을 안다. 우리는 어떤 사람이 자기 일을 중히 여기지 않고 일할 때 아마추어 같다고 말한다. 내가 이런 뜻으로 이 단어를 쓰고 있지 않음은 독자들이 잘 알 것이므로 설명할 필요가 없을 것이다. 오히려 나는 이 '아마추어'라는 단어에서 모험이라는 개념을 연상하며, 모험이라는 개념에서 헌신이라는 개념을 연상한다. 아마추어는 자기 취향에 따라 자기 일을 선택하는 사람이며, 이 일이 직업이 된다 해도 의무감에서가 아니라 좋아하기 때문에 자신을 완전히 바치고 본래의 목적을 추구하는 사람이다.

며칠 전 내 생애에서 완전히 새로운 모험은 발코니에서 팔마 항구를 굽어보며 이 책의 처음 몇 쪽을 썼을 때 시작되었다. 지금은 펜이 처음보다 쉽게 굴러간다. 나는 이미 시작된 모험에 사로잡힌 것이다. 나는 이렇게 뛰어들기 전에 마음속으로 모험이라는 주제에 대해 온갖 생각을 했다. 내 머릿속은 첫 줄을 어떻게 써 나갈 것인지에 대한 생각으로 들끓었다. 이것이 책으로 낼 만한 주제일까? 어떤 형식으로 써야 할 것인가? 보잘것없게 여겨지지는 않을까? 너무 역설적으로 보이지는 않을까? 이 책이 사람들로 하여금 더욱 담대히 자신을 모험에 바치도록 만들 수 있을까? 오히려 사람들의 기를 죽여서 그들 앞에 펼쳐져 있는 일상적인 일을 충실하게 해 내는 것마저 팽개치게 만들지는 않을까?

그러나 근본적으로는 나 자신을 던지는 것이 문제였다. 나는 많은 단어로 내 생각을 늘어놓음으로써 이것에 대한 책임을 지는 것을 망설이고 있었다. 이제 주사위는 던져졌다. 나는 이제 더 이상 마음대로 중단하지 못한다. 생각이 전개되면서 나를 재촉한다. 아내는 내가 잠꼬대를 하기 시작했다고 말한다. 생각을 잉태하는 기간의 길고도 힘겨운 당혹감과, 일단 시작했다 하면 나를 휩쓸어 버리는 해산 과정의 힘은 얼마나 대조적인지 모른다.

어떤 일에 뛰어드는 것을 오히려 훨씬 쉽게 생각하는 사람들도 있다. 이들이 내게 털어놓기를, 이를 유지하는 것이 어렵다고 한다. 이들은 어떤 일이건 쉽사리 달려들지만 결말을 제대로 맺지 못할 때가 많다. 그들은 분발하여 모든 의지력을 동원하고, 싫든 좋든 자신을 밀어붙이며, 본성의 힘에 휩쓸리지 않으려고 한다. 이들은 인생과 활동에 대해 나와 다른 견해를 지니고 있는 것 같다. 즉 그런 일을 모험이 아닌 의무로 보는 것이다.

이들은 내가 즐기는 동안에 일한다. 인생은 내게 거대한 체스 게임과 같다. 체스 게임도 사실은 패할 위험과 이기고 싶은 소망이 함께하는 모험이다. 그러나 체스 게임을 하는 사람에게는 이번에 지더라도 다음에 다시 이기리라는 희망이 있다. 한편 인생은 단 한 번 벌이는 경기다. 그래서 모두가 직관적으로 인생에 엄청난 것이 걸려 있다는 것을 느낀다. 모든 행보, 모든 선택, 모든 개인적 결단, 모든 자발성, 자신을 내던지는 모든 모험이 경기의 남은 부분을 결정할 것이며 그 결과에 영향을 미치게 될 것이다.

선수가 내기를 하고 있는 시합임을 의식하면 할수록 그는 말을 움직이는 데 더 망설이게 된다. 체스 결승전에서는 시계를 두고 선수들이 생각할 시간을 제한한다. 인생도 마찬가지다. 인생을 모험으로 알면 알수록 여기에 걸려 있는 내기와 말을 움직이는 위험을 더욱 의식하게 되고, 따라서 말을 쓰는 데 망설이게 된다. 며칠 전 발코니에 앉아서 빈 종이를 앞에 놓고 당혹감에 빠져 있을 때 내가 바로 그랬다. 나는 책을 쓸 때마다, 상담을 할 때마다 이런 일을 겪는다. 걱정하며 망설이고, 위험 정도를 재어 보고, 이렇게 망설이는 것을 소심함으로 여기며 자신을 비난하고 죄책감을 느끼기까지 한다. 그러다가 이런 죄책감을 더 이상 견딜 수 없으면 "그래 좋아! 할 말은 해야겠어. 결과는 받아들이고…"라고 중얼거리면서 그 일에 뛰어든다.

즉시 경기가 시작된다. 첫째 말을 움직이면 다음 말을 움직일 수밖에 없듯이 첫 장을 쓰면 다음 장을 쓰게 된다. 모험은 시작되었고 이제 여기서 후퇴할 수 없다. 모험이 나를 재촉한다. 모험이 나를 떠밀어 전에 회의에 빠졌던 부분에 대해 과감해질 수 있게 만든다. 나는 배를 불살라 버렸고 이제 돌아갈 수 없다. 루비콘 강을 건넌 것이다. 지금 나를 앞으로 내모는 열정이 내가 다시 회의에 빠지지 않도록 막아 주는 일종의 보호막임을 잘 알고 있다. 전에 몸이 마비된 것처럼 망설였을 때 나는 두 마음이었다. 마치 나를 모험 쪽으로 내모는 힘과 나를 붙들고 놓아 주지 않는 힘이 저울의 양쪽에서 균형을 이루고 있는 것 같았다. 후자의 힘(두려움, 스스로 거는 제동)은 사실 사라지지 않았다. 단지 이를 억눌러 왔을 뿐이다. 나는 마음을 단단히 먹고 행동에 돌진하여 이 힘에 대항하고, 이것 때문에 다시 모든 것에서 회의를 느끼지 않도록 막아야 한다.

우리는 방금, 모험이 시작되자마자 그것이 어떻게 경직되고 비타협적으로 진행되며, 조직화되어 자신에게 저항하는 세력을 극복하는지 살펴보았다. 내가 극복해야 하는 저항은 외부적인 것일 뿐 아니라 내부적인 것이기도 하다. 나는 나 자신의 회의로부터 스스로를 보호해야 한다. 그러므로 행동하는 사람은 모두 불가피하게 두 곳에서 싸워야 한다. 하나는 외부적이며 쉽게 의식하는 곳이고, 다른 하나는 내부적이며 거의 의식하지 못하는 곳이다. 그리고 자신의 내적인 적, 즉 자신의 저항과 회의에 심각하게 시달릴수록 그는 외부적으로 더욱 호전적인 경향을 띤다.

이에 대한 증거는 우리가 때때로 목격하는 극적인 위기에서 찾아볼 수 있다. 어떤 사람은 성과 있고 화려한 나날의 끝 무렵에 갑자기 불안한 회의가 덮쳐오는 것을 느낀다. 모두 그가 이룩한 것을 축하하지만 갑작스레 그 모든 것이 그에게는 의미가 없다. 그는 계속되는 모험에 자신을 던져 왔지만, 그게 다 무슨 의미가 있단 말인가? 어떤 가치 있는 것이 남아 있단 말인가? 모든 것이 사물의 보편적 전개라는 형언할 수 없는 단조로움 속으로 가차없이 밀려 들어가는 것은 아닌가? 자신을 속여 온 것이 아닌가? 존재의 공허감을 숨기기 위해 스스로 목표를 만들고 그것에서 사명감을 느껴 왔던 것은 아닌가? 분투의 열기 가운데 그토록 오랫동안 억눌러 왔던 모든 회의가 다시 한 번 표면으로 떠올라 그의 마음에서 사라지지 않는다.

그러나 신중하고 객관적인 자세를 유지하려고 애쓰는 지식인, 모든 문제의 양면을 보고 자신의 감정을 분석하고 정열 때문에 판단력을 흐리는 일이 결코 없는 지적인 사람, 특히 그럴 만한 가치가 있다고 확신하기 전에는 자신을 내던지지 않는 분별 있는 사람, 이런 사람은 모험에 대한 본능을 억압하며 계속되는 당혹감에 어쩔 줄 모른다. 나는 지금 이 두 사람 사이를 왔다갔다 하고 있다. 하나는 망설이다 못해 자신에게 행동할 능력이 있는가를 의문시하는 사람이고, 다른 하나는 자신을 던지고 싶은 욕구를 참아 내지 못해서 자신을 내던지는 사람이다. 우리 인생의 결정적인 순간이란 우리가 선택을 하는 바로 그 순간이 아니던가! 모험이 시작되는 신비로운 순간이야말로 지금 다루고 있는 모험이라는 주제의 가장 매력적인 문제로 보인다.

내가 '신비로운'이라고 한 것은 모험의 주체가 이 순간을 분명히 알지 못하기 때문에 분석하기가 불가능하다는 이유에서다. 많은 모험이 출발도 하기 전에 무위로 그치고 마는 것은 무엇 때문인가? 수많은 계획으로 가슴이 뛰었지만 결국에는 착수도 하지 못한 기억이 없는 사람이 있는가? 자기 작품을 원고 상태로 책상 서랍에 감춰 두고 있는 사람이 얼마나 많은가? 많은 사람이 내게 자기 원고를 읽어 달라고 가져왔는데, 읽어 보니 아주 훌륭했다. 나는 이렇게 숨어 있는 작가들에게 자신의 작품을 출판해 보라고 권유하고 싶다. 그러나 이것은 이들의 모험이지 내 모험이 아니다. 이들을 대신해서 출판을 결정하고, 이렇게 해서 그 사람의 기본적인 특권, 즉 자기가 직접 뛰어드는 특권을 빼앗는 것은 내가 할 일이 아니기 때문이다.

그러나 어떤 사람은 모험으로 뛰어들기로 작정하자마자, 전에는 몰랐던 새 힘을 느끼게 되며, 이 힘이 그를 당혹감에서 건져 낸다. 모험에 이르는 길을 막는 것은 당혹감이지만, 이 당혹감을 쓸어 없애는 것은 바로 모험이다. 이와 같은 순환은 생물학의 모든 영역에서도 볼 수 있다. 닭이 있어야 달걀을 얻는다. 그러나 또 달걀이 있어야 닭이 생긴다. 생물학의 문제는 단순한 분석만으로는 해결할 수 없다. 오히려 생명의 역동적인 운동이라는 맥락에서 풀어야만 한다.

잊지 못할 한 환자가 있다. 지적이고 예민하고 예술적인 감각이 있는 이 남자를 나는 오랫동안 치료했다. 그와 나눈 대화는 무척 흥미진진했다. 자기 자신과 추억을 자세히 관찰할 뿐 아니라 그것들을 심리학적으로 분석하고 자신의 꿈까지 분석하는 능력에 나는 반했다. 그러나 나는 그런 분석을 통해서 그 사람보다 내가 더 많은 것을 얻고 있다고 느꼈다. 그의 삶에는 변화가 따르지 않았기 때문이다. 그러던 중(나는 권유만 했지 압력을 넣지는 않았는데) 그는 앉은 자리에서 단번에 희곡 한 편을 써서 큰 성공을 거두었다. 그는 더 이상 내 치료를 필요로 하지 않았다. 그가 더 이상 심리적인 문제를 느끼지 않았다는 뜻이 아니다. 오히려 모험에 의해 시작된 삶의 흐름에서, 이 문제들이 사람을 옴짝달싹 못하게 하는 무익한 것이 아니라 유익한 것이 되었다는 뜻이다.

한 개인의 삶에서 모든 문제는 손에 손을 잡고 원을 그리며 춤추는 아이들처럼 서로 연관되어 있다. 하나를 분석해 보면 또 다른 하나를 분석하게 되고, 하나에서 해방되기 위해서는 다른 하나에서 해방되어야 한다. 계속 이런 식으로 연결된다. 우리는 오랫동안 문제에서 맴돌 수 있다. 그러나 어느 부분에서 그 고리가 깨어지면, 이것은 일종의 '날 따라 해봐요, 이렇게' 놀이가 되고, 지금까지 서로를 막고 있던 모든 문제에서 연쇄 작용이 일어나 하나가 풀리고 이어서 다른 하나가 풀려 나간다. 이 고리를 깨는 것이 모험으로 뛰어드는 일이다.

그래서 모험이 시작되기 직전의 엄청난 당혹감과, 모험이 시작되는 순간 우리를 사로잡는 흥분은 놀라울 만큼 대조된다. 나는 책을 쓸 때마다 이것을 새롭게 느낀다. 처음에는 마치 마비라도 된 듯 오랫동안 망설인다. 애써 계획을 짜 내고 이를 가능한 한 논리적으로 만들려 하지만, 아무리 해도 만족스럽지 않다. 그러다가 갑자기 아주 다른 힘(지성의 힘이 아닌 생명력)에 이끌려 처음 계획을 제쳐두고 일단 쓰기 시작한다. 이제는 아무리 해도 멈출 수 없다는 것을 느낀다.

당연히 나의 첫 번째 책은 훨씬 더 큰 모험이었다. '과감하게 출판을 시도할 것인가?' 자기 자신의 작품을 평가하는 것은 언제나 가장 힘든 법이고, 나는 늘 어려움을 겪는다. 어느 순간에는 온통 긍정적으로 보이다가도 다음 순간에는 아주 부정적으로 보인다. 어느 순간에는 장점이 분명히 드러나 보이다가도 바로 다음 순간에는 심각한 회의가 든다. 이는 어떤 사람에게 행복하냐고 물어볼 때도 마찬가지다. 그 사람은 당장 그렇다고 대답하고는 자기가 행복하게 느끼는 모든 이유를 생각할지도 모른다. 그리고 조금 후에는 행복하지 않은 자신을 위로하기 위해 행복을 가장하고 있는 것은 아닌지 스스로 묻기 시작한다.

미술 작품에 대해서도 같은 말을 할 수 있다. 화가에게는 모든 그림이 다 새로운 모험이다. 화가가 이를 예민하게 인식하면 할수록 시작하는 것을 더 망설이게 되고 자신을 판단하는 일도 더 힘들어진다. 한 화가는 내게 자기가 너무 오래 망설인다고 하였다. 그는 자신이 창작한 작품의 양이 너무 적다는 것 때문에 죄책감을 느끼지만 한 작품을 끝내고 몇 주가 지나서야 겨우 다시 붓을 잡을 수 있다. 그가 게으른 것인가? 그러면서 열심히 작업할수록 더 많은 작품을 내놓는 동료 화가 한 사람을 떠올린다. 그러나 이 동료 화가의 작품은 근본적으로는 다 똑같다. 작품의 주제는 바꿔도 화풍이나 기법은 바꾸지 않는다. 그는 현대 회화에서 전개되고 있는 중대한 운동과는 무관하게 지낸다. 화가인 내 친구는 "그 사람은 활동을 많이 하기는 해도 근본적으로는 게으른 사람이야. 너무 게을러서 현대 회화를 시도하지도 이해하지도 흡수하지도 않고, 독창적인 공헌을 하려 하지도 않지"라고 말한다.

그러나 대중은 화가에게 그런 것을 요구하지 않는다. 대중은 화가가 자기들이 기대하는 유형의 그림만을 대량으로 제작해 내기를 바라며, 그런 그림이 익숙하기 때문에 좋아한다. 대중이 좋아하는 화가는 자신이 훌륭하고 창조적인 활동을 하고 있다고 생각하지만, 사실 그가 창조하고 있는 것이란 전혀 없다. 그는 단순히 비슷한 작품을 재생산하고 있을 뿐이다. 만약에 그가 새로운 길로 들어선다면 모두 반대의 소리를 높이겠지만, 그는 자신이 모험에 뛰어든다고 생각할 것이며, 자기 작품의 가치에 대한 상반된 평가 사이에서 또다시 갈등하게 될 것이다.

아마 그는 친구에게 달려가 조언을 구할지도 모른다. 내가 첫 번째 책을 낼 때 그랬다. 나는 원고를 친구 여섯 명에게 보여 주었고, 그들은 수고스럽게도 모두 베른에 모여서 꼬박 하루 동안 나와 함께 원고에 대해 논의했다. 그런데 아무도 내게 그것을 출판하라고 권하지 않았고, 한 명이 첫 장을 기고 형식으로 의학 잡지에 보내 반응을 살펴보라고 했을 뿐이다. 다른 사람이 당신의 모험에 책임져 주리라고 너무 기대하지 말아야 한다. 결국 그것은 당신의 모험이지 그들의 모험이 아니기 때문이다. 진정한 모험은 극히 개인적인 성격을 지니고 있기에 개인적인 결단을 요구한다. 더구나 다른 사람의 조언은 당신 자신의 태도에 크게 좌우된다. 당신의 결심이 굳으면 찬성하는 사람이 많을 것이고, 당신이 회의적인 모습을 보이면 일을 추진하라고 권하는 사람도 별로 없을 것이다.

친구들은 나를 도와주려고 내 원고에 대해 온갖 비평을 가했다. 한 명은 상당한 분량을 자세히 고쳐 주기도 했다. 그러나 나는 옴짝달싹할 수가 없었다. 그들의 비평이 대부분 타당하고 내 글이 그 상태로는 안 된다는 것은 인정했지만, 나는 친구들이 제시한 대로 수정할 수 없었다. 그렇게 되면 그것은 더 이상 나 자신의 글, 나 자신의 모험이 아니기 때문이었다. 이렇게 어쩔 줄 모르는 상태에서 일에 달려들려고 하면 그다지 효과를 거두지 못한다. 나는 순진하게도 이 책을 어떤 형태로든 출판해서 내가 죽더라도 후대에 남길 것이 있어야 한다고 생각했다. 독자들은 틀림없이 웃겠지만, 나는 이런 생각이 독자들이 생각하는 것만큼 특이한 것은 아니라고 확신한다. 모험의 본능은 죽음의 본능과 밀접하게 연관되어 있다. 죽음의 본능은 모든 인간의 마음에 자리잡고 있다. 사람은 이 본능 때문에 자기가 죽은 뒤에도 사라지지 않을 개인적인 흔적을 남겨야 한다고 생각하게 된다.

그러나 그런 생각만으로 나는 그 어려움에서 충분히 벗어날 수 없었다. 아내의 염려가 커져 갔다. 몇 달이 지난 뒤에 아내는 친구 한 명을 찾아가 함께 기도하면서 나를 도울 수 있는 방법을 찾아보기로 결심했다. 나를 도와준 것은 아내가 친구를 찾아간 행동 그 자체였다. 내가 실패해도 나를 포기하지 않을 만큼 내 모험을 믿어 주는 누군가가, 내 모험이 실패라는 것을 인정하지 않는 그 누군가가 있다는 것을 내게 보여 주었기 때문이다. 의심할 바 없이 하나님은 아내의 이런 격려를 사용해 내게 앞으로 나갈 길을 보여 주셨다. 남편이 훌륭한 일을 하기를 진정으로 바라는 많은 아내들이 실은 남편의 앞길을 가로막고 있다. 이것은 아내가 너무 무감각하거나 남편을 믿지 못하거나, 아니면 반대로 너무 많은 조언이나 권고를 하거나, 더 나아가 남편의 창조적인 사고에는 거의 도움이 안 되는 혼잡한 현실로 그를 끌어들이기 때문이다.

나의 첫 번째 책은 3년 전 훨씬 심각한 망설임 끝에 내린 대담한 결정의 결과물이었다. 그것은 건강, 질병, 치유의 분야에서 영적이고 도덕적인 삶이 담당하는 역할을 연구하는 분야로 평생의 연구 방향을 바꾸겠다는 결정이었다. 이 때도 친구들은 강력하게 반대했으나 아내는 나를 안심시켜 내게 미지의 세계로 발을 내디딜 수 있는 용기를 주었다. 그 때 이후로 이 일은 '나의' 모험이 아닌 '우리의' 모험이었다. 남편과 아내가 같은 모험을 체험하는 결혼 생활은 행복할 것이다. 이것은 두 사람의 유대를 얼마나 강화하는지 모른다.

3년 후에 나는 그간의 경험 일부를 글로 옮겼고, 탈고한 뒤에 출판사 세 곳을 찾아갔다. 바로 이 부분에서 모험이 진짜로 시작된 것이다. 서재에서 혼자 글을 쓰는 것은 꿈에 불과하다. 모험은 현실에서 드러나야 한다. 모험은 항상 세상을 대면하고 평가받는 것을 뜻한다. 내가 세 번째로 찾아간 출판사의 들라쇼(A. Delachaux) 사장은 즉각 내 원고를 출판할 의사가 있다고 말했다. 다른 두 출판사는 거절했기에 출판은 이 사장에게도 모험이었다. 그래서 나는 이후에도 그 곳 외에는 출판을 맡기지 않았다. 이 책의 불어 초간본은 그 출판사에서 낸 나의 아홉 번째 책이다.

여기에서 우리는 다시 모험이란 문제의 중요한 측면에 이르게 된다. 그것은 같은 모험을 하는 사람들 간에 아주 특별한 유대가 형성된다는 것이다. 옛 전우들이 다시 만났을 때 느끼는 감정을 생각해 보라. 특히 전투를 함께 치렀거나 같이 포로가 된 적이 있다면 이들은 공포와 희망과 고통과 기쁨을 함께 느꼈던 그 시절을 회상한다.

대학이나 학교의 동창회를 생각해 보라. 이들은 인생에서 무척 중요한 어린 시절을 함께 보냈다. 오랫동안 서로 보지 못했다 해도 예전의 별명을 다시 부르게 된다. 20년이나 40년의 세월을 돌아보면서 같은 출발선에서 시작했던 사람들의 운명이 다양해졌음을 보고 놀란다. 우리가 지금까지 말해 왔던 결정적인 전환점(어려운 결정을 내려야 했던 시점)을 단 몇 번밖에 지나지 않았음에도 이들의 인생은 아주 다른 방향과 형태로 전개되었다. 이렇게 기차 선로의 같은 지점에서 한 기차는 파리로, 한 기차는 로마로 길이 갈리는 것이다. 그러나 이들은 한때 같은 배움의 모험을 통과했기 때문에 여전히 서로 의존한다.

사냥이라는 모험을 함께하는 과정에서 사냥꾼과 사냥개 사이에 맺어지는 친밀한 관계를 생각해 보라. 또한 산야를 달리는 모험이나 승마 경기의 모험을 함께하는 기수와 말의 친밀한 관계를 생각해 보라. 스승과 제자 역시 공동의 모험을 한다. 제자가 시험을 치를 때 스승 역시 평가를 받는 것이다. 사람들은 시험의 결과로 스승의 가르침의 가치를 판단할 것이기 때문이다. 범죄자와 판사는 피고인석의 칸막이를 경계로 무척 떨어져 있는 것 같지만, 이들 역시 같은 모험에 개입하고 있다. 피고는 판사의 판결을 받지만 판사는 여론의 판결을 받으며, 어느 악명 높은 범죄자 덕에 판사의 이름이 역사에 기록될지도 모를 일이다.

그러나 내가 여기서 빠뜨리지 않고 언급하고자 하는 유대 관계는(그 영향을 나는 너무나 자주 경험한다) 의사와 환자를 이어 주는 관계다. 매일의 위급함과 병세의 호전과 악화, 희망과 두려움을 동반한 치유의 노력은 의사와 환자를 영원히 이어 주는 공통적이고도 동일한 모험이다. 그 모험의 유형은 아주 다양하다. 수술이라는 '극적인 긴장감'이 있는가 하면, 정신 분석이라는 오랜 수고가 있다. 신체 장애인의 재활을 위해 함께 협력해야 하고, 시력이나 청력을 잃게 될 위험을 피하기 위해 힘겨운 싸움을 벌여야 한다. 급성 질환의 효과적인 치료를 위해 진단에서 나타난 문제점을 해결할 때는 초조함과 급박함을 느끼는가 하면, 만성 질환의 치료를 위해 의사와 환자가 오랜 기간 왕래하는 과정에서 친근감과 신뢰감이 쌓이기도 한다.

또한 의사가 인간적인 노력으로 환자를 구할 수 없음을 깨달을 때 환자와 의사 사이에 깊고 감동적인 유대가 맺어진다. 의사는 자기의 고민을 잔인하게 말로 표명하지 않으려고 조심한다. 그러나 보통 환자는 이를 알아차리고, 희미하게나마 추측하고 자기 편에서 직접적인 질문을 하지 않으려고 조심한다. 환자는 우리가 생각하는 것보다 담당 의사를 훨씬 잘 안다.

환자는 의사의 미세한 몸짓이나 침묵, 더 부드럽게 대해 주는 기미, 목소리의 억양, 무언가를 감추기 위해 던지는 농담까지도 주목한다. 이런 농담은 의사 자신과 환자 어느 누구도 속이지 못한다. 의사 역시 환자에게서 나타나는 거의 감지할 수 없는 작은 기미를 통해 환자가 병의 위중함을 깨달았음을 알게 된다. 이제 이들이 함께 직면해야 하는 실패는 공동의 실패라는 고통스런 모험일 것이다.

5 일의 의미

앞서 살펴본 것처럼 모험을 함께해 온 사람들은(특히 모험이 풍성한 개인적, 영적 관계에서 이루어졌다면) 언제까지나 함께 묶여 있게 된다. 이들에게는 어떤 영적인 형제애가 있다. 나는 30년 전과 마찬가지로 다른 나라에서 옥스퍼드 그룹 운동의 영향을 받은 사람들을 만날 때마다 이러한 형제애를 느낀다. 이들을 개인적으로 알지는 못하지만 이들과 영적으로 같은 가족에 속해 있음을 느낄 수 있다.

그 운동에 참여한 것은 우리 부부에게는 커다란 모험이었다. 이 운동을 통해 하나님은 우리의 삶에 지속적인 영향을 미치셨다. 이 운동은 나중에 도덕 재무장(Moral Rearmament) 운동으로 성격이 변했다. 그래서 우리 부부는 또다시 모험을 하게 되었다. 이 운동을 떠난 것이다. 이것은 중대하고도 위험한 모험이었다. 아주 오랜 동안 양분을 공급해 준 토양에서 식물의 뿌리를 파 내는 것은 위험한 일이 아닐 수 없기 때문이다. 그러나 우리는 서로 다른 길로 부름받았다. 그 운동은 정치에 관심을 돌렸고, 나는 의학에 관심을 돌리게 되었다. 동시에 두 가지 모험을 할 수는 없다. 이런 결정적인 선택이 모든 모험의 선행 요건이다.

그 후 나의 모험은 상담과 여행, 회합, 의학 회의, 저술의 경험을 통해 전개되었다. 그리고 지금 출판사에서는 책을 또 한 권 쓰라고 계속해서 압력을 가하고 있다. 그러나 나는 책을 더 씀으로써 지금처럼 아마추어가 아닌 저술을 직업으로 하는 사람이 되지 않을까 우려하고 있다. 나는 사람들이 내 글에서 대중을 즐겁게 하는 저술 기법을 익히려고 할까 봐 염려된다. 나는 지금처럼 단순함을 유지하고, 내가 경험하고 생각하는 것을 아무런 꾸밈 없이 기술하기만을 바라기 때문이다.

이 책의 위험 부담은 첫 번째 책을 낼 때와 같지는 않지만, 그래도 여전히 위험 부담을 강하게 느낀다. 그것은 어떤 독자를 실망시킬지도 모른다는 부담이다. 어떤 독자는 나의 다른 책에서 높이 평가했던 것을 이 책에서 찾지 못할 것이고, 어떤 독자는 내가 늘 같은 소리만 반복하고 있어서 아무 의미가 없다고 생각할 것이며, 또 다른 독자는 내가 개인적인 얘기를 너무 많이 한다고 나무랄 것이다. 사실 나에 대해 점점 더 많이 이야기하게 되는데, 이것은 이론보다 생생한 체험이 사람들의 관심을 더 끌고 그들에게 도움이 된다는 것을 살아 오면서 알게 되었기 때문이다. 물론 나의 이야기를 하는 것에 허영기가 들어 있을 수도 있다. 그러나 이런 지적이 두려워 나의 이야기를 삼간다고 해서 내가 허영심이 덜한 사람이 되겠는가?

가장 중요한 것은 모험 정신을 유지하는 것이다. 출판사의 요구에 따라 책을 쓰는 것 자체는 모험이라기보다는 의무로 느껴진다. 어떤 모험도 오래 지속될 수 없다. 모험은 완전히 새롭게 전개될 수 있을 뿐이다. 이렇게 되려면 어떤 감흥(感興), 남의 요구에 의해 급조될 수 없고 규정할 수 없는 내적인 감응(感應)이 있어야 한다. 나는 지난 몇 해 동안 몇 번이나 이 책에 대해 자세한 계획을 세웠다. 그러나 그 계획은 이제 너무 낡았다. 계획을 따를 수도 있겠지만 그렇게 한다면 그것은 모험이라기보다 학교 수업과 같을 것이다.

모험 정신은 전염되듯이 확산된다. 나는 모험을 재발견하기 위해서라면 또 다른 모험에 뛰어들 것이다. 그것은 다른 작가의 책을 읽는 것이다. 나는 뤼바(Lubac) 신부가 테이야르 드 샤르댕(Teilhard de Chardin) 신부의 종교 사상에 대해 쓴 훌륭한 책[1]을 열심히 읽었다. 뤼바 신부는 샤르댕 신부를 과학과 신앙의 위대한 모험가로, 또한 우주의 진화라는 거대한 모험을 노래한 시인으로 잘 묘사하고 있다.

또한 나는 앙리 프레데릭 아미엘(Henri Frédéric Amiel)의 「일기」(*Journal*)[2]를 자세히 읽어 나갔다. 재미있는 것은 나와 같은 의사인 미국 일리노이 주 샴페인의 보넷(Bonnett) 박사 때문에 그 전에는 대충 훑고 지나친 이 책을 제대로 읽고 싶은 생각이 들었다는 사실이다. 상담실에서 한 개인의 모험을 이해할 때와 마찬가지로 한 작가의 모험을 이해하기 위해서는 시간을 내어 세밀하게 연구해야만 한다. 박사는 그 작가와 내가 정신적인 면에서 아주 비슷하다고 했으나 나는 그의 발음 때문에 누구를 말하는 것인지 몰랐다. "그를 모르다니, 그 사람도 제네바 출신인데요!" 그는 큰소리로 말했고, 나는 그 훌륭한 동향인을 알아보지 못했던 것이 몹시 무안했다.

그 때 보넷 박사가 나를 그와 비교한 이유를 지금은 알겠다. 아미엘은 평생 아마추어였던 것이다. 그는 평생 자신의 참된 사명이 무엇인지 스스로 물었으나 대답을 찾지 못했다. 그는 창조적인 일을 하지 않고, 결단을 내려 자기를 바치지 않는다고 자신을 꾸짖었다. 그 동안에도 그는 내내 자기 방에 들어앉아 경험하고 느낀 것에 대해, 또 이를 통해 형성된 생각에 대해 몇천 장이나 되는 원고를 쓰고 있었다. 그는 깨닫지 못했지만 바로 그것이 그의 창조적인 작업이었으며, 그 작업을 통해 그가 정신 분석의 선구자로서 프로이트보다 반세기나 앞서 무의식에 영향을 끼치는 억압 개념까지 창안했음을 보여 주었다.

그러나 멀리 있는 미국의 보넷 박사가 들어 본 적이 없을 흥미로운 사실은, 세련되고 온유하며 다소 우유부단했던 아미엘이 매우 격렬한 군가를 스위스에 선사했다는 것이다.

"북소리 크게 울려 국경을 뒤덮어라.
라인 강변에서, 우리를 전쟁터로 이끌어라.

행진곡을 우렁차게 울려라.
우리는 모두 날 때부터 군인이다!"

몇 해 뒤에 나폴레옹 3세 치하의 프랑스를 꺾어 세력을 과시하게 되는 프러시아의 왕은 그 전부터 스위스에게 싸움을 걸려고 하고 있었다. 스위스 국민은 그런 위협 가운데 일치 단결하여 어떤 어려운 상황에 처하든지 용감하게 맞설 준비를 하고 있었다.

물론 스위스의 군사적인 준비는 매우 미흡했다. 내가 언젠가 들은 바로는 우리 증조부가 라인 전투에 처음부터 끝까지 참전하셨는데, 격발도 제대로 안 되는 총을 들고 다니셨다고 한다. 그래도 증조부의 결의는 굳으셨다. 물론 이러한 결의는 전쟁에서 이기는 데는 충분하지 않지만 적어도 전쟁을 치르는 데 요구되는 첫 번째 조건이다. 아미엘, 그 온유한 아미엘은 돌연한 열정에 휩싸여 하룻밤 만에 "북소리 크게 울려라"라는 격렬한 시를 썼다. 이 시는 스위스에서 아직도 널리 알려져 있으며, 군대의 사기를 높이는 역할을 하고 있다.

아미엘이 이런 시를 썼다는 것이 오랫동안 역사의 수수께끼처럼 보였지만, 이제는 이해할 수 있다. 끝없이 망설이기만 하던 아미엘은 감정의 억눌림 가운데서 모험의 욕구가 솟구치는 경험을 한 것이다. 그의 분열된 마음은 순식간에 내적인 통일을 이루었고, 그는 폭발적인 열정으로 결의가 굳은 동포들을 앞지르고, 이들을 행동으로 이끌었다. 시어(詩語)가 물

흐르듯이 펜에서 흘러나왔으며, 시행은 호머의 어조를 띠고 있다.

나는 서사시가 인간의 모험 체험을 신선하고 생생하게 표현하기 때문에, 인간의 역사에서 문화의 요람이라고 말한 바 있다. 시와 모험은 다같이 감흥에 깊이 뿌리를 내리고 있기 때문에 서로 밀접한 연관이 있다. 모든 참된 시는 모험이며, 모든 참된 모험에는 시적인 요소가 있다. 세상은 이 점을 보지 못할 때가 많다. 그래서 활동적인 것과 거리가 먼 사람에 대해 "그 사람에게 뭘 기대하는 거야? 늘 꿈 속을 거닐고 있는데. 시인 같다니까"라고 말하는 것이다.

이보다 더 큰 실수는 없으리라! 역사를 이룬 것은 시인이었다. 개인이나 국민이 들고 일어나게 되는 것은 지적인 논의가 아닌 감정의 전달에 의해서다. 아미엘의 경우와 같이 몽상가를 행동인으로 급격하게 바꾸어 놓으려면, 한 번 불꽃이 튀고 걸쇠를 벗기기만 하고 약간의 모험만 있으면 된다. 그러면 모험이 스스로의 추진력을 발휘하여 당사자가 예상했던 것보다 훨씬 빨리 그를 이끌고 나가는 것이다. 나 역시 앞의 두 작가(깊이 있는 학자인 뤼바 신부와 소심하고 남 모르게 글을 쓰던 작가에서 갑자기 아마추어 전사가 된 아미엘)의 영향을 받아 다시 한 번 펜을 들었다. 그러고는 전에 계획했던 것과는 아주 다른 방식으로 이 책을 쓰기 시작했다. 어쨌든 계획을 따르는 것은 모험이 되기 힘들다. 그렇게 하면 아마추어라기보다는 전문적인 작가처럼 느끼게 될 것이다.

나는 아마추어와 전문가의 경계를 가르기 어렵다는 것을 안다. 예를 들면 프로 선수의 참가가 금지되는 올림픽에 대한 많은 논란이 따르고 있다. 내가 모든 영역에서 아마추어로 남아 있어야 한다고 생각하는 데는 내 개인적인 문제—특히 열등감과 자신감의 결핍(아미엘처럼!)—도 한몫 하고 있음을 알고 있다. 왜냐하면 전문가가 아마추어보다 훨씬 더 엄격하게 평가받기 때문이다. 나는 내 지식이 많이 부족할지라도 철학, 신학, 심리학의 영역을 부담 없이 다룰 수 있지만, 이런 무지는 프로에게는 용서받을 수 없을 것이다.

그러나 아마추어에게는 이러한 자유 이상의 그 무엇이 있다고 생각한다. 나는 전에 보세이 교회 연구소(Bossey Ecumenical Institute)의 소장이던 핸드릭 크래머(Hendrik Kraemer) 교수와 토론을 벌인 적이 있다. 논쟁이 한창 달아올랐을 때 내가 "당신네 신학자들은…" 하고 말하자 그는 내 말을 중간에서 가로막았다. "아니, 난 신학자가 아니고 동양학자요. 신학은 그저 좋아서 하는 거고." 바로 이것이다. 아마추어는 무엇을 좋아해서 하는 사람이다. 아마추어의 매력이자 장점은 그저 좋아서 하는 것에 있다. 아마추어가 하는 일은 이익을 위한 것이 아니라 사랑의 수고이기 때문이다.

이것은 선한 사마리아인의 비유(눅 10:30-35)에서 배울 수 있는 교훈 가운데 하나다. 인간적인 측면에서 자선의 '전문가'인 두 사람이 사마리아 사람에 앞서 예루살렘에서 여리고로 내려가고 있었다. 이들은 직업상의 의무에만 마음이 바빠

상처 입은 사람을 그대로 지나쳤다. 그러나 선한 사마리아인은 그를 보고 불쌍히 여겨 발길을 멈추고 아마추어 의사, 아마추어 간호사, 아마추어 구급차 대원이 되었다. 이와 더불어 예수님의 또 다른 말씀을 상기해 보자. "이와 같이 너희도 명령받은 것을 다 행한 후에 이르기를 우리는 무익한 종이라. 우리가 하여야 할 일을 한 것뿐이라 할지니라"(눅 17:10). 예수님이 여기서 암시하고 계신 것은 전문 직업의 문제가 아닐까? 나는 지금까지 목회자들이 불타는 확신 가운데 사역을 시작했다가, 나중에는 자신이 직업 때문에 하나님에 대해 이야기하고 기도하고 신학을 연구하는 것이 아닌가 하고 곤혹스러워하는 것을 많이 보았다. 이들은 일종의 아마추어 사역자인 단순한 복음 전도자의 열렬한 헌신을 부러워하기도 한다.

바로 이런 사랑과 전적인 헌신의 정신이 목회자나 의사를 직업과 관련된 틀에 박힌 일상의 위험에서 보호해 주고, 그의 마음속에 모험의 불꽃을 다시 당겨 준다. 그러나 전문 의사 집단이 반대하는 아마추어 의사들이 많다. 물론 이 중에는 그저 돈을 벌기 위해 아마추어 의사 노릇을 하는 사람도 있으니, 일명 '돌팔이'라는 이름은 이런 사람들에게만 붙여져야 한다. 그러나 사랑으로 진료하는 아마추어 의사들도 있다. 이들의 삶은 진정한 모험이며, 이들은 때로 귀중한 발견으로 의학 지식을 풍부하게 하기도 한다. 그래서 대중은 이런 활동이 법적으로 금지되어 있음에도 불구하고 이들을 호의적으로 대한다.

나는 한 젊은 화가가 아버지와의 관계에서 생긴 심리적 문제로 아버지에 대해 적대적 감정으로 가득 차 있던 것을 기억한다. 우리는 그의 작품에 대해 논의하고 있었다. 나는 그에게 위대한 화가가 되려면 사랑이 있어야 하며, 그 사랑은 화가의 그림이나 음악가의 작곡 대상이 되는 '사람들'에 대한 사랑이어야 한다고 말했다. 그러자 그는 "저도 압니다. 그런데 전 아버지를 미워하기 때문에 온 세상을 미워하고 있단 말입니다"라고 큰소리로 말했다.

당신은 크래머 교수가 한 말이 얼마나 중요한 것인가를 깨달을 수 있을 것이다. 우리 시대 대부분의 사람들은 자신의 일을 좋아하지 않는다. 이들에게 일은 날마다 일어나는 멋진 모험이 아니다. 내가 과거에는 상황이 조금이라도 더 좋았다고 주장하지 않으면서도 '우리 시대'라고 말하는 것은 이것이 긴급하게 해결할 필요가 있는 문제이기 때문이다. 근로자가 자기 직업에서 새로운 매력을 발견하도록 거들어 주는 것은, 더 충만한 삶과 더 건강한 삶을 살 수 있도록 도와주는 것이다. 일상적인 병들은 삶에 대한 심각한 불만이 표출된 것에 지나지 않는 경우가 많다. 외부적인 즐거움이 아무리 크다 하더라도 자기의 일에 대한 진정한 사랑을 대신하기에는 부족할 때가 많다.

나는 일반적으로 흥미롭게 평가되는 직업을 가진 사람들에게서도 이런 불만을 본다. 창조적이고 다양하며 남에게 봉사하는 인격적인 직업으로 많은 사람의 부러움을 사는, 예를 들어 의사나 간호사뿐 아니라 교사나 화가, 목회자도 이런 불만이 있다. 이것은 이들의 직업 경력이 우리가 지금까지 말한 굴곡을 거치기 때문이 아닌가 싶다. 이들은 자신의 일을 근사한 모험으로 여기며 열의에 차서 출발한다. 그러나 차츰 쌓이는 실망과 틀에 박힌 생활의 무료함 때문에 이유는 알 수 없지만 일은 모험이 아닌 짐이 되며 의무, 습관, 감옥으로 변질되어 간다.

수많은 현대인들은 자기 직업을 결코 모험으로 여긴 적이 없으며, 또 그렇게 될 수도 없다고 느낀다. 현대의 일이 경직되고 지나치게 분업화되고 비인간적인 방식으로 조직화될 뿐 아니라, 사무실이나 공장의 분위기도 그것을 불가능하게 만드는 것 같다. 누군가가 충동적으로 창의력을 발휘하여 근무 방식에 변화를 시도한다면, 그래서 일에 도움이 된다 해도 직장 상사는 '전에 그런 식으로 해 본 적이 없다'는 이유로 반대하여 즉각 그만두게 할 것이다.

나는 핀란드에서 몇 차례의 강연을 통해, 일의 의미는 하나님이 인간의 마음에 심어 주신 모험의 본능을 충족시키는 것이라는 생각을 표명했다. 강연에 뒤이은 토론에서 반대자들은 내게 이렇게 반박했다. "당신의 경우에는 그게 사실일 수 있지만, 그 말이 어떻게 기계적인 일을 반복하는 수많은 근로자들에게 적용될 수 있다고 생각하십니까?" 이 타당한 질문은 내 논지를 약화시키기보다 오히려 확증해 준다. 이것은 내 말에 대한 비판이라기보다 우리 현대 사회에 대한 비판이다. 말할 것도 없이 인간은 자기의 일이 너무 조직화되어 모험의 유혹이 없어지면 고통을 느낀다.

이런 경우 이들에게 모험은 일이 끝나는 저녁이나 주말이 시작되는 토요일에 시작된다. 이것은 수백만 명의 사람에게 충족되지 못한 본능의 반가운 배출구다. 일할 때 이들은 지친 눈으로 한없이 느리게 가는 시계만 쳐다보고 있다. 이들은 피곤하다. 그러다가 갑자기 잃었던 기력을 되찾게 되는 것은 자신이 하고 싶어하는 일을 할 수 있기 때문이다. 이것은 공연이나 음악회, 산보, 독서, 낚시, 스키 같은 일반적인 여가뿐 아니라 퇴근 후 강습 참여, 정원 가꾸기, 집중적인 운동이나 작업실에서 무엇을 만드는 것 등 실제로 힘든 일을 할 때도 그렇다.

더구나 저녁이나 주말의 모험이 즐거울수록 다음날의 일은 더 지겹게 느껴진다. 모험이 생활의 중심이 되지 못하고 주변에서만 추구될 때 사회 전체나 국가의 활력, 경제적 발전, 건강 상태 등 이 모든 것이 일과 모험의 전반적인 분리로부터 타격을 입는다. 분명 다음 두 가지 문제를 시급히 해결할 필요가 있다. 즉, 일의 조직화와, 자신의 직업에 대한 관념과 태도다.

일의 조직화라는 측면을 유익하게 개혁하려면 개인의 중요성이라는 개념에서 출발하는 것이 좋을 것이다. 근로자가 자신이 생산의 도구로만 취급되고 있다고 생각하면 자신이 물건이 되어 가고 있다고 느끼게 된다. 하지만 자신이 한 인간으로서 관심의 대상이 되고 자신의 개인적인 생활과 삶의 모험이 관심의 대상이 됨을 느낄 때, 또한 자신에게 기계적인 행동이 아닌 일에 대한 이해와 지성, 창의력, 활발한 상상력이 기대되며 자신이 공동의 모험에 참여하는 단체의 일원이라는 것을 느낄 때, 그 근로자는 나름의 모험을 하고 있는 한 개인으로서 자신을 인식하게 된다.

사람은 누구나 단순한 생산의 도구가 되면 박탈감을 느낀다. 자신의 일이 고용주의 일이며 자신은 착취당하는 노예와 같다고 느끼는 것이다. 의심할 바 없이 이러한 노동 본질의 타락은 하나님의 뜻에 배치된다. 출애굽기 20:2에서 하나님은 자기 백성에게 율법을 주시기 전에 이렇게 말씀하신다. "나는 너를 애굽 땅, 종 되었던 집에서 인도하여 낸 너의 하나님 여호와로라." 애굽에서의 탈출, 출애굽기를 가득 채우고 있는 특이한 사건과 이스라엘 백성에게 끊임없이 일깨워지는 출애굽의 기억은, 인간을 모든 노예 상태에서 풀어 주시는 하나님의 개입을 상징한다. 애굽은 부요하고 사치스런 문명의 영원한 상징이다. 하나님은 자기 백성을 애굽에서 구해 내어 끔찍한 사막에 던짐으로 새로운 모험으로 내몰았으며, 그리하여 이들이 수많은 난관과 위험을 대가로 치르고 자신을 재발견할 수 있게 하셨다.

기업의 경영자에게는 사업이 거대한 모험처럼 보일 때가 많다. 그러나 이런 시각을 부하 직원들과 나눌 수 있는 경우는 매우 드물다. 부하 직원들은 종합적인 시각을 갖지 못하기 때문에 사업을 모험으로 보기가 어렵다. 그들은 한 부서에서 일하며 자기가 맡은 일에 최선을 다하려고 애쓸 것이다. 그러나 기업의 전체 생산 과정을 포착하려고 끊임없이 시야를 넓히는 노력을 하지 않는다면, 이들은 곧 자신의 일에서 의미를 잃고 점점 틀에 박힌 일상 생활로 빠져들 것이다. 경영자가 주목하는 큰 규모의 문제, 예컨대 시장 조사나 경기 변동에 따른 위험은 일반적인 생각과는 달리 평범한 근로자들도 더 잘 파악할 수 있으며 이들에게 모험심을 일깨울 수 있다.

그러나 모든 조직화와 모든 사회적 개혁은 본질적으로 대중의 태도, 즉 사회 안에 널리 퍼진 노동에 대한 개념에 의존한다. 요즘은 노동을 경제적 필요에 의한 생활의 방편으로만 생각하는 것이 일반적이다. 이것은 노동을 자기 보존의 본능, 말하자면 인간의 동물적인 측면에만 국한시킨다. 이러한 생각을 배경으로 '개같이 힘들고 비참한 삶'이니 '뛰는 말'이니 '힘들고 지루한 당나귀 일'이니 하는 통속적 표현이 등장한 것이다.

물론 부르주아 사회는 일을 일종의 우상으로 만들었다. 나는 일찍이 '고인의 일이 곧 고인의 일생이었다'는 흔해 빠진 비문을 보고 웃은 사람이지만, 노동을 신성시하면서도 동시에 그 참된 의미를 놓치는 일은 얼마든지 있을 수 있다. 인간의 진정한 가치를 회복하려면 노동을 비하할 것이 아니라 그 진정한 의미를 재발견해야 할 것이다. 나는 이 책이 그런 목적에 이바지할 수 있기를 바란다.

현재의 부르주아 사회에 의문을 제기하고 노동의 필요성을 질문하는 오늘날의 젊은이들에게 19세기처럼 "그게 네 의무니까"라고 대답하는 것으로는 부족하다. 나는 부모 세대보다 훨씬 더 인간적으로 보이는 젊은이들에게 연민을 느낀다. 이들은 이제 더 이상 생각 없이 살거나, 이유도 모르면서 남들을 따라하거나, 일하기 위해 살거나 살기 위해 일하는 것에 만족하지 않는다. 예를 들어 "사기꾼들"(Les Tricheurs)이라는 영화를 생각해 보라. 나는 많은 젊은이들과 솔직하고 오랜 대화를 나누어 본 결과, 이들에게 만족할 만한 해답을 주는 것이 얼마나 어려운가를 알게 되었다.

이들은 어찌 되었든 스스로 해답을 찾아야 한다. 개인적인 확신에서 발전해 온 것이 아니라면 절대 진정한 인간의 삶이 될 수 없기 때문이다. 실제로 나는 이 장을 쓰면서 나에게 이 문제의 심각성과 우리 시대의 비인간성을 인식하게 해준 젊은이들 가운데 한 사람을 다시 만나고 있다. 그는 최선을 다해 일에 전념하려 해도 늘 안 되는 '막힌' 사람이었다. 물론 우리는 정신 분석을 통해서 어린 시절에서 비롯된 많은 억압 요인을 발견할 수 있었고, 영적인 삶에 대해 털어놓고 서로 친밀하게 이야기할 수 있었다. 그러나 그에게 필요한 자유를 안겨 주기에는 충분하지 못했다.

사실 그가 경험한 '일에 대한 강력한 억압'은 심리적인 문제, 심지어 영적인 문제일 뿐만 아니라 인간적인 문제였다. 무엇보다 그가 일의 의미를 발견하는 것이 절대적으로 중요했다. 그랬던 그가 갑자기 나를 만나러 왔다. 그는 일을 하고 있었다. 그는 과거 방식대로 자신을 채찍질하며 일하거나 단지 경제적인 필요에 의해서 일하는 것이 아니라 활기차고 기쁘게 일하고 있었다. 그는 내게 "일의 의미가 무엇인지 깨달았습니다. 바로 창조적인 모험이지요"라고 말했다. 얼마나 멋진 말인가! 이 책을 쓰면서 내 머리를 스치는 생각을 그가 정확히 알아맞힌 것처럼 보인다. 그는 우리 아버지 세대가 노동을 단순히 인생의 필수품으로 말했을 때보다 훨씬 더 심오하고 설득력 있는 대답을 찾았던 것이다.

6 헌신

인간의 노동에는 단순한 생물학적 필요보다 훨씬 더 큰 의미가 있다. 우리는 노동의 문제에 대해 과학적이면서 동시에 영적인 대답을 찾아야 한다. 과학적인 대답을 찾아야 하는 이유는 이것이 인간과 인간 고유의 특성에 대한 연구와 결부되기 때문이다. 인간은 동물처럼 자기 보존 본능을 지니고 있을 뿐 아니라 모험 본능, 즉 창조적인 활동을 통해 자신을 인격적으로 표출하고, 자신을 새로운 일에 바치며, 독창적인 발명을 하고 싶어하는 욕구를 지니고 있다. 바로 이것 때문에 인간이 동물 이상의 존재가 된다. 말하자면 인간은 인격적인 존재다. 또한 노동의 문제에서 영적인 대답을 찾아야 하는 이유는 인간이 영적인 존재이기 때문이다. 인간은 사물과 세계 그리고 삶의 의미를 알고 싶어하며, 노동의 의미를 이해하고 그리하여 전체 속에서, 세계의 운명 속에서 자신의 개인적이고 창조적인 공헌이 담당하는 역할을 알고자 하는 존재다.

'창조적'이라는 말이 펜 끝에서 자연스럽게 흘러나온다. 이 말은 동물에게는 사용되지 않는다. 벌집과 같은 멋진 건축물을 만들지라도 말이다. 그러나 성경은 하나님의 일을 말하면서 '창조'라는 단어를 쓴다. "…하나님이 그 창조하시며 만드시던 모든 일을 마치시고 그 날에 안식하셨음이니라"(창 2:3).

창조적인 일은 원래 인간의 일이다. 그것은 언제나 모험이다. 일을 통해 모험 욕구를 채우는 것은 노동을 진정한 위치로 회복시키는 것이다. 한때는 나도 일과 모험을 분리하려 했다. 나는 종교적인 체험의 열정에 휩싸여 1937년에 나의 직업인 의사 일을 그만두고 교회에서 더 직접적인 사역을 감당하는 것에 대해 진지하게 검토했다. 그러나 하나님은 두 가지 삶―하나님의 종으로서의 삶과 의사의 삶―을 하나로 합치게 하셨다.

그러자 놀랍게도 직업상의 일은 즉각 모험의 성격을 띠게 되었다. 지금 생각해 보면 순진하게도 나 자신을 일에 내던지려 했던 것 같다. 그러나 뜨거운 열정이 있었기에 질병에 대해 학문적으로는 훨씬 더 잘 아는 지금도 고치지 못할 사람들을 그 때는 고칠 수 있었다.

내가 반(反)계몽주의를 옹호하는 것은 절대 아니다. 지금까지 나는 늘 학문에 관심을 가져 왔고, 배우고 싶은 것을 배울 시간이 없는 것을 안타깝게 생각해 왔다. 학문은 놀라운 모험이지만 또 다른 측면이 있다. 즉 많이 배우면 배울수록 직업을 생계를 유지하는 수단으로만 취급할 위험이 높아진다. 그러면 학식과 절도와 자신감을 갖추게 되지만 모험의 묘미는 모르고 살아가게 된다.

중요한 것은 내적으로 모험의 정신을 유지하는, 아니 계속 일깨우는 것이다. 지식이 자라가는 동시에 모험도 자라가야만 한다. 나는 상담실에서 내 일이 틀에 박힌 일상으로 떨어질 위험을 종종 느낀다. 그러면 환자들도 그렇게 느끼고 이를 피하려 한다. 내가 환자를 일을 처리하는 것처럼 대하면, 환자는 나에게 한 건의 사례로 취급된다고 느낀다. 그러나 내가 모험의 정신을 가지고 대하면, 환자는 자신이 사람으로서 대접을 받는다고 느낀다. 그래서 많이 배운 의사일수록 자아 속에 더욱 모험의 정신을 길러야 한다.

전문 지식과 학문, 반복되고 틀에 박힌 일상은 모험의 정신을 계속 억누르는 경향이 있다. 모험의 정신을 유지하기 위해 늘 애써야 한다. 찾아오는 환자를 한 건의 사례로 대하지 않고, 독특한 존재이자 독특한 경험의 기회로 볼 수 있게 해주는 시야를 늘 신선하게 유지하도록 노력해야 한다. 여기에는 환자의 삶뿐만 아니라 나의 삶도 연관되어 있다. 상담할 때 우리가 나누는 대화는 그의 모험일 뿐만 아니라 나의 모험이기도 하다. 그렇게 되면 환자는 자기에 대한 나의 관심이 그저 직업적인 것이 아니라 인격적인 것임을 느낄 것이다.

나는 환자와 나눈 대화와 관련된 꿈을 자주 꾼다. 이것은 기분 좋은 일이다. 환자에 대한 나의 관심이 표면적인 의식을 뚫고 깊이 들어가 내밀한 무의식의 삶에 이르렀다는 증거가 되기 때문이다. 종종 나는 꿈에 등장했던 환자에게 꿈 이야기를 한다. 그에게 말해 주고 싶었지만 여러 가지 이유로, 아마 그에게 부적절한 영향을 미칠까 봐 삼간 것을 그 꿈이 대신 표현해 주기 때문이다. 그런 꿈을 꾸면, 나의 다른 부분이 지나친 신중함에 의한 자제가 잘못되었다고 항의하는 것 같다. 내가 꿈 이야기와 그 의미를 말해 주면, 환자는 자신의 도덕적 자율성을 존중해 주려는 나의 큰 배려와 내가 무언가 할 말이 있다는 것을 알게 된다. 그러니 내가 이것을 감추면 그의 신뢰를 배신하게 되는 것이다.

자기 꿈을 이야기하는 환자에게 나의 꿈을 이야기하는 것은 무엇보다도 관계의 상호성을 보여 준다. 네동셀르(Nédoncelle)가 「의식의 상호성」(*La réciprocité des consciences*)[1]에서 보여 주듯이 상호성은 모든 영적인 경험의 특징이다. 즉 환자가 나를 사랑하는 만큼 나도 환자를 사랑할 뿐 아니라, 환자의 삶처럼 나 자신의 삶도 치료라는 공동의 모험에 결부되어 있다. 우리의 대화는 각자의 마음속에 유익한 토론을 불러일으킨다. 나도 환자만큼 발전할 것이다. 환자와 마찬가지로 나도 자기 인식을 하고 콤플렉스에서 해방될 것이다. 환자와 인격적인 관계를 맺으면서 의사 자신이 인격적인 헌신을 하는 것, 바로 이것이 인격 의학의 특성이다.

사람들은 대개 사심 없는 일방적인 사랑을 칭찬한다. 그러나 그런 사랑은 일방적인 자선 행위와 같다. 반면에 진정한 사랑은 상호적이다. 나에 대한 아내의 사랑이 일방적이기를 전혀 바라지 않는다. 나에 대한 사랑이 아내 자신에게 인격적인 (그래서 일방적인 것이 아닌) 기쁨이 되기를 바란다. 환자들 역시 우리가 그들의 증세에만 관심을 기울이고 그들을 인격체로 대하지 않을까 봐 늘 걱정하고 있다. 그들은 습관이 일을 틀에 박힌 일상으로 만든다는 것을 잘 알고 있다. 그들은 우리가 환자를 수차례 진료하다가 그들에게 인격적인 관심을 충분히 기울이지 않고 상투적으로 대할 위험에 처해 있음을 잘 알고 있다.

환자들이 특정한 꿈을 자주 꾸게 되는 것은 바로 그런 이유에서다. 한 환자는 "꿈에서 선생님을 찾아왔는데, 선생님 집과 상담실에 사람들이 가득 차 있었습니다. 선생님은 모든 사람에게 한마디씩 해주며 돌아다니고 있었지만 나에게는 특별한 관심을 기울여 주지 않았습니다"라고 말했다. 사랑을 받고자 할 뿐 아니라 특별한 배려의 대상이 되고자 하는 욕구에는 유아적인 면이 있다. 아픈 사람은 그 병이 심리적인 것이든 육체적인 것이든 모두 어린아이와 같은 특성을 보인다. 이는 병으로 인해서 어린아이와 같이 약해졌기 때문이다. 어린아이란 안전에 대한 욕구가 크게 마련이다. 이런 욕구나 요구를 이해하고 수용한다면 우리는 아픈 사람이 어린아이와 같이 행동하도록 그냥 내버려둘 것이다. 그는 그렇게 할 수밖에 없기 때문이다. 환자의 이러한 욕구에 부응함으로써 우리는 그가 유아적인 반응에서 벗어나 이를 극복하도록 도와주게 될 것이다. 여하튼 변함없는 법칙은 누군가를 도와주려면 먼저 그를 있는 그대로 받아들여야 한다는 것이다.

바로 얼마 전에 나의 여성 환자 한 사람이 앞서 말한 것과 비슷한 꿈을 꾸었다. 역시 내 방에는 사람이 가득했다. 그러나 이번에는(여전히 꿈 속에서) 그 여자가 내게 다가와, 고통을 털어놓고 있는 다른 사람을 질투하지 않고 그 이야기를 매우 흥미진진하게 들었다는 것이다. 분명히 이 환자는 더 어른스럽고 덜 자기 중심적이며 더 넓은 지평을 의식하기 시작했고, 스스로의 경험을 통해서 다른 사람을 이해하고 도와주는 기쁨을 발견했다. 또 다른 여성 환자는 상담실에 들어오면 먼저 창문을 활짝 열어 달라고 부탁하곤 한다. 나는 이 상징적인 행위가 무엇을 의미하는지 안다. 그녀는 내가 이전에 다른 환자에게 제공한 상담의 기억을 깨끗이 비우기 원하는 것이다. 실제로 이 환자는 가끔 이렇게 묻는다. "선생님은 참 친절하세요. 그런데 선생님은 모든 환자를 똑같이 사랑하진 않으시겠지요?"

이런 말을 들을 때마다 나는 아연실색한다. 사랑이 '업무'로 변해 버렸다고 생각해 보라. 얼마나 끔찍한 일인가! 사랑은 오직 모험, 매순간 새로워지는 모험이 될 수 있을 뿐이다. 그래서 나는 늘 아마추어로 남아 있는 것을 높이 평가한다. 나는 사람들이 나를 심리 치료사로 보는 것이 그리 달갑지 않다. 그것은 인격 의학의 참된 의미에 대한 오해라고 느낀다. 나를 그렇게 보는 것은 나에게 어떤 관례적인 표찰을 붙이는 것이기 때문이다. 인격 의학은 모험이다. 물론 심리 치료는 배울 수 있는 기술이고 나도 배우려고 노력한다. 그러나 내가 심리 치료 기술을 완벽하게 알게 된다 하더라도 그것만으로는 인격 의학의 의사가 될 수 없다. 반면, 심리 치료에 대해 거의 아는 것이 없는 외과 의사라도 훌륭한 인격 의학의 의사가 될 수 있다.

인격 의학은 심리 치료사든 외과 의사든 '환자의 인격'과 '질병의 인격적인 의미'에 관심을 기울인다는 의미를 함축한다. 심리 치료와 인격 의학에 공통되는 전제 조건이 있는데, 그것은 진실함이다. 어떤 심리 치료든 결정적인 요소는, 그 의사가 어느 학파에 속하든지 간에 환자가 절대적으로 진실해야 한다는 것이다. 환자는 치료를 시작하기 전부터 진실해야 한다는 부담을 느끼고 몇 년씩이나 치료를 망설이는 경우가 많다. 그러나 진실해질 수 있다는 확신이 생기면 치료의 희망도 커진다. 한 여성은 내게 이런 편지를 보냈다. "…아마 언젠가는 완전히 진실해질 수 있는 용기를 갖게 되겠지요." 지금 이 여성은 바로 그렇게 되어 있다.

나는 한 남자에게 어떤 심리 치료사를 소개해 준 일이 있는데, 이 남자는 내게 와서 치료가 성공적이었다는 말을 해주었다. "저도 모르는 사이에 제가 자신을 속이고 있었다는 것을 알게 되었습니다." 이러한 진실함이라는 모험은 의사에게도 같은 모험을 요구한다. 그리고 의사가 개인적인 생활을 진실하게 내보이면 환자가 더욱더 진실해질 수 있는 분위기가 조성된다.

어떤 환자는 망설이다가 지금까지 아내에게도 숨겨 온 사실을 내게 털어놓았다. 나에게 이야기하는 것은 이미 해방을 향한 첫걸음이었다. 그러나 이제 그는 아내를 화나게 할지도 모를 위험을 무릅쓰고 아내에게 털어놓아야 할지 망설이고 있다. 물론 이에 대해 조언하는 것은 내가 할 일이 아니다. 이것은 다른 사람의 간섭 없이 개인적으로 결정해야 하는 문제다. 그는 내가 모르는 모든 사정을 고려해야만 한다. 나는 그와 이야기를 나누면서 내가 아내에게 모든 일을 다 말할 수 있어서 얼마나 행복한지 말해 주었다. 아울러 누구나 결혼 생활의 이상이라고 느끼는 완전한 상호 개방성에 대해 이야기해 주었다. 그러자 그는 아내에게 진실하지 못한 것이 얼마나 괴로운지를 털어놓았다.

그 때 나는 문득 아내에게 숨기고 이야기하지 못한 것이 생각났다. 그 남자가 아내에게 털어놓을지 망설이는 문제보다 훨씬 더 말하기 수월한 문제였음에도 몇 번이나 미루었다. 말하기로 결심하고 미루기를 거듭 반복했다. 아, 우리는 모두 다 똑같은 겁쟁이다! 이제 정말로 마음을 굳게 먹어야 한다. 아내와 모든 것을 바로잡아 놓기 전에는 이 남자를 다시 대할 수 없다.

결혼 역시 진실함에 대한 커다란 모험이다. 그렇기 때문에 엄청난 인간적 가치를 지니는 것이다. 부부가 거짓말을 하거나 어떤 일을 숨기는 순간, 결혼 생활은 더 이상 모험이 아니다. 때로는 싸움을 피하려는 고귀한 의도에서 이런 일이 발생하지만 그런 결혼 생활은 어둑어둑한 황혼으로, 그저 함께 사는 틀에 박힌 일상으로, 결국 권태로 빠져들 위험에 처하게 된다. 그러나 남편과 아내가 어떤 대가를 치르든 서로에게 완전히 마음을 열기로 용기를 내는 순간, 이들의 결혼 생활은 다시 한 번 놀라운 모험이 된다. 이들은 다시 함께 성장하기 시작하며, 가정의 평화를 위해 피하고 싶었던 상호 적응의 문제를 정면으로 대할 수 있게 된다. 또한 이들은 모든 편견을 버리고, 자기 자신을 극복하고 자라게 된다.

바로 이러한 이유로 하나님은 "사람의 독처하는 것이 좋지 아니하니"(창 2:18)라고 말씀하셨다. 혼자 있으면 사람은 곧 모험의 정신을 잃고 화석화된다. 오래지 않아 자신을 속이고 자신에게 거짓말을 하게 된다. 정신과 의사의 상담실을 통해서든 결혼 생활의 친밀함을 통해서든, 사람은 다른 사람과의 만남과 솔직하고 열린 대화 속에서 자신을 알아 가게 된다. 물론 정신과 치료는 짧은 기간 동안만 지속되지만 결혼 생활은 평생 이어진다. 그래서 결혼은 모험을 계속 새롭게 하는 더없이 훌륭한 도구가 된다. 진실함은 부부의 인격적인 성장을 촉진할 뿐 아니라 부부 간의 연합을 더욱 풍성하게 해준다.

앞에서 언급한 사건을 통해서 일의 모험과 결혼의 모험이 어떻게 해서 서로 영향을 미칠 수 있는지 알게 되었을 것이다. 삶은 통일체이므로 우리 의사들이 환자와 맺은 관계와 아내와 맺은 관계가 다를 수 없다. 환자와 아내와 함께 숨바꼭질을 하든지, 아니면 진실함이라는 커다란 모험을 받아들이든지 둘 중 하나를 선택하게 된다. 나는 어떤 환자와 상담한 이후에 그 덕분에 내 개인 생활에서 새로 경험하게 된 것을 그에게 기꺼이 이야기해 주고 싶다.

이것은 의사인 나 역시 나름의 고투와 패배와 후퇴가 있다는 사실을 환자로 하여금 깨닫게 하는 데 큰 도움이 될 것이다. 그런데 특히 이것은 환자에 대한 진실성의 문제다. 환자가 나에게 특별히 진실했다면, 나도 그에게 진실해야 한다. 내가 다양한 학파의 심리 치료 전문가들과 가장 뚜렷이 구별되는 점은, 환자와 대화할 때 그를 인격적으로 대하는 것과 내 문제도 얼마든지 환자에게 털어놓으려고 하는 것이다. 이것이 바로 우리의 만남에 영적인 색채를 띠게 해주는 것이다. 모든 영적인 관계는 상호적이기 때문이다.

심리 치료사들은 자기의 '기법'과 '규칙'과 '기술'에 사로잡혀 엄격하게 자제하고, 환자가 마음을 열기를 기다리면서 자기의 마음은 환자에게 보이지 않도록 조심한다. 이런 규칙은 정신 분석 치료 과정에서는 적절할 수 있다. 그러나 플루어노이(Flournoy) 박사가 말했듯이[2] 정신 분석학자라도 '인간이 되어야' 할 때가 있다. 다시 말해, 순수한 기술자의 역할을 넘어서서 환자와 인간 대 인간으로 완전한 상호성에 근거한 관계에 헌신해야 할 때가 있다는 것이다.

그 때는 정신 분석학자도 다른 의사와 마찬가지로 인격 의학의 의사가 될 것이다. 그의 상담은 환자뿐 아니라 자신에게도 개인적인 모험이 될 것이다. 그렇기 때문에 나는 인격 의학의 특성, 즉 의사가 대화에 인격적으로 참여하는 것을 다른 사람에게 가르쳐 줄 수 없다고 본다. '인간의 의미가 무엇이냐', '인격 의학의 요소가 무엇이냐' 하는 질문을 받을 때마다 나는 곤란함을 느낀다. 미국에서 더 당황했는데, 미국 사람들은 분명하게 규정된 학설과 가르칠 수 있는 기교를 선호하기 때문이다. 나는 모른다거나 어떻게 설명해야 할지 모르겠다고 대답할 수밖에 없다. 나는 사람들이 이를 느낄 수 있도록 거들어 줄 뿐이다. 인격 의학에 대한 많은 정의는 매우 훌륭하게 보인다. 그러나 경험할 수는 있으나 말로 표현할 수 없는 것, 사실상 인격의 모험인 그 무엇인가가 늘 빠져 있는 것처럼 보인다.

한편 미국에서 가장 인상 깊었던 것은 나라 전체에 활력을 불어넣는 모험의 정신이었다. 미국에서 나는 낡은 유럽이 얼마나 철저하게 새로워질 필요가 있는지를 절감했다. '일이란 무엇인가?'라는 질문에 대한 유럽의 대답은 '의무'다. 그러나 이에 대한 미국의 대답은 '모험'이다. 미국 사람들은 쉽게 직업을 바꾸며 같은 직종 내에서도 쉽게 옮겨 다닌다. 미국 사람들은 보스턴에서 로스앤젤레스로, 또는 마이애미에서 시카고로 옮겨 다니는 반면, 유럽 사람들은 자기 지방의 이익이나 직업에만 집착하여 모험의 정신을 모두 잃기 쉽다.

그 결과의 하나로 일은 구대륙보다 신대륙에서 훨씬 더 존중된다. 미국에서는 생활비를 벌기 위해 일할 필요가 없는 부자라 하더라도 일하지 '않는' 것을 부끄러워한다. 반면에 유럽 사람들은 일에 대한 일종의 편견을 가지고 있는데, 이들에게는 조상으로부터 평생 놀고 먹을 수 있는 큰 재산을 물려받는 것이 명예로운 일이다. 나는 프랑스의 상류층 가문 출신 여성이 내게 와서, 성인이 된 후에도 삶에 제대로 적응하지 못하는 자기 아들을 걱정했던 것을 기억한다. 그 여성은 이렇게 말했다. "그 아이 아버지는 평생 일이라곤 해 본 적이 없어요. 그 애 할아버지도 마찬가지였고요. 생계를 위해 일하면 자기들 위신이 떨어진다고 느꼈을 거예요."

물론 나는 여기서 서유럽에 대해 말하고 있다. 공산주의 체제의 동유럽 국가에서는 미국에 견줄 만한, 일에 대한 열성적인 태도를 찾아볼 수 있다. 구소련과 미국이 양대 강대국으로 존재했던 것은 결코 우연이 아니다. 공산주의 국가에서 일이 명예로운 것으로 생각되는 이유는 틀림없이 그들이 모험의 정신을 갖고 있기 때문이다. 즉 이들은 내일의 세계를 건설하고 기술과 과학의 진보라는 커다란 모험을 과감하게 해 나갈 결의에 차 있는 것이다.

더구나 유럽인은 역사 의식이 강하다. 모든 새로운 사상은 즉각 장구한 역사의 과정이라는 관점에서 분류되고 설명된다. 그러나 미국인은 역사에는 관심이 없다. 그들은 새로운 사상이 미래에 어떤 도움을 줄 수 있는지에만 관심을 갖고 평가한다. 내가 찾아간 병원들은 모두 정당하고도 엄숙하기까지 한 자긍심을 내비치며, 모험의 열정—미국에 널리 퍼져 있는—을 구현한 자기들의 연구 기관을 소개했다.

그러나 이 새로운 나라에서 나는 건국 초기의 영웅적인 모힘을 동경하는 흔적을 여기저기서 목격했다. 서부의 통나무집이 연상되는 실내 장식을 해놓고, 밖에는 마차 바퀴를 죽 늘어놓아서 서부로 몰려가던 멋진 모험이 떠오르는 식당들을 본 기억이 난다. 신대륙 제도의 완성, 그것의 성공과 힘, 번영, 그리고 '미국식 생활 방식'의 표준화로 인해, 모든 것이 모험이었던 때를, 즉 까마득히 먼 옛 시절을 아쉬워하는 느낌이다.

7 하나님의 모험

이제 우리 마음속에 '우리에게 활기를 불어넣는 이 강렬한 모험 본능이 의미하는 것은 무엇인가?' 하는 의문이 떠오를 것이다. 마음대로 놓아두면 우리가 활동하도록 재촉하고, 억누르면 우리를 내적으로 괴롭히는 이 어찌할 수 없는 본능은 무엇을 의미하는가? 나는 이에 대한 대답이 "하나님이 자기 형상 곧 하나님의 형상대로 사람을 창조하시되"(창 1:27)라는 성경 말씀에 담겨 있다고 생각한다. 사람이 하나님의 형상대로 창조되었다면, 하나님은 틀림없이 자신의 주요한 특성을 사람에게 심어 놓으셨을 것이다. 그 특성 가운데 하나가 하나님에게도 있는 모험의 정신인 것이다.

그래서 인간은 전적으로 모험에 몸을 바칠 때 신성함을 느낀다. 모험에서 느끼는 충족감은 감정을 고양한다. 신자든 아니든, 인간은 어느 정도 하나님과의 유사성을 경험한다. 모든 위대한 모험이 종교적인 색채를 띠는 근거가 여기에 있다. 모험에 참여하는 자는 자신이 성령의 영감에 휩싸이는 것과 평범한 인간의 수준을 넘어서는 것을 느낀다. 그 증거는 모험하는 사람의 마음 상태를 표현할 때 쓰는 '열광'(enthusiasm)이라는 단어다. 이 단어에는 '자신 안에서 신을 느끼다'라는 뜻이 들어 있다. 하나님을 반대하는 모험이라 해도 마찬가지다. '십자군 운동'(crusade)이라는 단어(명백히 종교적인 단어)는 종교에 반대하는 무신론적 운동에 대해서도 쉽게 사용된다. 하나님에 대항해 싸우는 것과 하나님을 섬기는 것 모두 하나님을 진지하게 여기는 방식이다.

하나님은 모험 정신에 의해 최고조로 고무된다. 하나님을 가장 위대한 모험가라고 할 수 있으리라(이 말이 함축할 수 있는 부정적 의미가 하나도 없는 상태에서). 우리가 하나님을 창조주라고 할 때, 바로 이러한 의미로 말하는 것이다. 우리 모두는 무엇인가를 창조해 내는 것이 모험이라고 여긴다. 그러니 세상을 창조한 것은 얼마나 더 대단한 모험인가! 하나님은 자유 의사로, 그러나 전적으로 창조 사역에 자신을 바치셨다. 얼마나 큰 헌신인가! 이는 성경 첫 장부터 뚜렷하게 부각된다.

일단 시작되었다 하면 속도와 추진력이 붙어 가는 모험의 법칙은 하나님의 창조 사역을 통해 더욱 잘 알 수 있다. 첫발을 내딛으면 다음 발이 따라오게 마련이다. 빛(즉 에너지와 파장)을 창조하신 후에 하나님은 물질계와 천체를 만드셨다. 다음에는 지구와 식물계를, 다음에는 시간과 계절의 변화를, 다음에는 하등 동물인 파충류, 어류, 조류를, 그 다음에는 고등 동물인 육축과 포유류를 창조하셨다.

하나님은 홀로 있는 고요한 상태를 버리시고 물질계의 무한한 장을 여셨다. 감히 표현해 본다면 하나님은 스스로 근심의 짐을 지시고, 더구나 이 짐을 늘리신 것이다. 하나님은 추상적인 것에서 구체적인 것으로 넘어갈 때 항상 따르게 마련인 위험을 감수하셨다. 이 위험은 우리도 자유로운 상상의 영역을 벗어나 실제 세계의 단단한 저항과 유한한 시간과 공간의 한계에 직면할 때마다 감수하는 것이다. 이러한 현실의 모험에서 우리는 언제나 예기치 않은 장애와 난관, 새로운 문제를 만나며, 이런 것은 계속해서 모험을 새롭게 하고 성장시킨다. 우리는 무엇을 만들자마자 그것을 이론적으로 바라는 것과 비교해 본다. 같은 감정을 하나님에 대해서도 적용해 본다면 비유가 지나친 것일까? 우리와 마찬가지로 하나님도 단계마다 자신의 작업을 돌아보시고 다음과 같이 안심하셨다. "하나님이 보시기에 좋았더라"(창 1:25).

모험은 계속된다. 하나님은 곧 훨씬 더 위험한 모험을 하셨다. 인간을 '자기 형상대로' 창조하신 것이다. 즉 모험의 정신을 부여받은 존재, 모험을 사랑한 나머지 하나님을 대적하고 창조의 완전한 질서를 뒤엎는 데까지 휩쓸려 갈 수 있는 존재를 만드신 것이다. 내가 제네바 대학 시절 자연 과학을 유젠느 피타르(Eugène Pittard) 교수에게서 배운 것은 큰 행운이었다.

이분은 나중에 인류학 분야에서 뛰어난 권위자가 되셨는데, 한번은 수업 시간 중에 갑자기 학생들에게 성경을 가지고 있는지 물어 보셨다(당시에는 종교적인 가르침을 흔하게 접할 수 있었다). 그러더니 우리에게 성경을 펴서 창세기의 기사를 크게 소리 내어 읽어 보라고 하셨다.

우리는 매우 놀랐고 또 감명을 받았다. 우리 대학이 칼빈에 의하여 설립된 곳이긴 하지만, 종교적 분쟁을 피하기 위해 세속적인 학문 이외의 가르침은 엄격하게 금지되어 있었기 때문이다. 그러나 이것은 종교적인 선전이 아니었다. 피타르 교수는 과학이 허용하는 선에서 어느 정도 재구성해 볼 때 세상의 모험이, 성경에 나타난 하나님의 모험과 긴밀하게 대응한다는 점을 매우 객관적으로 주장하려 했던 것이다. 최근 또 다른 학자인 테이야르 드 샤르댕 신부가 그와 똑같은 주장을 권위 있게 제기하였다.

그리스 신화에서는 반신반인(半神半人)이 인간보다 먼저 등장하지만, 성경에서는 창조 전체의 연장선상에서, 그리고 그 마지막 단계에서 고등 동물의 창조에 뒤이어 인간이 등장한다. 이것은 현대 과학에서도 마찬가지다. 과학에서 인간과 동물 사이에 설명할 수 없는 돌연변이가 있다고 보는 것과 마찬가지로, 성경도 인간의 창조가 하나님이 특별한 창조의 능력을 행하신 결과라고 선언한다. 인간은 완전한 동물 그 이상이다. 하나님은 인간을 동물과는 구별되도록 만드셨다. 하나님은 오직 인간만을 '자기 형상대로' 창조하셨다.

이것은 특히 하나님이 인간에게 자신의 창조적인 모험 정신을 부여하셨다는 것을 의미한다. 이것은 하나님이 최초의 부부인 아담과 하와에게 "생육하고 번성하여 땅에 충만하라. 땅을 정복하라"(창 1:28)고 말씀하신 성경의 기사에서 분명하게 나타난다. 하나님은 자연에 대한 자신의 주권을 인간에게 나누어 주심으로써 기술의 진보라는 대모험에 인간을 내보내셨다. 이 기술적인 진보는 자연의 힘을 이용하는 것이다. 나중에 하나님은 인간에게 각종 생물의 이름을 지으라고 명령하심으로써(창 2:19) 인간을 과학이라는 커다란 모험의 장에 내보내셨다. 과학은 본질상 모든 것에 이름을 붙임으로써 그것을 정의하고 분류하고 분석하는 것이다.

하나님은 인간에게 온갖 정성을 쏟고 복을 내려 주시고, 마치 배우자를 대하듯 온유하고 사려 깊게 말씀하셨다. 하나님은 남자에게 아내를 주어 다른 사람과 함께 사는 모험을 알게 하셨고, 인간에게 하나님과 동역하라고 요구하셨다. 하나님은 인간을 위해 훌륭하고 기름진 동산을 베풀어 주시고 이를 다스리며 지키라고 하셨고(창 2:15), 이 때부터 인간을 노동이라는 커다란 모험으로 내보내셨다.

많은 사람들이 성경적 관점에 의하면 노동은 저주요, 자만으로 인해 불순종한 인간에게 하나님이 내리신 벌이라고 생각하고 있다. 이런 생각은 노동을 경멸하는 해석과 결부되며 이 해석을 널리 유포하는 데 기여한다. 그러나 이것은 매우 잘못된 생각이다. 바로 앞에서 지적한 대로, 노동은 타락 이전에 하나님이 명하신 것이며, 하나님의 사역에 참여하는 모험으로 인간에게 주어진 것이다. 교황 레오 13세는 이에 대하여 회칙 "새로운 사항에 대하여"(*Rerum Novarum*)에서 이렇게 말했다. "육체 노동에 대해서 생각해 볼 때, 인간이 죄 짓지 않고 타락하지 않았다 할지라도 인간은 아무 일도 하지 않는 상태로는 지내지 않았을 것이다. 원래 노동은 인간의 자유로운 선택이자 즐거움이었는데 나중에는 의무적인 것이 되었고, 인간의 불순종에 대한 고통스런 대가가 되었다."

인간이 타락하기 전에는 순수하고 훌륭한 모험이었던 노동이 타락 후에는 피곤한 노역이 되었던 것이다. 이는 모험의 정신 자체의 결과가 아니라 그것을 잘못 사용한 결과다. 즉 인간은 하나님의 모험에 들어가기보다 자신의 모험을 자신의 방법으로 수행하고자 했다. 그 이후로 노역의 짐이 인간에게 지워졌고, 노동은 몹시 힘들고 견디기 어려운 것이 되었으며, 괴롭고 무익한 수고가 되었다. 인간은 노동의 참된 의미, 즉 노동이 하나의 모험이며, 하나님이 자비롭게도 인간을 그 일로 불러 주셨다는 것을 잊고 노동을 저주하게 되었다.

1959년 배드 볼(Bad Boll)에서 열린 '인격 의학 국제 회의'에서 우리는 노동에 대한 인간의 태도와 이 태도가 인간의 건강에 미치는 영향을 다루는 회합을 가졌다. 암스테르담의 린더붐(Lindeboom) 교수는 노동에 대한 부정적인 생각이 질병의 원인이 될 때가 많다고 밝혔다. 뒤르케임 교수는 노동의 양면성, 즉 하나님과 함께하는 모험인 동시에 하나님께 도전하는 모험이 될 위험성에 대해 발표했다. 취리히의 아놀트 뮈글리(Arnold Müggli) 박사는 오늘날 많이 볼 수 있는 비인간적인 근로 조건에 대해서 발표하고, 노동을 본래의 성격인 인간의 모험으로 회복할 수 있는 방안을 제시하였다. 파리의 쉬잔느 푸셰(Suzanne Fouché)는 노동이 심리 치료에 큰 효과가 있다는 것과 환자가 흥미롭고 유익한 일을 할 때 인간으로서 존엄성을 느낀다는 것을 강조했다.

인간의 타락과 불순종에도 불구하고, 하나님의 은혜로 노동은 그분이 부여하신 그 의미를 일부나마 보존하고 있다. 노동은 생명 자체가 그런 것처럼 하나님의 선물이고, 로날 드 푸리(Ronald de Pury)가 말한 것처럼 '삶의 표현'이다. 릴케는 로뎅에게 보내는 편지에서 이렇게 말하고 있다. "제가 선생님을 만나러 간 것은 연구만 하기 위해서가 아니었습니다.···선생님께 우리가 어떻게 살아야 하는가를 여쭈어 보기 위해서였습니다. 그런데 선생님의 대답은 '일을 함으로써'였습니다."[1]

성경, 특히 잠언은 수고를 칭송하고 빈둥거림과 게으름을 경계하는 말씀으로 가득 차 있다. 성경은 금을 세공하는 사람과 베 짜는 사람의 기술, 농부와 포도원 지기의 인내, 하나님이 주신 학자의 재능, 즉 지혜와 지성에 대해 말하고 있다. 야웨는 모세에게 브살렐에 대해 이렇게 말씀하신다. "하나님의 영을 그에게 충만하게 하여 지혜와 총명과 지식과 여러 가지 재주로 정교한 일을 연구하여 금과 은과 놋으로 만들게 하며 보석을 깎아 물리며 여러 가지 기술로 나무를 새겨 만들게 하리라"(출 31:3-5). 나는 더 많은 예를 들 수 있다. 예수님도 목수로 일하셨으며(막 6:3), 사도 바울은 선교 사역 중에 늘 일해서 자기 손으로 생계를 해결했다(행 20:34).

그러나 타락의 비극으로 돌아가 보자. 하나님이 인간을 자신의 형상대로 창조하시면서 감수하신 위험이 바로 타락이었다. 이 엄청난 충격에도 불구하고 하나님은 자신의 모험을 포기하지 않으셨다. 우리는 아담과 하와가 빠져 들어간 혼란에 즉각 대응하시는 하나님을 본다. 하나님은 그들에게 가죽옷을 지어 입히셨다(창 3:21). 광대한 전체 역사에서는 창조의 모험이 구원의 모험과 병행하여 계속된다. 구원의 모험은 하나님이 계속적으로 개입하셔야 할 가슴 졸이는 모험이다. 하나님은 곁길로 나간 인간을 구원하시고, 또 인간과 더불어 만물을 구원하시기(롬 8:22) 원하셨다. 하나님은 가인이 살인의 길을 걷는 것을 말리셨으며, 살인 이후에도 사람들이 그에게 복수하지 못하도록 보호하셨다(창 4:15). 하나님은 "마음에 근심하시고"(창 6:6) 사람들이 악을 쌓아 가는 것을 살펴보셨다. 하나님은 인간이 새로운 모험을 시작하도록 홍수라는 엄청난 시도를 하셨고, 인간에게 복을 주시며, 자연을 다스리는 인간의 권능을 다시 확증해 주셨다(창 9:1-13).

이외에도 많은 예가 있지만, 성경 곳곳에 들어 있는 놀라운 이야기를 다시 읽어 보라고 권하고 싶다. 성경은 하나님의 사랑이라는 최고의 모험이 극적인 굴곡을 겪는 이야기로 가득하다. 하나님은 새로운 행동 방침을 택하셨다. 아브라함을 구원이라는 모험의 도구로 선택하시고 그를 신앙의 모험으로 몰아넣으셨다. "너는 너의 고향과 친척과 아비의 집을 떠나…가라"(창 12:1). 하나님은 아브라함의 씨에서 자기 백성을 형성하고, 이들을 통해 목적을 이루려 하셨다. 당신은 이후의 이야기를 잘 알고 있다. 족장들의 모험이 있었고, 바로의 궁전에서 요셉의 모험이 있었다(창 41:14). 그리고 하나님은 모세를 불러 자기 백성을 노예 상태에서 건져 내게 하셨고(출 3:10), 이들이 율법을 지키게 하셨다(출 20장). 광야 40년의 이야기를 다시 읽어 보라. 하나님과 인간의 이중적인 모험이 대화, 불화, 화해를 거듭하며 계속되고 있다.

이 역사적인 모험은 언제나 개인적인 모험으로 구체화되어 나타난다. 모세의 위대하고 고난에 찬 모험이 있는가 하면, 발람과 그의 나귀의 기묘한 모험이 있으며, 여호수아의 승리의 모험, 사사들의 모험, 사무엘의 모험과 열왕의 모험, 이들의 충성과 배신, 또한 모든 것을 망쳐 버리는 분쟁의 모험이 있다. 이 뒤에는 선지자들이 있다. 이사야, 예레미야, 에스겔 같은 대선지자와 겸손한 목자인 아모스 같은 소선지자가 차례로 등장한다. 모험이 계속되는 것은 항상 새롭게 시작하기 때문이다. 새로운 모험은 어느 한 사람이 하나님께 귀기울이고 성실하게 순종할 때마다 나타난다. 이것은 금방 소진되므로 또다시 태어나야 한다. 그러나 야웨께서는 "피곤하지 않으시며 곤비하지" 않으시다(사 40:28).

선지자는 겉으로 보기에 의미 없어 보이는 역사의 과정에서 하나님의 사역과 목적을 감지해 낼 수 있는 사람이다. 그러나 하나님은 선지자들에게만 말씀하시지 않는다. 하나님은 모든 사람을 부르셔서 꾸준히 말씀하신다. 하나님은 기드온처럼 지극히 겸손한 자, 욥처럼 극심한 고난을 겪은 자에게 말씀하셨다. 또한 다윗이 죄를 지었을 때 말씀하셨고, 솔로몬이 영광의 정점에 있을 때 말씀하셨다. 하나님은 사람과 맺은 언약을 끝까지 지키신다. 그래서 언제나 인간을 통해서 자신의 창조 사역을 이루시며, 인간이 순종으로 동역하기를, 자신의 모험에 들어오기를 요청하신다.

성경의 하나님은 행동하시는 하나님이다. 이것이 철학자들이 생각하는 신이나 다른 종교의 신과 다른 점이다. 하나님은 모든 사람의 삶에 개입하신다. 인간 생활의 종교적인 부분에만 관심을 기울이시는 것이 아니라 인간의 모든 생활, 일, 직업(옹기장이, 목자, 관리, 주부)에 관심을 기울이시고 이 직업을 진정한 모험으로 바꾸어 놓으신다. 하나님은 일하시는 하나님이다. 성경은 강렬한 영상을 채택하여 하나님의 '손'(사 45:12)이라는 표현을 사용하고 있다.

하나님의 모험은 하나님 백성의 모험, 역사, 전쟁, 승리와 패배, 성공과 실패, 번영과 궁핍을 통해서 표출된다. 이스라엘은 "만군의 여호와의 포도원"(사 5:7)이라 불리며, 하나님은 여기서 수고하시고 가지를 치시며 열매를 거두신다. 하나님은 인간의 고통을 가만히 두고 보지 않으시며 어디에서나 이들을 도우시는 등 인간을 위해 손수 나서서 행동하신다. 선지서를 다시 읽어 보라. 하나님이 불꽃 같은 말씀으로 선지자들에게 말씀하시고 자기 백성을 맡기시는 것을 들어 보라. 하나님은 소망을 품으시고, 감동을 받으시며, 사람을 부르시고, 열심히 일하시지만 인간의 마음은 다시 완악해진다. 가장 뛰어난 선지자가 이 실패 가능성 앞에서 몸을 떨며 외치는 말이 이것이다. "원하건대 주는 하늘을 가르고 강림하시고…"(사 64:1).

하나님은 실제로 강림하셨다. 이것은 낙심과 고난이라는 가장 큰 위험을 동반한 최고의 모험이었다. 이것이 이 세상에서 일어난 예수님의 탄생과 복음의 모험이다. 예수님은 "내 아버지께서 이제까지 일하시니 나도 일한다"(요 5:17)고 하셨다. 예수님은 말로만 일한 것이 아니라 행동으로 일하셨다. 병자를 고치시고, 죽은 자를 살리셨으며, 그물이 찢어질 정도로 어부가 고기를 많이 잡을 수 있도록 해주셨고(눅 5:3-11), 생선을 구우셨으며(요 21:9), 직접 노끈으로 채찍을 만들어 휘두르기도 하셨다(요 2:15). 또한 예수님은 각 사람, 즉 열매를 맺지 못하는 무화과나무를 구하려 한 포도원 지기(눅 13:6-9), 잃은 드라크마를 찾은 여인(눅 15:8-10), 씨를 뿌리는 사람(눅 8:5-8) 등의 개별적인 모험을 지켜보시며 이해하시고 참여하신다. 예수님은 자신을 마지막 비유와 연관지으셔서, 당신의 노고가 일부 헛될 수도 있다는 것을 알면서도 모험의 위험을 감수한다고 밝히신다.

예수님의 모험은 그분을 만나는 모든 사람에게 결정적이고 개인적인 모험이다. 여기에는 니고데모의 모험(요 3:1-21), 사마리아 여인의 모험(요 4:5-42), 삭개오의 모험(눅 19:1-10), 부자 청년의 모험(마 19:16-22)이 있고, 제자들 각자의 모험과 그 외의 모든 사람의 모험이 있다. 그러나 무엇보다 확실하게 전개되는 것은 그분 자신의 모험이다. 이 모험은 갈릴리의 기적과 승리에서 시작되었고, 이후에 적대자들의 음모로 먹구름이 점점 음산하게 모험을 뒤덮게 된다.

당시의 사람들에게 예수님은 정말 모험가였다. 제자들은 열정에 사로잡힌 나머지 모든 것을 버리고 예수님을 좇아 그 특이한 모험에 참여했다. 그러나 나중에 제자들은 이 모험이 예상과는 아주 다르게 진행되자 낙담하였다. 무리는 예수님을 떠났고, 가장 충실한 동반자들까지도 의심에 싸여 있었다. 이에 예수님은 제자들에게 "너희도 가려느냐"(요 6:67)고 물으셨다. 결국 실망이 극에 다다르자, 제자 중 하나인 가룟 유다가 앙심을 품고 예수님을 배반하게 되었다. 모험이 서서히 하강 곡선을 그리는 것을 지켜보는 것보다는 스스로 망쳐 버리는 편이 더 쉽다.

일반 사람들이 사회의 불의를 강력하게 공박한 예수님의 모험가 기질에 탄복했다면, 같은 이유로 당시의 교양 있고 고상하며 경건하다고 하는 사람들은 예수님을 미워했다. 예수님 때문에 계속 무시당한 뒤로 감정이 상해 있었기 때문이다. 이들은 율법을 공부한 뒤에 하나님에 대한 복종의 의미가 무엇인지를 선포하던 사람들이었다. 그런데 이제 예수라는 자가 나타나서 자신을 하나님의 아들이라 일컬으며 계속해서 규범을 우습게 여겼던 것이다. 이 사람은 안식일에 병자를 고쳤고, 미천한 자들의 집에 자주 왕래하는가 하면, 세리, 창기와 함께 먹고 마셨다. 또한 이 자는 모세의 율법에 돌로 쳐 죽이게 되어 있는 간음한 여자를 감싸 주었고, 이 일을 논단하려 하는 이들을 거칠게 비난하며 하나님을 기쁘시게 하기 위해 규정한 엄격한 도덕률을 외식이라고 일컬었다.

이렇게 해서 분쟁의 모험이 몰아치듯 전개되었다. 예수님은 이 모험을 받아들이셨고, 그리스도의 수난이라는 대하극의 정점에 이를 때까지 이 모험을 따라가셨다. 마침내 예수님은 위험한 모험가로서 유대 지도자들에 의해 빌라도 앞에 끌려 나오셨다. 로마의 총독 빌라도의 소극적인 반대는 예수님을 구하기에 충분치 못했고, 곧 예수님은 십자가에 못박히셨다.

그러나 하나님은 앉아서 보고만 계시지 않았다. 예수 그리스도를 다시 살리셨으며, 성령을 보내셔서 제자들을 굳건하게 하셨다. 다시 한 번 하나님은 한 백성을 선택하셨는데, 그것이 바로 교회다. 하나님은 세례와 성찬을 맡기시고 동시에 복음을 "땅 끝까지"(행 1:8) 전하는 위대한 모험으로 교회를 내보내셨다. 여기에서 사도행전의 흥미진진한 모험과 사도 바울의 놀라운 모험이 시작된다. 사도들은 처음에는 유대인에게, 나중에는 헬라인에게 하나님이 이 세상에 결정적으로 개입하신 사실을 전했다. 이로부터 모든 개인의 삶뿐만 아니라 전 역사에 의미와 방향과 목표가 부여되었다. 사도 바울은 "뒤에 있는 것은 잊어버리고 앞에 있는 것을 잡으려고 푯대를 향하여⋯달려가노라"고 말했다(빌 3:13-14). 실로 이것이 모험 아닌가!

오늘날 교회는 초기 개척자들의 선교적인 조망을 회복하려고 애쓰고 있다. 선교는 바로 몇 년 전까지만 해도 복음의 증인들을 먼 이방 땅에 내보내는 것만을 의미했다. 그러나 지금은 우리 모두에게 영향을 끼치는 훨씬 더 직접적이고 포괄적인 모험이 선교와 관련되어 있음을 깨닫게 된다. 그것은 바로 기독교 문명(그러나 심각하게 탈기독교화된)에 선교의 정신을 다시 회복시켜야 한다는 것이다. 국제 선교 협의회(International Missionary Council)가 1961년 뉴델리에서 열린 세계 교회 협의회 회의에서 이 기관과 통합된 것은 바로 이런 의미를 띠고 있다.

로마 가톨릭에서는 앙리(A. M. Henry) 신부와 그가 이끄는 "말씀과 선교"(Parole et Mission) 팀이 선교의 정신을 회복하기 위해 노력하고 있다. 다니엘루(J. Daniélou) 신부는 「오늘날의 복음 선포」(*L'Annonce de l'Evangile Aujourd'hui*)에서 '케리그마'(*kerygma*, 기독교의 사건에 대한 최초의 선포)와 교리 문답, 훈계, 신학(신앙인에 대한 교육)이 구분되어야 한다고 지적하고 있다.[2] 전통적인 기독교 국가에서 설교는 후자에만 국한되었다. 다니엘루 신부는 이렇게 말한다. "'케리그마'의 목표는 사건의 선언이다. 즉, 지금 일어나고 있는 어떤 일을 선포하는 것이다. 바로 이 점에서 '케리그마'는 이론적 교리에 대한 교육과 본질적으로 다르다."

위의 구분이 내가 앞에서 모험의 첫 번째 폭발적인 단계와 이후의 체계화되고 조직화된 단계를 구분한 것과 무엇이 다르겠는가? 우리는 초기의 선교 모험을 회복해야 하며, 이것은 세상을 구원하시는 하나님의 모험을 선포하는 것이다. 반면에 지금까지 몇백 년 동안 전개된 신학은 이 근본적인 사건에 대한 체계적인 성찰에 불과하다. 교황 요한 23세가 전 세계적으로 영적 권위를 얻을 수 있었던 것은, 교황 재임 기간과 제2차 바티칸 교회 일치 회의를 통해 과도하게 조직화되기 전 즉 발전 단계의 모험의 특징인 역동성과 유연성, 그리고 젊음을 교회 안에서 회복하려 했기 때문이다.

하나님의 종이 부르심에 응답하여 새롭게 모험의 정신을 재발견할 때마다 교회사에 이와 같은 갱신이 일어났다. '케리그마'와 교육을 구분하자는 제안을 보면, 지금까지 선지자와 사제를 구분했던 것이 연상된다. 선지자는 언제나 보편적인 성격을 지닌 반면, 사제는 특정한 교회에 속해 있다. 모두가 자신이 어떤 신앙 고백을 하든지, 어떤 교회에 속해 있든지 선지자의 말에 개인적으로 영향을 받는다고 느낀다.

'케리그마'의 교회 일치적 성격 또한 분명하다. 나는 최근 몇 년 동안 이것을 여러 차례 경험했다. 의사는 목사의 역할을 하지 못하는 것은 물론이려니와 환자에게 종교적인 교육도 하지 못하게 되어 있다. 그러나 고통과 질병과 절망에 빠져 있는 모든 사람을 도와줄 사명이 있는 의사는 자기의 전문적인 도움 외에도 하나님으로부터 비롯한 도움이 있다는 것을 환자에게 숨길 수가 없다. 이 주장이 '케리그마'다. 모든 사람에게는 보편적으로 종교적인 욕구가 있다. 즉, 특정한 종교나 교회에 따라 분류되기 전에 누구에게나 삶의 공통적인 배경을 이루는 보편적인 종교 체험이 있다. 뒤르케임 교수는 이를 "모든 종교를 넘어서는 종교"라 했는데,[3] 이는 의사들에게는 커다란 흥미의 대상이다.

종교적인 교육은 교회와 관련되지만 '케리그마'는 보편적이며, 이를 선포하는 것은 모든 의사의 의무다. 바로 이런 공통적인 기반 위에 각 분야의 그리스도인 의사들이 지난 15년 동안 '인격 의학'의 연례 회의에 참여한 것이다. 이 회의에서 신학적인 논쟁이나 파벌적인 논란이 부각되었던 적은 한 번도 없었다. 그러나 이것은 우리가 개인적인 신념이나 종교적인 체험에 대해 이해 타산적인 침묵을 지켰다는 것을 뜻하지 않는다. 오히려 우리는 서로 얼마나 풍부한 도움을 주고받을 수 있는가를, 그래서 우리가 환자에게 베풀어야 하는 보편적인 영적 사역을 감당하는 데 얼마나 큰 도움을 받을 수 있는가를 발견했다. 이것은 우리가 서로 다른 교파에 속해 있었기에 가능한 일이었다. 그런 발견 때문에 이 회의는 모두에게 늘 생생한 모험이 되었다.

그러므로 하나님이 우리 앞에 열어 보이시는 모든 모험— 내가 지금까지 말한 종교적 모험뿐만 아니라 과학의 모험, 하늘과 땅을 탐험하는 모험, 예술과 문화와 철학의 모험—에 열정적으로 뛰어드는 것은 바로 인간이 하나님의 형상으로 빚어진 결과다. 인간의 이런 모든 모험에서 구현되고 있는 것은 바로 하나님의 모험이다.

성경은 모험의 책이기에 그 성격을 알고 접근해야 한다. 성경의 모험은 세계와 인간의 모험일 뿐만 아니라 하나님이 관계를 맺고 부르시며 일을 시키시는 모든 사람의 개인적인 모험이기도 하다. 그 속에서 내가 신화와 서사시와 관련해서 언급한, 모험과 시의 결합을 발견하게 된다. 아이들은 이것을 자연스럽게 느낀다. 그래서 우리는 어떤 의미에서 차가운 지성을 벗어 버리고 다시 어린아이가 되는 것이다. 성경에서 우리는 우리 안에 있는 모험의 불길을 당기는 깊은 감동을 재발견한다. 성경은 또한 모험에 참된 의미를 부여해 준다. 왜냐하면 성경은 우리의 모든 수고와 활동, 선택과 자기 헌신의 의미가 무엇인지 가르쳐 주기 때문이다.

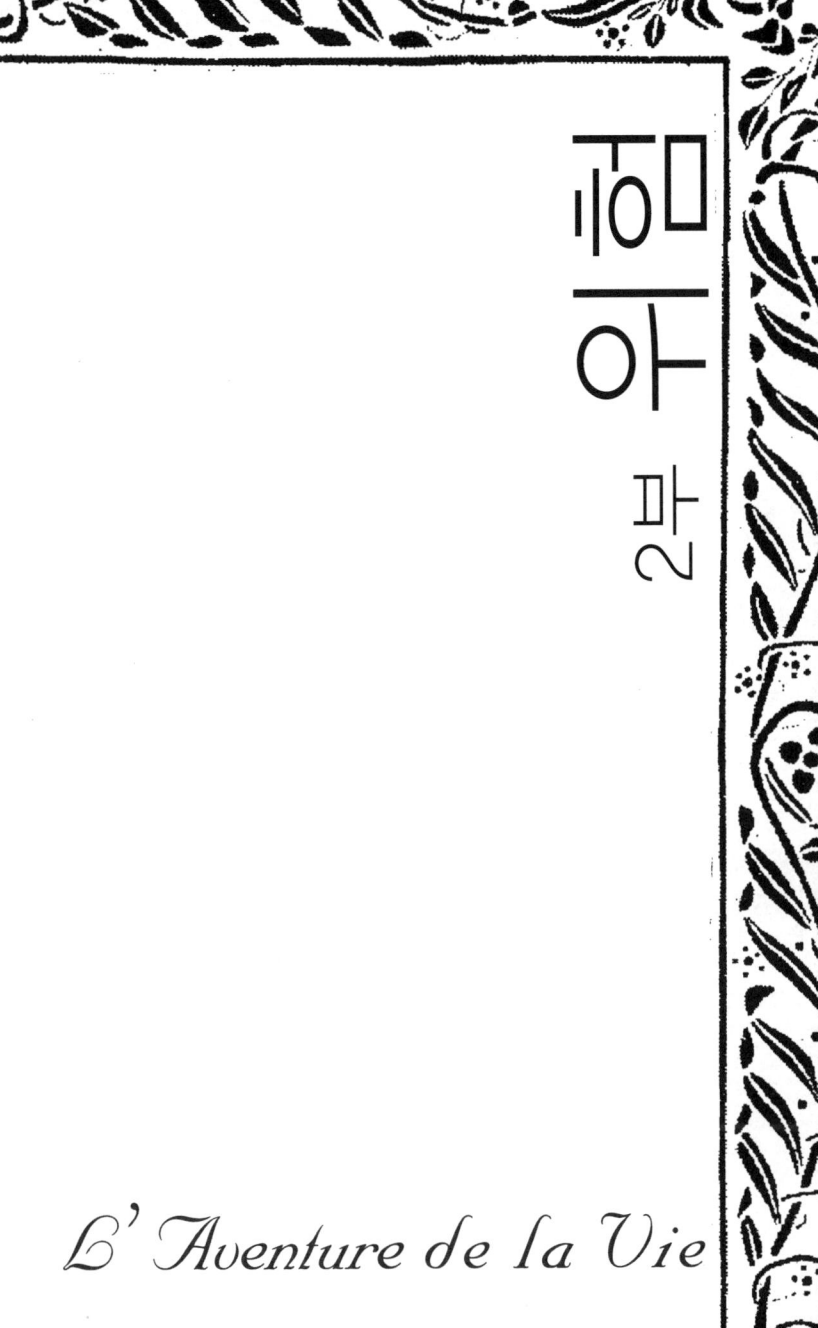

2부 위험

L'Aventure de la Vie

8 | 모험의 특징

이제 모험을 더 정확하게 정의해 보자. 성경이 하나님의 모험에 대해 말해 주는 바를 조명해 봄으로써 모험의 특성을 기술할 수 있을 것 같다. 내가 성경에서 발견한 모험의 특징 중 가장 중요한 것은 다음의 다섯 가지다.

1. 모험은 자신을 드러내는 것, 즉 자기 표현의 한 형태다.
2. 모험은 혁신을 일으키고 무엇인가를 발명한다. 모험은 독창적이다.
3. 모험은 하나의 최종 목표를 추구하는 가운데 일관성을 지닌다.
4. 이 최종 목표는 사랑이다. 목표를 제안하는 것도 사랑이며 모험을 인도하고 유지시켜 주는 것도 사랑이다.

5. 모험은 위험 부담을 감수해야만 한다.

모험은 첫째로, 자기 표현의 한 형태다. 성경은 하나님과 관련하여 이것을 명백하게 선언하고 있다. 하나님은 창조 행위를 통해, 자신의 모든 행위 가운데, 자신의 백성과 모든 사람과 전 우주에 간섭하시면서 스스로를 나타내셨다. 하나님의 위엄은 자연의 장엄함과 완벽함에서 더욱 빛난다. 시편과 욥기와 아가서는 특별히 이 주제를 풍요로운 시어로 생동감 있게 노래한다. 특히 시편에서는 하나님의 숭고한 행위, 자신이 택한 백성을 위해 결행했던 그분의 모험—예를 들어 그들을 애굽에서 인도해 내기 위해 감행했던(출 20:2)—이 계속 회상되고 있다. 하나님의 이러한 행동은 이스라엘을 향한 그분의 능력과 자비를 드러내며, 그 백성에 대해 주장하시는 주관적 권위의 기초가 된다. 신약 성경을 보면서 우리는 처음부터 끝까지 예수 그리스도의 인격과 사역이 하나님의 현현으로 인식되고 있음을 발견한다. 예수님은 가나에서 행한 첫 이적(요 2:11)에서 시작하여 자신의 모든 행위를 통해 찬란한 하나님의 영광을 나타내셨다.

하나님은 일을 통해서도 자신을 표현하신다. 사람은 어떤 물건을 생산했다가 버리기도 하지만, 하나님이 하시는 일은 그분 자신과 독립적으로 존재하지 않는다. 하나님의 일은 그분 안에 있고, 그분은 일 가운데 계신다. 그 일들은 하나님의 손에 있으며 계속 그분의 임재를 드러내 보여 준다. 이러한 의미에서 우리는 성경이 실존주의적이라고 말할 수 있을 것이다. 성경은 하나님을 단 한 번도 철학적 개념이나 추상적 본질이나 표현되지 않은 가능성으로 제시한 적이 없다. 하나님은 일해 오셨고, 지금도 일하신다. 그분의 능력은 그분의 창조 행위이고, 그분의 선하심은 그분의 선하신 행위이며, 그분의 공의는 그분의 의로우신 행위다. 하나님의 모험은 스스로 드러내시고 자기의 생명을 나타내시는 하나님 자신이다. 나무 위에서 익어 가고 있는 열매는 그 자체로 생명을 나타내는 것이다.

하나님은 창조의 위계 질서에 따라서 이러한 자기 표현의 기능을 모든 피조물에게 주셨다. 식물은 광물보다 더 높은 표현 기능을 부여받았고, 동물은 식물보다 더 높은 기능을, 그리고 인간은 동물보다 훨씬 더 높은 기능을 부여받았다. 바젤 대학의 포르트만(Adolf Portmann) 교수[1]는 동물이 지니고 있는 표현 기능에 대해 연구하였다. 포르트만 교수는 동물들의 해부학적이고 행동적인 특징은 오직 자기 표현의 관점에서만 이해될 수 있음을 보여 주었다. 그러나 이것은 종(種)에 따라서 나타나는 집단적 표현일 뿐 개인적 표현이 아니다. 각 동물은 나름대로 무엇인가 보여 줄 수 있다. 예를 들어 코끼리는 어금니를, 호랑이는 수염을 보여 준다.

그러나 인간은 자신의 수염을 잘라 버릴 수 있다. 인간은 자연을 능가할 수 있는 범위 내에서, 독창적이고 개인적인 표현 형태를 선택하여 자신을 정확하게 표현한다. 동물과 마찬가지로 각 개인은 자신이 드러낼 수 있는 것을 드러내지만, 훨씬 더 다양한 방식으로 그렇게 한다. 어떤 사람은 지성을 드러내고, 어떤 사람은 미모를 드러낸다. 어떤 사람은 헌신적 열성을, 또 어떤 사람은 가계 족보를, 아니면 대학 학위를 드러낸다. 사람에 따라서는 열정이나 재치나 유머 또는 요리나 바느질 기술이나 바이올린 연주 실력을 보여 줄 수도 있다. 어떤 이는 자신의 부나 믿음을 과시하기도 한다.

나는 이 목록을 끝없이 나열할 수 있다. 사람은 누구나 손에 들고 있는 카드로 승부한다. 이것이 바로 그의 모험이다. 내가 여기서 지적하려는 것은 모든 인간은 자신을 표현하고 자기 인격을 외부 세계에 드러내고 싶어하는 강렬한 욕구를 지니고 있다는 것이다. 이것은 인간에게 굉장한 기쁨이 된다. 어린아이가 블록 장난감으로 이전보다 더 높은 탑을 쌓아 올리고 부모로부터 찬탄과 축하를 받을 때의 기쁨을 생각해 보라. 아이가 좀더 자라서 학교 글짓기 대회에서 상을 타고 부모의 칭찬을 받을 때의 기쁨을 생각해 보라. 그 상은 문학에 대한 아이의 열정에 불을 붙임으로 장차 그의 진로를 바꿀 수도 있다. 어린아이가 성공적으로 자아를 실현했을 때 부모가 높이 평가해 주고, 그를 자랑스럽게 여긴다고 느끼게 해주는 것은 그 아이와 그의 발전에 얼마나 중요한가!

자신의 빼어난 외모가 다른 사람의 경탄과 선망의 대상이 됨을 인식한 여인의 천진난만한 기쁨과 어떤 발견을 통해 천재성을 나타내고 있는 과학자의 기쁨, 걸작품을 통해 세계에 대한 자신의 비전을 드러내는 예술가의 기쁨과 사업 확장으로 자신의 능력을 나타내는 기업가의 기쁨을 생각해 보라. 한 노인이 자신에 대한 이야기를 들려주었다. 그는 정치 활동의 일익을 담당했던 한 친구를 잃었는데, 신문에는 그의 사망을 알리는 장문의 조사(弔詞)가 실렸다. 그는 한때 자신에게도 정계에 투신해 보라고 권유하는 이가 있었으나 거부했다고 말했다. 만일 그 때 그 권유를 수락했더라면, 자신이 죽을 때도 '사람들이 모두 내 이야기를 할텐데'라고 노인은 생각하고 있었다. 비웃지 말라. 이것은 지극히 인간적인 반응이다.

이것은 자연의 당연한 속성이다. 행동, 곧 창조적인 일 속에서 자신을 표현하는 것은 자아를 성취하는 것이며 자신에게 부여된 재능을 유익하게 사용하는 것이다. 이 성취를 회피하는 사람은 누구나 죄책감을 느끼게 마련이다. 1961년 인격 의학 국제 회의가 이탈리아 카사테 코르테 체로(Casate Corte Cerro)에 있는 겟세마네 재단에서 열렸다. 우리는 자아를 성취하기 원하는 인간의 근본적 욕구를 그 회의의 주제로 삼았다. 독일 함부르크의 아르투르 호레스(Arthur Jores) 교수는 '인간의 질병', 즉 인간에게만 있는 병에 대해 발표했다. 그는 다른 많은 병은 인간과 동물에게서 공통적으로 발견되지만 인간에게서만 발견되는 질병은 언제나 자아 성취의 실패와 연관되어 있다고 증언했다. 본능에 의해 움직이는 동물은 자아 성취에 실패할 수가 없지만 인간은 그에게 주어진 자유의 대가로 자기 생활을 망칠 수 있고 자아를 성취하는 데 실패할 수 있다. 이 때 인간에게 주로 나타나는 결과가 정신적, 신체적 질병이라는 것이다.

한편 이와 반대되는 현상도 있다. 자아 성취는 치유적인 가치가 무척 크다. 굉장히 노력했으나 헛수고만 했던 한 환자가 있었다. 그의 삶은 무미건조했으며 어떤 주된 관심사도 없는 권태롭기 짝이 없는 생활이었다. 이런 사람을 어떤 식으로 대해야 스스로 자신감을 갖게 할 수 있을까? 그런데 어느 날 이 사람이 변화된 모습으로 나를 찾아왔다. 외국에 나갔다가 우연히 어느 전도 집회에 참석하게 된 그는 느닷없이 기도를 인도해 달라는 부탁을 받게 되었고, 어쩔 수 없이 했지만 그 때 은혜로운 기도를 하게 되었다고 한다. 부흥사는 그에게 기도의 은사가 있는 것 같다고 말해 주었는데, 그는 이를 계기로 더 이상 평범하고 무미건조한 삶을 살지 않게 되었다고 한다. 그는 자기가 사용할 수 있는 개인적 은사를 지니고 있었던 것이다.

이 회의에서 우리는 또한 인간이 대화와 몸짓, 흉내, 웃음과 눈물을 통해서 반드시 자신을 표현해야 할 필요가 있음을 논했다. 인간은 고독 때문에, 대화할 상대가 없기 때문에 병에 걸릴 수가 있다. 그런데 그 병이 다른 사람과 접촉하거나 진정한 대화를 나누는 데 방해 요인으로 작용하기도 한다. 구조적인 악순환이다. 자기 표현이 방해를 받으면 죄책감을 느끼게 되고, 그러면 사태는 더 악화된다. 표현되지 않은 모든 감정은 마음에 독소로 작용하게 되는 것이다.

모험의 두 번째 구체적인 특징은 발명하는 성향과 혁신성이다. 하나님의 창조 모험에서 이 특징이 얼마나 두드러지게 나타나는지는 굳이 지적할 필요가 없을 것이다. 하나님은 세상을 만드실 때 참으로 혁신적이셨다. 그러나 내가 강조하지 않으면 안 되는 것은 하나님이 창조하신 자연 안에 풍요로움과 엄청난 다양성, 그리고 신적 발명성의 기발한 독창성이 있음을 성경이 주장하고 있다는 사실이다. 시편은 하나님의 영광을 노래하는 가운데 자연의 광대함 속에서 우리 눈앞에 펼쳐지는, 상상을 초월하는 발명의 풍성함을 강조하고 있다. 만일 시편 기자가 그의 시대 이후에 과학이 우리에게 드러낸 자연의 신비를 알았더라면 무엇이라고 노래했겠는가?

과학의 새로운 발견은 모두 하나님의 독창적인 발명의 단면을 드러낸다. 과학자는 세계와 그것을 구성하는 모든 부분의 기능, 모든 천체, 물질의 모든 물리적·화학적 반응, 그리고 모든 유기체의 작용에서 발생하는 기술적인 문제 각각에 대한 하나님의 기발한 해결책을 발견한다. 여기서 우리는 그분의 창조 작업을 둘러싸고 있는 모험의 분위기를 가장 민감하게 감지할 수 있을 것이다. 이 얼마나 독창적인가! 하나님은 기술적인 어려움을 해결하는 데 한 가지 방안만을 사용하시는 것이 아니라 열 가지, 스무 가지 아니 그 이상의 해결책을 사용하시기도 한다.

하나님은 새가 날 수 있도록 깃털을 만드셨지만 박쥐는 깃털 없이도 날 수 있게 만드셨다. 그리고 곤충은 무수히 다양한 막을 사용해서 날게 하셨다. 하나님이 발명하신 다른 모든 운동 수단을 보라. 헤엄치는 물고기, 펄쩍펄쩍 뛰는 네 발 가진 짐승들, 톡톡 튀는 벼룩, 기어다니는 뱀 그리고 두 발로 서서 걷는 인간. 하나님은 손톱을 발톱이나 발굽으로 변형할 수 있으시다. 씨를 파종하는 여러 가지 방법들, 약한 식물이 자신을 지탱하기 위해 외부 보조물을 활용하는 방법들을 생각해 보라. 그리고 모든 공생 관계를 생각해 보라. 동물이 식물에게 혜택을 주는 질소의 순환, 유기 화학의 무수히 많은 조합을 가능하게 하는 탄소 원자, 무수히 다양한 시각 기관들, 생물계의 다양한 번식 방법들, 놀라운 성(性)의 발견과 그로 인해 다양한 생명체가 등장했음을 생각해 보라.

시편 기자의 시대 이후로, 사람은 우주의 거대함을 발견하거나 알아차릴 수 있었다. 우리는 지금 지구가 태양계의 작은 부분에 지나지 않는다는 것을 알고 있으며, 무수히 많은 항성과 성운(星雲)이 있음을 안다. 우리 주변과 우리 안 어디서든 모든 원자의 핵 속에서 춤추고 있는 방사선, 전자, 양성자, 중성자, 이 모든 것을 발명하신 분은 하나님이다. 우연찮게도 하나님의 창조적인 지혜를 노래하는 성경의 시에 원자 개념이 등장한다(잠 8:26).

특별히 의사의 관심을 끄는 것은 시편 기자가 인간의 몸의 신비스러운 측면에 대해 찬탄을 금치 못하고 있다는 점이다. 그는 모태에서 하나님의 지휘 아래 장부(臟腑)가 조직된 자신의 몸에 대해 말하면서 "나를 지으심이 심히 기묘하심이라"(시 139:13-14)고 부르짖고 있다. 내가 잘못 알고 있는 것이 아니라면 인간은 20세기가 지나서야 인간의 몸을 해부하기 시작했다. 그런데 시편 기자는 해부학과 생리학, 그리고 수세기 늦게 출현한 생태학이 드러내는 인체의 신비를 내다본 것처럼 말한다. 시편 8편은 지금까지 내가 한 말을 요약하고 있다. 즉, 자연에 나타난 하나님의 위대함과 광대함 앞에 인간이 스스로 느끼는 왜소함, 동시에 하나님보다 조금 못하게 지어진 인간의 위대함을 노래하고 있다. 창조주 하나님은 인간에게 자연을 다스릴 수 있는 능력을 부여하셔서 창조의 신적 모험에서 동반자 역할을 담당하게 하셨다.

하나님은 우리에게 창조적 상상의 가장 권위 있는 모범을 제시하신다. 그분은 결코 자신을 복사하여 같은 일을 되풀이하지 않으신다. 그분의 행위에는 언제나 새롭고 예기치 않은 무엇인가가 있다. 우리가 삶을 하나님께 맡기면 그분은 우리의 삶에도 예기치 않은 일이 일어나게 하신다. 하나님이 인도하시는 삶을 어느 정도 경험한 모든 사람들이, 하나님과 함께하면 모든 것이 우리가 기대했던 것과 다르게 전개된다고 말해 주지 않는가? 하나님은 또한 인간에게 상상력을 주셨다. 사람은 이 상상력을 주로 꿈꾸는 데 사용하지만 하나님은 이를 현실에 적용하신다. 얼마나 많은 사람들이 타성의 틀에서 벗어나지 못하고 있는가? 그들은 인생의 포로다. 그들은 늘 하던 것과는 다르게 느끼고, 다르게 생각하고, 다르게 행동할 수 있다는 발상을 갖기 어렵다. 심지어 교회들도 전통에 매여 놀라울 정도로 순응적이며 모든 혁신에 거부감을 느낀다. 그러나 내적 자유가 없다면 모험은 불가능하다.

하나님은 자유시다. 그분은 굉장한 발명가시다. 그분은 모든 것에 관심을 갖기에 종교에만 국한되지 않고 기술에도 관심을 가지신다. 그분은 우주를 운행하고 지속시키는 데 관련된 모든 기술적인 문제들을 해결하셨을 뿐 아니라 그분이 주신 창조적 지능으로 발명품을 출시한 발명자들을 만드셨다. 하나님은 그들을 사랑하신다. 자녀가 특출한 솜씨를 보일 때 아버지가 자랑스럽게 여기는 것처럼, 나는 하나님이 발명가들을 자랑스럽게 여기신다고 상상한다. 야곱이 복을 얻어 내기 위해 너무나 단순한 형 에서와(창 25:29-34) 늙은 아버지 이삭을(창 27:1-29) 교활하게 기만했을 때, 하나님은 그에게 이례적인 관대함과 너그러움을 보여 주시기까지 한다. 이외에도 성경에는 계략을 사용한 기록이 많이 남아 있는데, 성경은 우리의 도덕적인 감각에 충격적이라고 할 수밖에 없는 너그러움으로 그러한 계책을 받아 주는 것처럼 보인다. 예를 들어 아이들의 탄생과 관련하여 거짓된 신고를 하고 출산 현장에 없었던 것처럼 행동하는 산모들의 속임수(출 1:15-21), 자신의 여자 친구에게 거듭 거짓말을 하는 삼손(삿 16:4-21), 자신을 창녀처럼 가장한 다말(창 38장)이 있다. 이외에도 창조적 속임수를 쓴 예는 성경에 얼마든지 기록되어 있다.

내가 주목한 모험의 세 번째 특징은 일관성과 목적성이다. 이것은 창조의 모험에 분명히 나타나며, 구원과 그에 따르는 역사적 모험에서 계속적으로 나타난다. 인간의 모든 모험은 계속 재출현한다. 모험이 직면하는 장애와 그것이 야기하는 문제들 때문에 재도전은 계속된다. 따라서 앞에서 지적한 대로 성장의 역동성이 있는 것이다. 그러나 모험은 목표의 일관성을 유지한다. 다시 말해서 일단 모험을 감행한 사람은 각종 장애에도 불구하고 자신의 모험을 배반하거나 상실하지 않기 위해서는 스스로 계속 다짐해야 하는 것이다.

또한 모험에 있는 일방 통행의 특성을 유의할 필요가 있다. 세계 역사가 시작도 끝도 없이 영원히 돌고 돈다고 여겨 윤회적 역사관을 가졌던 일부 헬라 철학자들과는 달리, 성경은 세계 역사를 하나님의 목적에 따라 하나님의 결정에 의해서 시작과 끝을 지닌 일방 통행의 여정으로 묘사하고 있다. 이러한 이유 때문에 우주의 전개는 하나의 신적인 모험이며 각각 특이한 모험이 되는 것이다. 모험은 출발 지점이 있으며 목표를 향해 부단히 나아간다. 잃어버린 기회는 다시 돌아오지 않는다.

한 동료가 자신의 회심 이야기를 들려주었다. 그는 여러 사건이 돌이킬 수 없는 방향으로 진행될 뿐 아니라, 신의 목적이라는 개념을 중심으로 세계와 역사에 의미를 부여하면서 움직인다는 사실을 깨달으면서 믿음을 갖게 되었다. 그는 아놀드 토인비(Arnold Toynbee)의 책 「시련에 선 문명」(*Civilization on Trial*)[2]을 읽고 나서 회심하게 되었다고 말했다. 카뮈가 두려워했던 것처럼[3] 모든 것은 의미 없이 돌고 도는 부조리한 것이 되든지, 아니면 모든 것이 의미를 지니게 된다. 모든 모험에는 시작과 끝이 있다. 왜냐하면 하나님이 모험 중에 계시며 인간의 모든 모험이 이와 결부되어 있기 때문이다.

그러나 성경의 위대한 계시는, 하나님의 모험 전체의 의미가 사랑이라는 것이다. 이는 모험의 네 번째 특징이다. 하나님은 사랑 때문에 세상을 창조하셨다. 하나님이 자기 형상대로 사람을 지으신 것은 사랑 때문이다. 하나님은 사람을 사랑의 짝으로 삼으셨으며, 대화하고 자식처럼 사랑할 대상으로 만드셨고, 그에 응답하여 자신을 아버지처럼 사랑할 수 있도록 만드셨다. 하나님이 인간의 자유를 존중해 주시는 것도 사랑 때문이다. 그래서 주님은 인간의 실수와 불순종이라는 엄청난 위험을 스스로 감수하시고, 그 대가를 친히 담당하셔서 십자가의 희생을 치르신 것이다.

내가 생각하기에 사랑은 인간의 모든 모험의 의미이기도 하다. 하나님이 인간을 자신의 형상대로 창조하시면서 인간에게 주셨던 모험의 본능은 실상 '사랑의 본능'이라고 믿는다. 그것은 자신을 주고 헌신하며 가치 있는 목표를 달성하기 위해 모든 희생을 감수하는 사랑의 본능이다. 모험의 기쁨, 무엇인가를 하는 기쁨, 누군가를 위해서(하나님을 위해서) 일하는 기쁨의 원천이 여기에 있다. 만일 그가 신자라면 그 일을 하도록 부르신 하나님을 위해 일하는 것이며, 그렇지 않으면 인류에게 그가 추구하는 어떤 혜택을 제공하기 위해 일하는 것이다. 우리는 여기서 이그나티우스 로욜라(St. Ignatius Loyola)의 아름다운 말을 상기하게 된다. "사랑에 마음을 열지 않고 중요한 결정을 내려서는 안 된다."

나는 여기서 어떤 이의가 제기될 수 있는지 알고 있다. 아직 어떤 철학자도 해결할 수 없었던 악의 문제가 있다. 사방에서 파고들어 모험의 신적 의미를 왜곡해 온 악이 있다. 모험 중에는 교만하고 잔인하고 기만적이며 파괴적이고 어리석은 모험도 있다. 그러나 우리가 성경을 주의 깊게 읽어 보면 커다란 비밀을 발견하게 된다. 그것은 하나님이 악을 지으신 분이 아니며, 자신을 악에게 내어 주지 않으면서 악 위에 왕 노릇 하신다는 사실이다. 하나님의 목적은 인간의 순종뿐만 아니라 불순종에 의해서도 성취된다.

나는 다른 곳에서 이미 이 요지를 다룬 바 있다. 그래서 여기서 이 문제를 상술하지는 않겠다. 그러나 이 성경적 관점의 중요성을 거듭 강조하지 않을 수 없다. 인간은 잘못된 목표로 모험을 추구할 수 있다. 즉, 증오심이나 보복심이 동기가 되어서 모험할 수도 있고, 취하는 수단과 방법에서 실수할 수도 있다. 그러나 좋은 것이든 나쁜 것이든 각종 모험으로 그들을 몰아넣는 힘은 신적인 선물, 즉 사랑의 징표다. 인간이 최악의 오류 가운데 있을 때에도 자신보다 더 큰 무엇인가를 위해서 헌신하고 싶은 욕구로 말미암아 행동하고 있다는 것을 우리가 알면 비로소 인간을 이해하게 된다. 우리의 모험 본능에 있는 이 신적 특징을 깨달을 때, 우리는 하나님의 사랑 어린 뜻에 따라서 모험의 방향을 조정할 책임을 느끼게 된다.

뿐만 아니라 심리적 관점에서 볼 때, 인간의 모든 갈등은 결국 무엇인가를 사랑하는 사람들끼리의 싸움임을 관찰할 수 있을 것이다. 사람들이 이를 악물고 싸우는 까닭은, 양측 모두 자신이 사랑을 바칠 가치가 있다고 생각하는 대의를 위해서 싸운다는 확신을 갖고 있기 때문이다. 사람들은 나라를 위해서, 정의를 위해서, 아니면 진리를 위해 싸운다. 심지어 하나님과 갈등할 때에도, 즉 하늘을 향해 주먹을 휘두를 때에도 마찬가지다. 사람들이 전쟁이나 혁명과 같은 최악의 모험에 뛰어드는 것은 사랑하고 사랑받고 싶어하는 그들의 욕구가 좌절되었기 때문이다. 어떠한 항거에도 고상한 뜻이 담겨 있는 이유가 여기에 있다. 사람들은 어떤 이상을 향해 모험의 정열을 쏟으며 사랑을 위한 최상의 능력을 바치는 것이다.

9 성공과 실패

모험의 다섯 번째 특징을 고려해 볼 차례다. 그것은 모험에 항상 따르게 되는 위험 부담이다. 이 주제는 극히 복잡하고 재미 있는 문제, 즉 성공과 실패의 문제를 제기하기 때문에 다른 주제보다 더 상세하게 다루기로 하겠다. 실패할 위험을 감수하지 않고 어떤 모험에 참여할 수 없음은 자명하다. 사실 '모험의 묘미'는 바로 이런 위험 부담에서 나온다. 위험의 매력은 그것의 미묘한 양면성에 있다. 사람은 위험을 두려워하지만 동시에 위험을 좋아한다. 위험을 무척 좋아할 때는 두려움을 무의식 속에 억압하는데, 이 때 두렵지 않다는 느낌과 두려움을 극복했다는 느낌이 그를 흥분시킨다. 그러나 그가 심히 두려워할 때는 두려움이 오히려 촉진제 역할을 하기도 한다. 그래서 오직 성공하려는 일념으로 의지력을 동원하기도 한다. 모험과 모험의 문제를 연구하는 것이 흥미로운 이유는 바로 이 실패 위험 때문이다.

모험의 기쁨은 성공의 기쁨을 기대하는 것이다. 사람은 성공에 대한 희망을 모두 상실하기 전까지는 모험을 효과적으로, 즐겁게 추구한다. 군대 지도자들은 이를 잘 알고 있다. 그러므로 그들은 때에 따라서는 거짓된 정보라 할지라도 안심할 수 있는 소식으로 휘하 군대의 사기와 특별히 국민의 사기를 유지하려고 부단히 노력한다. 그러나 지도자들은 국민보다는 자신을 더 기만한다. 모험에 깊이 뛰어든 사람들은 그렇게 되기 쉽다. 모험에 빠진 지도자는 사실에 직면해서도 사실을 믿으려 하지 않으며, 성공할 가능성이 없어도 그 가능성을 믿는다. 의사도 환자의 사기를 진작시키려고 노력할 때 성공을 의식하고 있다. 스키를 타는 사람들 가운데 외출의 기쁨만을 위하여 스키를 타러 가는 사람은 거의 없다. 그들이 원하는 것은 언덕을 내리달리는 즐거움이다. 만일 어떤 사람이 장기를 좋아하지 않는다면, 그것은 지는 것을 두려워하기 때문이다. 어떤 선수가 수없이 실패해도 강력한 상대에 맞서 물러서지 않고 버틴다면, 이런 과정을 통해 자신의 실력을 향상시켜 언젠가는 승리로 되갚게 되기를 희망하기 때문이다.

성공의 기쁨! 어려운 시험에 합격했을 때, 아니 굳이 어려운 시험이 아니라 해도 시험에 합격했을 때 느끼는 기쁨을 생각해 보라. 시험에서의 성공이나 졸업이 뭐 그리 대단한가? 그러나 성공의 순간에는 다른 모든 것보다 우선하는 기쁨이 있다. 그 순간에는 세상도, 인생도, 다른 모든 문제도 사라진다. 성공의 기쁨이 전부다.

반면에 성공을 누리지 못하는 사람은 병을 앓는다. 나는 종종 이런 경우를 본다. 한 학생이 시험에 잘 대비하고 있음에도 시험에 실패할 것 같아 공포에 질려 있다. 그는 자신의 시험 공포증이 결코 건강한 상태가 아님을 잘 알고 있다. 그러나 그의 병세가 가장 명확하게 드러나는 것은 그가 성공한 직후다. 그는 성공을 누릴 수가 없다. 이것에 대하여 그는 거의 의식하지 못하고 있다. 그는 성공한 것이 스스로의 노력과 관계없는 운명의 장난이라고 느끼는데, 이는 그가 개인적 가치를 느끼는 데 아무런 도움을 주지 못한다. 솔직히 말하면, 그의 성공에서 내가 더 기쁨을 느낀다.

어떤 주요한 인물에게서 아주 작은 찬사를 들었을 때나 사랑하는 사람에게 칭찬을 받았을 때 우리가 경험하는 쾌감을 생각해 보라. 찬사를 받았을 때 우리의 행동 대부분(예를 들면 겸손한 몸짓)은 더 많은 찬사를 끌어내기 위한 위장된 수단이다. 아내가 접시를 닦으며 큰소리로 한숨을 내쉰다. 남편이 와서 도와주기를 원해서 소리를 내는 것이 아니라 가사에 충실한 자신의 정성을 알아주고 칭찬해 주기를 바라는 것이다. 다양한 종류의 성공이 안겨 주는 사소한 즐거움과 그 성공을 확보하기 위해서 많은 사람들이 기울이는 노력과 비용, 그리고 그들이 동원할 수 있는 모든 잔꾀를 생각해 보라. 예쁜 옷과 유행하는 머리 모양, 여성에게는 모험이다. 만일 남편이 그 아내를 이해한다면 이것은 남편에게도 모험이 된다. 사업에서의 성공도 마찬가지다. 사업가에게는 사업적인 시도 모두가 모험이다. 그것을 마무리할 때면 그는 어린아이처럼 마냥 행복해한다. 정치나 전쟁에서, 무대 위에서, 대학에서 또는 교회에서의 성공을 생각해 보라. 실패에 대한 두려움이 없었다면, 성공의 기쁨도 없었을 것이다.

이와 같은 기쁨은 정당한 것이다. 예수님이 예루살렘에 입성하실 때 무리가 환호하자 바리새인들은 이 열기를 꺾기 원했고, 주님은 그들에게 강력하게 응수하셨다(눅 19:39-40). 성경은 한걸음 더 나아가서 성공을 찬양한다. "성경의 어휘로, 지혜롭게 된다는 것은 존재의 가장 중요한 비밀을 아는 것보다 어떻게 살아가는지를 아는 것이다. 지혜로운 사람은 성공하는 사람이다."[1] "다윗이 그의 모든 일을 지혜롭게 행하니라. 여호와께서 그와 함께 계시니라"(삼상 18:14).

나는 최근에 레바논에 다녀온 적이 있는데, 그 곳에서 옛날 페르시아에서 쓰던 멋진 재떨이를 선물로 받았다. 둥근 재떨이 둘레에는 다음과 같은 문구가 아랍어로 새겨져 있었다. "자비로운 하나님의 이름으로. 나는 그의 도움 없이는 성공할 수 없다. 그의 도움 없이는 어떤 성공도 있을 수 없다. 하나님의 도움 없이는 어떠한 승리도 없다." 이것은 매력적인 나라 레바논이 선사하는 멋진 기념품이다. 이 아랍 국가는 무슬림들과 그리스도인들의 조화와 협력 관계 면에서는 독보적이다.

이것은 우리가 그 나라의 여러 장소에서―미국 대학교, 프랑스 대학교, 미국 의료 선교 협회, 그리고 모든 지성인들이 모이는 레바논 센터 등에서—받은 열렬한 환대의 기념품이다. 하나님의 주권에 전적으로 의지해야 한다는 생각은 우리 모두에게 결코 새로운 것이 아니다. 성경은 계속해서 성공과 형통함을 하나님의 축복의 징표로 말하고 있다. 약속된 땅은 "젖과 꿀이 흐르는 땅"(출 3:8)으로 성공과 형통함의 상징이다. 그리고 이것은 솔로몬의 전설적인 부(富)의 의미이기도 하다(왕상 10:14-25).

그러나 이러한 개념은 전쟁에 대한 기록에서 더욱 두드러지는데, 거기서는 성공이 언제나 하나님의 선대하심의 증거로 나타나고 있다. 심지어 불의한 정복 전쟁에서도 승리는 하나님의 선대하심의 증거로 기록되고 있다. 믿음의 관점에서 보면 모든 승리, 특별히 예기치 못한 승리는 신적 개입에 의한 것이다. "다윗이 어디로 가든지 여호와께서 이기게 하셨더라"(삼하 8:14). 패배는 하나님이 호의를 거두신 징표다(수 7:13). 패배 후 범국가적인 기도를 드렸듯이 이는 회개를 요구한다. "하나님이여 주께서 우리를 버려 흩으셨고 분노하셨사오나 지금은 우리를 회복시키소서"(시 60:1). 하나님의 백성 이스라엘에게 패배를 안기는 대적은 하나님의 뜻을 이루는 도구로 간주된다. "갈대아인이 다시 와서 이 성을 쳐서 빼앗아 불사르리라"(렘 37:8). "만군의 여호와 이스라엘의 하나님께서 이와 같이 말씀하시되 보라, 내가 내 종 바벨론의 느부갓네살 왕을 불러오리니"(렘 43:10).

그러나 승리와 성공의 기쁨은 오래 지속되지 않는다. 싸움의 열기 속에서는 승리만이 최종 목표로 느껴지고 장래 일은 명백하게 의식되지 않는다. 그것이 이겨야 할 전쟁이든 합격해야 할 시험이든 간에 우리의 마음은 정복 대상으로 충만하기 때문에, 차후에 어떤 일이 일어날 것인지 심각하게 생각할 겨를이 없다. 승리를 크게 자축할수록 실망이 커질 확률도 높기 때문이다.

그러나 성공의 기쁨이 즉각적으로 소멸되는 데는 더 심오한 이유가 있다. 완성을 향한 충족되지 않는 욕망과 그것을 성취할 수 없는 현실 사이에서 항상 갈등하는 것이 인간의 본성이기 때문이다. 성공을 거둘 때마다 우리는 완전한 성취에 미치지 못하는 현실을 훨씬 더 민감하고 잔혹하게 느낀다. 나는 책을 읽을 때마다 내가 읽지 못한, 그리고 앞으로도 읽을 수 없을 수십 권의 다른 책을 생각하게 된다. 그리고 한 권의 책을 쓸 때마다 내가 쓰기 원하는 많은 책과 결코 쓰지 못한 채 끝날 책들을 아쉬워한다. 환자를 고칠 때마다 다른 사람들을 고치지 못하는 나의 무능함 때문에 괴롭다. 모든 우정, 인간관계의 모든 보람 있는 경험은 우리가 바라는 충만한 교제에 우리가 얼마나 못 미치는가를 더욱 실감하게 만든다.

모든 승리는 나폴레옹의 어머니가 한 말 "지속되기만 한다면!"을 회상하게 한다. 바릴롱(Varillon)은 "뛰어넘을 수 없는 장애물들이 이미 뛰어넘은 장애물들이 표시된 도로의 끝에 놓여 있다"고 말하고 있다.[2] 동물들은 필연적으로 성공적인 삶을 산다. 그들은 할 수 있을 때 먹고, 마시고, 자고, 태양 아래 몸을 데우고, 교배한다. 그들은 고통이나 쾌락 또는 두려움을 느끼고, 먹이를 삼키거나 강한 동물에게 잡아 먹히기도 한다. 이 모든 것은 본성의 법칙과 기능을 수행하는 것 외에는 아무런 의미도 없다. 반면에 인간은 자신의 삶을 망쳐 버릴 수 있다. "나는 삶을 엉망으로 만들었다!" 나는 상담실의 친밀한 분위기에서 이 비극적인 문구를 얼마나 자주 들었는지 모른다. 그러나 이들의 생애는 아직 끝난 것이 아니다. 그들은 종종 외부 사람들에게 굉장한 성공을 거둔 사람으로 보일 수 있다. 때때로 그들은 모든 사람이 부러워하는 명성을 얻기도 했다.

이들은 시야가 아주 밝은 사람들, 인류의 문제에 극히 민감한 사람들이다. 무슨 일을 하든 이들은 과거의 실수와 잃어버린 기회의 결과에서 벗어나지 못하며, 부분적 성공으로는 보상할 수 없는 완전한 실패감을 떨쳐 버릴 수 없다는 것을 인식하고 있다. 그들은 자신들이 전술적으로 많은 승리를 거둘 수 있음을 알고 있다. 그러나 전략적인 승리가 그들을 피해 간다고 느낀다. 그들은 성공과 실패의 대차대조표가 대변(貸邊) 쪽으로 기우는 것처럼 보여도 삶을 성공으로 유지하기 원하는 간절한 소망을 결코 만족시킬 수 없다고 느낀다.

우리는 모두 삶에 굉장한 성패가 걸려 있는 것처럼 느낀다. 우리에게는 단 한 번의 삶이 주어져 있다. 생존의 매순간(그 매순간은 각기 독특하다)과, 우리가 내리는 모든 결정과 선택이 그 성패에 중요한 의미를 지닌다. 우리가 내리는 결정의 중요성과 의미는 여기에서 나온다. 그러나 우리는 우리 앞에 걸려 있는 이해 관계가 우리가 내리는 결정보다 훨씬 더 중요하다고 느낀다. 인간은 누구나 자신의 생애를 망쳐 버릴지 모른다는 두려움에 시달리고 있다. 그런 두려움을 느끼지 못하는 사람은 이를 잠재 의식 속에 밀어넣고 있을 뿐이다. 우리가 얼마나 자주 실패하는 꿈을 꾸고, 기차나 배 또는 비행기를 놓치는 꿈을 꾸는가? 또 이제 막 중요한 목표를 달성하려고 하는데 안타깝게 실패하거나, 무서운 괴물이 우리 길을 막아서는 꿈을 또 얼마나 많이 꾸는가?

모든 부모들은 자녀들의 장래를 걱정한다. 부모는 자녀를 돌보고 힘을 키워 주고, 훈계하고 예의범절을 가르치며 자제력을 키워 주고 일상적인 사리 분별을 가르쳐서 삶의 시련에 대비할 수 있도록 한다. 이 과정에서 부모는 자녀가 싫어하는 공부를 하라고 강요하는데, 수학이나 그리스어 성적 때문에 평균 성적이 곤두박질하면 크게 상심한다. 부모가 기분이 상하는 이유는 자녀의 지성적 발달을 염려해서라기보다는 졸업장과 수료증이 인생의 게임을 이길 수 있도록 도와주는 트럼프 카드와 같다고 믿기 때문이다. 유명한 교육자 루이 라이용(Louis Raillon)은 자녀가 책을 빨리 읽게 하는 방법이 무엇인지 묻는 젊은 어머니에게 이렇게 물었다.

"아이가 몇 살인데요?"

"네 살입니다."

"그렇다면 앞으로 아이가 읽는 법을 배울 시간은 얼마든지 있습니다."

"그렇지만 생각해 보세요. 우리 아이가 인생에서 성공하려면 어떤 시간도 낭비해서는 안 됩니다. 아이가 학교에서 보낼 시간은 전부 분초를 다투는 경주가 아닙니까?"

교육의 전 과정과 훌륭한 예절을 가르치는 것과 인격 훈련은 모두 인생의 성공을 염두에 두고 이루어지는 것이다. 예수님을 믿지 않는 부모들이 자녀를 주일 학교에 보내는 것은 교회에 다니는 것이 '결국 아이들의 삶에 어떤 보탬이 되지 않겠는가' 하고 생각하기 때문이다.

인생은 거대한 게임을 방불케 한다. 우리가 갖고 있는 것, 알고 있는 것, 할 수 있는 것은 이기기 위해서 사용하는 장기말과 같다. 말은 항상 모자란다. 각 개인은 자신의 말을 선택한다. 아니, 자기가 동원할 수 있는 말을 사용한다. 그가 사용할 수 있는 말에는 몸과 마음, 건강이나 병, 가족, 직함, 명성, 재산 등이 있다. 성공할 확률을 높이기 위해서 모든 말을 사용할 때 자아는 확대된다.

나는 때때로 인류의 이 보편적 코미디를 지켜보다가 전율한다. 각 나라 각계 각층의 사람들이, 멋지게 꾸며진 응접실과 소문이 무성한 사교장의 사람들이, 대학과 종교적인 회합과 나이트클럽에 있는 무수히 많은 사람들이 모두 최대한 남에게 잘 보이려는 한 가지 목표에 의해서 움직이고 있다. 그들은 언제나 자신의 약점이나 흠, 무지, 기이한 습관, 서투른 솜씨가 드러날까 봐 노심초사한다. 또 자신의 탁월함을 드러내고, 다른 이들에게 존경받고 눈에 띄고 동정을 받으려고 안달이다. 어떤 이들은 이를 고지식하게 드러내어 허영심 많은 사람으로 간주되고, 어떤 이들은 잘 은폐하지만 허영심 많기는 마찬가지다. 이해 관계가 크다 싶으면, 그들은 모두 비겁한 행동을 할 수 있고, 이중적인 행동을 할 수 있고, 잔인한 행동을 할 수도 있다. 그러나 여기에는 더 고상한 측면이 있다. 즉 모든 이가 인생의 장기판 위에 조그만 흔적이라도 남기고 싶어서 거대하고 많은 대가를 요구하는 노력을 꾸준히 기울이는데, 그것이 창조적 모험에 대한 인간의 본능에서 비롯된다는 사실이다.

물론 장기 말을 가지고 있는 것만으로는 충분하지 않다. 우리는 그 말을 어떻게 사용하는지를 알아야 한다. 말이 많으면 많을수록, 이를 사용하는 것은 더 어려워지고, 실패할 경우 더 치욕스러워진다. 그래서 많은 사람이 여기에 수반되는 책임을 회피하고, 혹시 발생할지 모를 실패로부터 자신을 방어하기 위해서 자신의 재능을 부인한다. 많은 사람이 과거의 불행과 그들이 당한 불의에 대해 생각하고 말하는 것을 즐기는 것은, 그들이 원하는 대로 말을 움직이다가 승리하지 못한 데 대한 핑계를 찾고, 자신이 불리한 조건에서 노력해 왔음을 분명히 밝히기 위해서다. 심지어 이 태도는 고뇌 찬미론으로 빠질 수 있다.

우리는 모두 물고 물리는 치열한 경주에 참여하고 있다. 사심이 없는 사람은 아무도 없다. 사심이 없는 것처럼 보이려는 시도는 목적을 달성하기 위해서 도입하는 또 하나의 장기 말과 같다. "우리는 모두 행복을 추구하고 있다." 신학자 칼 바르트(Karl Barth)에게서 들은 말이다. 그가 인생을 너무나 인간적인 범주 안에 제한했다고 비판해서는 안 된다. 세상적인 입신 출세주의자들을 비판하는 종교인들이 있다. 이들은 입신 출세주의자들이 추구하고 있는 부와 지위와 쾌락과 명예 같은 것을 멸시한다. 그러나 그들은 저급한 쾌락을 멸시함으로써 최상의 축복을 성취하기를 희망하며, 실제 생활에서 겪은 실패에 대하여 어떤 보상을 찾고 있는 하늘 나라의 입신 출세주의자들이다.

이것이 성공을 약속하는 모든 이들의 성공의 원천이다. 레비 브륄(Lévy-Brühl)이 지적한 것처럼,[3] 원시적인 사회에서는 마법사가 길흉을 알고 이를 해석하고 어떤 사업을 하면 성공할 수 있는지를 말해 주었다. 그러나 누가 감히 이 마술적인 시각의 흔적이 전혀 없는 종교가 있다고 주장할 수 있겠는가? 누가 감히 하나님에 대한 추구가 보상에 대한 소망의 잔재로부터 완전히 벗어나 있다고 주장할 수 있겠는가? "너의 행사를 여호와께 맡기라. 그리하면 네가 경영하는 것이 이루어지리라"(잠 16:3).

오늘날 과학과 기술과 심리학의 위상이 높아진 것은 근본적으로 그것들이 성공, 즉 인류의 집단적 성공을 약속했기 때문이다. 인류는 새로운 발견이 거듭됨에 따라, 무한한 진보를 꿈꾸고, 아직까지 끈질기게 괴롭히는 각종 질병들에 대해 위안을 삼는다. 달에 도착하여 이를 손에 넣고, 지금까지 고칠 수 없던 병을 정복하고, 기아와 가난, 독재와 전쟁을 종식하고, 세계의 복지 상태를 개선시킬 수만 있다면 그 얼마나 엄청난 성공이겠는가? 개인적 성공도 약속되고 있다. 과학과 기술적인 재간, 자기 통제, 인간의 마음에 대한 지식, 자신의 기질에 대한 이해는 우리 각자에게 성공의 가능성을 높여 주는 수단으로 보인다.

그래서 응용 심리학 연구소와 능률 향상 조직, 부모 역할 훈련 학교, 성공의 비결을 가르쳐 주는 과정과 책들이 모두 성공하고 있는 것이 아닌가? 카네기 부인이[4] 남편의 성공을 어떻게 도와줄 수 있는지 적절히 충고한 것같이, 이러한 과정들은 매우 훌륭하고 참된 통찰을 제공하기도 한다. 그러나 여기서 유의할 것은 이러한 과정과 책들이 모험 본능을 이미 잘 개발한 사람들에게 특별히 도움이 된다는 사실이다. 계속 실패한 사람들은 그런 것들을 따르거나 읽어 본다 하더라도 별 유익을 얻지 못하고, 또 한 번 실패했다는 좌절감을 느끼고 포기하고 만다. 그들은 다른 사람에게 효과적인 아이디어가 자신에게는 아무런 효험이 없다고 느끼는 것이다.

의학이 누리는 명성은 실패에 맞서 싸우는 전 인류의 투쟁의 관점에서 해석될 수 있을 것이다. 질병은 생활의 장애이고, 성공을 가로막는 장애물이며, 삶의 모험이 정지된 상태다. 그래서 성경은 고침을 받은 사람에 대하여 '새롭게 되었다' (revived)고 표현한다. 성경은 모든 치유를 하나님의 승리로 간주한다. 하나님은 언제나 아픈 사람이 치유되기를 원하신다. 그분은 아픈 사람의 치유를 비는 우리의 기도를 받으신다. 그래서 기도가 응답되어 병이 나았을 때는 그분께 영광이 된다. 그러나 기도가 응답되지 않았을 때, 많은 사람들은 근심하고 불안해한다. 이 때 더 불안해하는 사람은 환자 주위에서 그들을 사랑하고 돌보고 열성적으로 중보 기도를 한 건강한 사람들일 것이다.

그럼에도 불구하고 가끔 환자가 실패의 패배감을 극복하는 경우가 있다. 한창 때에 병과 연약함으로 쓰러졌던 쉬잔느 푸셰는 "아픈 채로 남아 있는 사람들은 패배한 자들이 아니다"라고 쓰고 있다.[5] 그녀는 자신의 경험을 통하여 사람이 자신의 사회적 회복을 위해 싸울 때에는 새로운 에너지가 솟아날 수 있다고 배웠다.

많은 만성적인 불구자들이 자신의 영속적인 불구 상태 때문에 다시 일하지 못하게 될까 봐 불안해하고 있다. 그러나 이러한 불구 상태는 극복하지 못할 장애물이기는커녕 위대한 모험의 출발점, 성취와 성공의 시발점이 될 수 있다. 주변에서 그가 다시 적응하도록 실제적인 도움을 주고 그들의 열정을 지탱해 줄 만한 교제를 적당히 베푼다면 말이다. 쉬잔느 푸셰가 진두 지휘하는 가운데 많은 선한 사업을 벌이고 있는 연맹은 이러한 원리를 염두에 두고 창설되었다. 그녀는 장애인들이 이전에 포기해야 했던 직종보다 더 유용한 직업을 갖도록 하기 위해, 프랑스 전역에 21개의 훈련원을 마련하여 교육과 훈련을 제공했다. 이러한 사업을 벌이는 배후에는 그들이 종국에는 "내가 장애인이나 불구자가 되지 않았다면 이와 같이 성공적인 삶을 살 수 없었을 것이다"라는 말을 할 수 있도록 돕자는 의도가 깔려 있다.

병은 언제나 일이 방해받는 것을 의미한다. 현대 의학에는 일할 능력이라는 기준이 치유의 자리를 대체하는 경향이 있다. 전쟁 중 우리 의무대에 주어진 훈령은, 빨리 완전하게 회복되어 전투에 다시 동참할 수 있는 가능성이 있는 사람들에게 우선 순위를 두라는 것이었다. 그러나 아픈 사람이 건강한 사람이 거두는 성공보다 더 가치 있는 경험을 할 수도 있다. 질병은 세상의 경쟁에서 뒤처지게 만들지만, 다른 한편으로는 한적한 곳을 찾을 수 있는 기회와 유익한 자기 성찰의 기회, 그리고 하나님을 만나는 기회가 될 수도 있다. 칼빈은 화려한 경력을 가졌던 한 불구자에게 다음과 같이 쓰고 있다. "선생님은 이 세상의 명예와 부와 영향력 속에서 하나님에게 자신의 귀를 빌려 드린다는 것이 얼마나 어려운지 아십니다.…하나님은 선생님에게 더 분명히 말씀하시기 위해, 말하자면 선생님을 옆으로 불러내신 것입니다.…하나님은 선생님의 귀에 대고 개인적으로 말씀하기를 원하시기 때문에 그분의 인생 학교에서 유익을 얻을 수 있는 기회를 선생님에게 주신 것입니다."

그러나 처음 병이 들었을 때, 환자의 첫 번째 반응은 병과 관련된 가치관을 수정해야 한다는 두려움과 병이 요구할지도 모르는 박탈과 포기에 대한 두려움이다. 일상적인 검진 때 환자가 가장 일반적으로 요청하는 것은 성공으로 가는 과정에서 생겨난 장애물을 제거하도록 도와달라는 호소다. 환자의 눈에는 의사가 제공하는 모든 처방전과 충고가, 질병과 어떤 증상으로 위협받고 있는 성공의 가능성을 회복할 수 있는 수단이 된다. "선생님, 문제가 심각합니까?"라고 묻는 것은 "내가 심각한 고통을 받을 수도 있다는 말씀입니까?"라는 질문을 포함하여 "나의 경력에서, 나의 모험에서, 내가 중요하게 생각하는 모든 것을 추구하는 일에서 이른 나이에 꺾일 수도 있다는 건가요?"라고 묻는 것이다. 폴 리쾨르가 관찰한 것처럼, "우리가 앓는 모든 병은 죽음이 앞으로 움직여 놓은 장기 말과 같다."

죽음은 커다란 실패다. 죽음의 그림자는 모든 사람의 삶 위에 드리워져 있다. 죽음을 연기시키는 것은 최종적인 대차대조표가 완성되는 순간을 연기시키는 것이다. 하나님의 '생명책'이 드디어 닫힐 것이며, 대변(貸邊) 쪽은 더 이상 기록되지 않을 것이다. 그러나 우리는 그 반대 쪽, 즉 차변(借邊) 쪽의 무서운 회계 또한 막을 내리게 되리라는 것을 망각한다. 사망은 아직 마지막 원수로 남아 있다(고전 15:26). 그러나 사망은 새 생명으로 옮겨 가는 데 필요한 새 친구이기도 하다. "다시는 사망이 없고 애통하는 것이나 곡하는 것이나 아픈 것이 다시 있지 아니하리니 처음 것들이 다 지나갔음이러라"(계 21:4). 더 이상 질병이나 아픔이 없을 것이며, 실수나 실패도 없을 것이다. 부활의 관점에서 보면, 죽음은 더 이상 실패가 아니다.… 죽음은 오히려 실패로부터 우리를 구원해 주는 것이다.[6]

여기서 우리가 노년이라고 부르는 죽음의 점진적인 접근에 대하여 한마디 부언할 필요가 있다. 생명을 가능한 한 오래 연장시키는 것이 의사의 의무다. 노년의 공격에 대항하여 단계적으로 싸우고 노년에 경험할 수밖에 없는 연약함에 맞서 싸우는 것은 의사들의 의무다. 그러나 의사의 의무는 여기서 끝나는 것이 아니다. 의사의 의술 덕택에 얻게 된 은혜의 시간을 노인이 어떻게 사용할 수 있는가? 노년에는 의미가 있다. 점진적인 쇠약함에 수반되는 박탈과 고립은 의미가 있다. 노인의 사기를 높여 주기 위해 그에게 아첨하고, 노년에 어떤 신체적 능력을 과시할 수 있음을 축하하고, 그의 '젊은 마음'과 아직도 귀가 밝은 것을 칭찬하는 데 시간을 보내는 것은 근본적으로 노인을 기만하는 것이다.

이렇게 하는 것은 그의 관심을 다른 곳으로 돌려서 아직 능력을 소유하고 있을 때 그가 마땅히 수정해야 할 가치관을 수정하지 못하도록 막는 것이다. 성공을 추구하고, 실패를 피하기 위해 열심히 노력하는 것은 인생의 절정이나 한창 때 적절한 것이다. 그러나 그 장구한 노력이 어떤 열매를 거두었든 간에, 다가오는 죽음 앞에서는 대단할 것이 없다. 중요한 것은 고요함과 평온함이다. 평온함이란 노인 쪽에서 그가 젊은 시절 힘이 있을 때 존중해야 했던 정당한 가치관과 작별하고, 성공과 실패 너머에 있는, 나이와 죽음의 공격 너머에 있는 다른 가치관과 손잡는 것을 암시한다. 아돌프 포르트만 교수는 "만일 사람이 인생의 의미를 알려고 노력하지 않았다면 노년을

그르치게 된다"고 말하고 있다.[7]

　의식적으로 명쾌하고 차분하게 죽음을 수용하는 이는 무척 드물다. 그러나 이러한 죽음은 얼마나 인상적인가! 나와 오랫동안 함께 일했던 젊은 여인이 한창 꽃필 나이에 중병에 걸렸다. 처음부터 그녀는 자신이 회복하지 못하리라는 것을 직관적으로 알았다. 그녀는 죽기 전에 한 번 더 만나기를 원하는 친척과 친구의 목록을 만들어, 병원 침대로 한 사람씩 초대했다. 그녀는 자신이 모든 친지들에게 마음의 메시지를 줄 수 있게 해 달라고 기도했다. 그리고 마지막 친지의 방문을 받은 다음날 숨을 거두었다.

　나도 운명할 날이 가깝다고 느꼈던 절친한 친구 몇 명으로부터 이런 식으로 호출을 받은 적이 있다. 이럴 때 우리 사이에 이루어지는 대화는 얼마나 심오한지! 그렇다. 그 대화는 과거 어느 때보다 간단하다. 인생의 의미에 대한 추상적인 대화는 사라졌다. 우리는 참된 영적 교제를 나누며 인생의 의미를 함께 체험한다. 마음으로부터 우러나오는 차분한 몇 마디 말을 가식 없이 나눈다. 추억, 침묵의 순간 그리고 서로에 대한 감사…. 나는 내가 출석하던 교회의 담임 목사님의 마지막 말을 항상 기억할 것이다. "투르니에, 이제 형제에게 작별을 고해야겠네. 자네에 대한 변함없는 사랑을 잊지 말게나." 그러고 나서 함께 기도하는 시간이 이어진다. 최상의 인격적 만남의 시간이다. 두 사람이 함께 하나님과 만날 때, 그 때가 친구와 가장 진실하게 인격적 접촉을 하는 시간이다. 그 때 하나님을 인격적으로 만났던 사람은 그에게 요구되는 모든 절연(絶緣)을 평온하게 맞이할 수 있다. 이런 사람은 아기 예수를 품에 안았던 시므온이라는 노인이 고백했던 말을 자신의 말로 유언할 수 있는 사람이다. "주재여, 이제는 말씀하신 대로 종을 평안히 놓아 주시는도다. 내 눈이 주의 구원을 보았사오니"(눅 2:29-30).

10 실패 심리학

치열한 삶의 전투가 벌어지는 상황으로 돌아가 보자. 사람들은, 의사가 상담을 요청하는 환자를 돕는 데 심리학을 이용하리라 기대한다. 의과 대학에서는 이제 막 심리학을 가르치기 시작했으나, 의사는 개업을 하자마자 여러 가지 놀라운 일을 경험하게 된다. 어떤 환자는 의과 대학의 고전적 심리학 과정에 전혀 예시된 적이 없는 방식으로 행동하는가 하면, 소망이 없다고 포기한 어떤 환자는 놀라운 회복세를 보이기도 한다. 또한 가벼운 병에 걸린 환자가, 완치될 수 있음에도 불구하고 죽음의 길로 치닫기도 한다. 재능과 능력이 있는 사람이 실패하는가 하면, 별로 재능과 능력이 없는 사람이 성공가도를 달린다.

이러한 사실은 다른 여러 요인이 있겠지만, 해부학이나 생리학, 물리학 혹은 화학이 고려하지 못하는 내적 결정론(inner determinism)의 개념을 암시하고 있다. 의사는 인생의 성공을 저해하는 최대의 장애물이 신체적인 질환이 아니라는 것을 깨닫게 된다. 신체적 질환과 같은 장애물은 의료 기구와 의술, 의사의 조언으로 비교적 쉽게 극복할 수 있지만 정신적 요인에 기인한 장애물들은 쉽게 제거하기가 어렵다.

환자는 종종 이러한 장애물을 의식하고 있다. 사람들의 생활 방식을 관찰해 보라. 실패할 가능성과 위험에 대비해 경계를 늦추지 않는 이들은, 침략자의 공격에 대비해 불철주야 국방에 신경을 쓰는 나라에 비유할 수 있다. 그러나 대외 방어선 뒤에서 (적과 내통하여 적을 이롭게 하는) '제5열'이 국민의 사기를 저하시키고 파괴 행위를 자행하며 진지를 적국에 넘겨줄 준비를 하게 되면, 나라는 대혼란에 빠져든다. 이것이 바로 정신적으로 병든 사람의 상황이다. 그는 자기 내부에 간교하고 사특하고 극히 강력한 제5열이 있어서 실패를 사주하고 있음을 느낀다. 잠재 의식 속의 부정적인 세력이 실패를 조종하고, 성공을 향한 모든 노력을 약화시키는 역할을 하고 있다.

이러한 관점에서, 실패는 더 이상 우연한 일이나 어쩔 수 없는 난관에 부딪혀 패배한 것처럼 보이지 않고, 당사자의 마음속에 있는 신비롭고 비밀스런 충동의 영향 때문인 것처럼 보인다. 사르트르가[1] "실패는 실패하겠다는 자유로운 선택이라고 질타한"[2] 이유가 여기에 있다. 우리는 실패에 대해 자신의 책임을 느끼게 하고, 자신을 실패의 희생자로 느끼게 하기보다 실패에 대해 죄책감을 느끼게 하는 이러한 견해에 반대하는 성향이 있다. 그러나 심리적 분석은 이러한 해석의 타당성을 계속해서 확증해 주고 있다.

프로이트는 '서툰 행동'(bungled action)에 대한 그의 연구에서 이를 처음으로 입증했다. '서툰 행동'이란 무의식이 실체를 드러내는 일종의 축소된 실패다. 순간적 망각, 시험에서 멍해지는 현상, 말 실수 등은 우리 안의 무의식적 충동을 드러낸다. 우리의 가장 진실하고 간절한 소망에 반하는 무의식적인 충동이 마음속의 음험한 비밀 장소에서 우리의 소망을 유보시키는 것이다.

하루는 중고품 만물 시장에서 고서(古書)를 뒤적거리고 있었다. 나는 「1866년 성직자들 소개」(*Etrennes Religieuses 1866*)라는 제목의 고서 하나를 집어들었다. 그것은 당시의 분위기를 잘 반영하는 종교적인 연보(年報) 같은 것이었는데, 목차를 살펴보는 중에 "루이 투르니에: 영혼의 치유에서 병상까지"라는 제목이 눈에 띄었다. 놀랍게도 그것은 나의 아버지가 쓴 글이었다. 이번에는 1세기 후에 의사인 내가 다시 쓸 수 있을 것 같은 내용이었다. 흥정할 필요도 없이 나는 50센트를 주고 그 책을 샀다.

대단한 발견에 마음이 들떠 있던 나는 집에 돌아오자마자 그 사실을 가족에게 말했다. 아내는 그 책을 보자고 했다. 그런데 그 책을 어디에 두었는지 도무지 기억이 나지 않았다. 여섯 달이 지나서야 그 책이 책장에 제대로 꽂혀 있는 것을 발견했다. 그렇게 여러 번 찾아보았지만 허탕을 친 장소였다. 나는 전혀 모르고 지냈던 아버지, 이제 묘하게도 나와 주요 관심사를 공유하게 된 아버지의 유품을 발견한 기쁨만을 의식하고 있었다. 그러나 내 속에는 무의식적인 힘이 그 반대 방향으로 움직이고 있었다. 그 힘은 고아로 겪은 아픔을 건드리는 기억을 제거하려고 애쓰고 있었다. 그러나 더욱 미묘하게도, 이들 무의식적인 힘이 일종의 오이디푸스적 죄책감(오이디푸스 콤플렉스: 심리학 용어로 남자 어린이가 아버지에게 질투심을 갖고 어머니에게 애정을 느끼는 현상—역주)을 이용해 환자의 영혼 치유뿐 아니라 책을 저술하는 사역에서까지 내가 작고하신 아버지와 경쟁하는 것을 막으려고 애썼다.

어둡고 적대적인 힘으로 우리의 의식적인 소망을 반대하는 이 메커니즘은 더 심각한 양상을 띨 수도 있다. 이는 실패 노이로제 증상으로까지 발전할 수 있다. 실패 노이로제는 마음에 두고 열심을 내고 있는 공부나 직업, 결혼과 같은 일에서 실패하는 방향으로 행동하게 만든다. 상담을 직업으로 하는 사람들이 매일 발견하는 사실은, 실패하는 사람들이 성공하려고 가장 많이 노력하는 사람들이라는 것이다. 그들은 자신이 별로 재능이 없는 사람이라고 생각하기 때문에 그만큼 더 노력한다. 하지만 아이러니컬하게도 너무나 열심히 노력하고 노심초사하기 때문에 실패하는 것이다.

한 내담자가 얼마나 수줍어하고 부끄러워하는지 나까지 당황한 적이 있었다. 나는 그와 개인적으로 접촉할 때 많은 어려움을 겪었다. 그러나 그가 가장 열망하고 필요로 하는 것이 바로 인격적이고 개인적인 접촉이라는 것을 알았다. 이 강한 욕구가 그를 자연스럽고 자발적이며 직설적이지 못하게 만들었던 것이다. 그 결과 그는 가까운 관계를 맺으려는 시도에서, 특히 우정 관계에서 실패만 거듭했다. 그리고 이 실패는 그의 정서적 반응과 수줍음과 불안을 증폭시켜서, 결국 악순환을 낳았다.

한 노처녀가 결혼하지 못한 채 늙는 것에 대한 두려움 때문에 고민에 빠져 있다. 그녀는 결혼하고 싶은 생각에 온통 사로잡혀 있다. 그녀는 자신의 고민을 최대한 감추려 애쓰지만 오히려 그런 태도는 남자들 앞에서 더 어색한 행동을 하게 만든다. 그녀는 해서는 안 되는 행동을 하고, 어울리지 않는 말을 하며, 감정을 표현할 때마다 거의 마비된 것 같다. 그녀는 자기 아내에게 깊은 애착을 느끼는 유부남이나 결혼하기를 원치 않는 남자처럼 도저히 결혼할 수 없는 사람들과 함께 있을 때는 조금 더 자연스럽게 행동할 수 있다. 그러나 그녀가 결혼하기를 원하는 남자, 그리고 그녀를 가장 잘 돌보아 줄 것 같은 남자 앞에서는 어색하고 냉랭하게 행동하게 된다.

어떤 환자는 병세가 충분한 차도를 보이지 않자 스스로를 탓하고 있다. 그는 내가 자기를 귀찮아하리라는 불안에 사로잡혀 있다. 그리고 마침내 내가 자기를 귀찮게 생각한다고 의심하여 나를 짜증나게 만드는 데 성공한다. 그는 자기의 상태에 나타나는 진정한 차도는 대수롭게 여기지 않는다. 그리고 차도가 거의 없는 것은 자신이 너무 많이 염려하기 때문이라고 생각한다. 긴장을 풀고 쉬려는 그의 노력은 오히려 그를 더 긴장하게 만들 뿐이다.

한 학생은 언제나 그의 부모가 다른 형제들을 편애한다고 느껴 왔다. 그는 대학에서 좋은 성적을 거두고 성공해서 부모의 인정을 받아야 한다는 생각에 사로잡혀 있어서 시험이 다가오면 동료 학생들보다 몇 배는 더 불안해한다. 그래서 신경쇠약에 걸릴 정도로 휴식도 없이 공부에 열중하지만, 실패할지 모른다는 불안감으로 인해 집중하기가 어렵다. 그의 친구들에게는 시험이 재미있는 모험에 불과하다. 그들은 가벼운 마음으로 별로 긴장하지 않고 시험을 치른다. 그들은 부모의 애정을 상실할까 봐 염려하지 않을 뿐더러 이번에 실패하면 다음에 다시 시도하면 된다고 생각하기 때문이다.

더구나 이들은 공부 이외에도 신경 써야 할 인생의 관심사들이 많다. 이들은 시험에 실패해도 운동 경기에서의 승리나 이성 관계에서의 성공이 위로와 보상이 될 수 있다. 그러나 불안에 찬 그는 자신에게 다른 활동을 허락하지 않는다. 그는 마음속으로는 다른 학생들을 부러워하지만 다른 영역에서마저 실패하면 어쩌나 하는 두려움 때문에 감히 그들을 따르지도 못한다. 그는 특별히 자기가 실패하면 부모님이 열심히 공부하지 않았다고 자신을 질타하지 않을까, 아니 스스로를 나무라게 되지 않을까 두렵다. 그는 비록 드러내 놓고 시인하지는 않지만, 자신이 하는 일을 싫어한다. 그의 일은 감옥이며 일에 대한 열정은 속임수에 불과하기 때문이다. 그의 모습에서 성공을 돕는 즐거움이나 박력 같은 것은 찾아볼 수도 없고, 둔하고 시무룩해 보인다.

나는 여기에서 이런 종류의 불안한 상태가 어디에 뿌리를 두고 있는가 하는 복잡한 문제를 다루려고 하는 게 아니다. 타고난 기질과 유전, 심리적 콤플렉스와 외부적인 상황이 모두 한몫을 했을 것이다. 나는 자녀의 성공을 확보하려고 안달인 부모의 부정적인 자녀 양육의 폐해에 대해 다른 책에서 말한 적이 있다. 자녀의 사소한 실수만 보아도 용납하지 못하고 펄펄 뛰는 부모는 자녀에 대한 불안이 가득하기 때문이다. 부모가 자녀의 좋은 점을 보고도 축하하지 않고 칭찬을 자제하는 것은 자녀들이 자만에 빠지지 않을까 하는 두려움 때문이다. 그래서 그런 부모는 자녀를 무척 자랑스럽게 여길 때조차도 축하를 자제한다. 반면에 모든 심리학 서적은, 자녀는 물론 부모의 행동을 결정하는 무의식적 요인에 대하여 말해 주고 있다. 이러한 무의식적 요인들이 자녀를 향해 노이로제 증세를 일으키는 것이다.

내가 여기서 강조하려고 하는 것은 일단 실수를 향한 경주가 시작되면 비극적인 악순환이 이 경주를 가속시킨다는 점이다. 성공하려는 조바심이 결국 성공하지 못하게 막는 것이다. 어떤 사람이 이 악순환의 고리에 빠져들었다 하면, 실패에 대한 두려움과 불안은 더 커질 것이다. 불안은 두려움을 자아낸다. 두려움은 영혼을 마비시켜 기를 꺾어 놓고, 기쁨을 빼앗아

가고, 생명력을 죽이며, 자기 중심적인 태도를 심고, 마음을 사로잡아 모험으로부터 멀어지게 만든다. 초조와 불안의 악순환이 계속되는 것이다. 사람이 탁월한 성공을 해서 과거의 실패를 일거에 지워 버리려고 애쓰면 애쓸수록, 일이 지연되는 상황과 실망—시도하는 모든 일에 따르기 마련인—을 인내하지 못하게 된다. 그는 서둘러 일을 시작함으로써 균형을 잃고, 그렇지 않다면 헛걸음 치게 될 것이 두려워 주저할 것이다. 그래서 언제나 성공이 늦어지게 되는 것이다.

완전에 대한 야망의 악순환도 있다. 자신을 회복시켜 보려는 열망에 빠져 있는 사람은 평범한 삶을 증오한다. 따라서 다른 사람에게는 더 많은 진보를 위한 촉진제가 될 수 있는 부분적인 성공에서 그는 아무런 기쁨을 누리지 못한다. 우리는 이러한 현상을 삶의 모든 영역에서 발견한다. 몽테뉴(Montaigne)는 종종 사람들이 건강해지려는 노력 때문에 병이 난다고 지적했다.

감정의 악순환이란 또 어떠한가? 실패가 누적될수록 다음 시험에는 더 많은 이해 관계가 걸리게 되며, 더 불안해진다. 결국 그 사람은 스스로의 감정에 마비되어 자신의 재능과 지식을 제대로 발휘하지 못하고 만다. 가장 훌륭한 사람들이 감정에 걸려 넘어진다. 그래서 감정이 풍부하다는 것은 가장 고상한 인간적 특징 가운데 하나인데도, 오히려 그들은 자신의 정서적 민감성을 개탄해 마지않는다.

이들 주변에 있는 사람들도 한몫을 담당한다. 민감하고 감정적인 사람의 주변에는 언제나 좋은 뜻으로 "여보게, 진정하게나. 마음을 굳게 먹으라고. 그렇게 걱정하면 실패할 수밖에 없다니까"라고 말하는 사람들이 있다. 그는 이 사실을 누구보다 잘 알고 있기에 이런 충고는 그를 더 당황하게 만들 뿐이다. 결국 이러한 권면은 의도된 것과 정반대의 효과를 거두게 된다. 그의 친구들이 권면에 도덕적 판단까지 섞어서 말하는 경우에는 상황이 더 악화된다. "자네가 패배하는 것은 자네의 교만 때문이야. 자신에 대해 너무 많은 생각을 하지 말게. 그러면 더 잘하게 될 거야. 자네가 실패를 두려워하는 것은 지나친 자만심 때문이니 좀더 겸손하게나. 우리처럼 자신의 한계를 인식하란 말이야."

결과적으로 감정적으로 민감한 이 사람은 감정적으로 섬세한 것이 무슨 도덕적 실패라도 되는 것처럼 자신을 비난하고 탓하게 된다. 나는 그가 교만하지 않다고 주장하는 것이 아니다. 그러나 나는 그 못지않게 교만하며 아마 더 교만한지도 모른다. 나에게 행동할 것을 종용하고 그로 움츠러들게 만드는 것은 똑같은 교만이 아닌가! 그리고 내가 나의 성공에 고무된다면, 그것은 단순히 그 성공이 나의 교만을 부추기고 있기 때문이다.

알프레드 아들러(Alfred Adler, 1870-1937: 오스트리아의 정신 분석학자—역주)의 연구[3]는 우리에게 열등감의 악순환이 어떻게 작용하는지를 보여 준다. 열등감에 빠진 사람은 계속 자신을 다른 사람과 비교한다. 그는 다른 사람들의 가치를 과대 평가하고, 그들의 고충과 어려움과 실패를 인식하지 못한다. 뿐만 아니라 체계적인 자기 멸시에 이르기까지 자신의 가치를 과소 평가한다. 아들러의 근본적인 의도는 사람들이 자신의 한계와 실패와 실수, 그리고 어떤 분야에서의 열등함을 받아들이도록 돕는 것이다. 그러나 그들이 가장 용납하기 어려운 것은 감정의 악순환으로 생겨난 가중된 열등감이다. 이 모순적인 열등감은 그들이 다른 영역에서 할 수 있는 것도 보지 못하게 만든다.

이것은 비극적인 현실이다. 우리는 이것을 매일 목도하고 있다. 자신감을 빼앗아 가는 이 감정은 세월이 흐르면서 눈덩이처럼 커져서 자신의 능력을 의심하는 사람을 더 큰 의심과 실패 속으로 몰아넣는다. 능히 성공할 수 있는 분야에서마저 그는 실패를 거듭하게 된다. 이 과정은 엄청나게 왜곡된 모습으로 나타날 수도 있다. 심각한 장애를 극복했던 끈기와 용기를 보여 준 한 젊은 여성이 "나는 인생에서 어떤 일에도 성공한 적이 없습니다"라고 말한 적이 있다. 다른 여인은 "나는 한 명의 자녀를 더 갖고 싶으나 남편이 반대하고 있습니다"라고 말했다. 그 때 나는 물었다. "자녀를 그렇게 간절히 갖고 싶어 하는 이유는 무엇입니까?" 그러자 그녀는 "자녀를 생산하는 것이 내가 세상에서 할 수 있는 유일한 일처럼 느껴지기 때문입니다"라고 대답했다. 사실 그녀는 아름답고 지성적이고 재능 있는, 모든 방면에서 뛰어난 여성이었다.

자신을 공정하게 판단하는 사람은 거의 없다. 어떤 사람들은 자신을 너무나 과신한다. 이는 별로 호감을 주지 못하는 특질로서 사람들은 이런 사람을 평범한 인격으로 간주한다. 그러나 더 민감하고 더 성숙하고 더 호감 가는 사람들 중에는 부정적인 자기 편견에 빠지는 이들이 있다. 놀라운 것은 그들 자신을 더 객관적으로 보게 해주려는 시도가 모두 실패의 벽에 부딪친다는 것이다. 그들이 지니고 있는 좋은 특질과 장점을 열거해도 소용이 없다. 그들은 이를 잔인한 반어법이라고 생각한다. 그들에게 없는 것만을 골라 말하고 있는 것으로 보이기 때문이다. 누구에게나 드러나 보이는 장점을 조직적으로 부인하는 것은, 칭찬받고 싶은 채워질 수 없는 욕망의 표현처럼 들린다. 그러나 아무리 칭찬해도 그들을 안심시키지는 못한다.

한 아름다운 여성이 자신의 미모를 의심하고 있다. 그리고 그녀의 외모에 매력을 느끼는 남성들의 시선에서 자신이 비웃음의 대상이 되고 있다고 생각한다. 특출한 재능은 없으나 자신감에 차 있는 사람은 그가 지닌 몇 가지 재능을 최대한 활용하는 법을 본능적으로 알고 있다. 풍성한 재능을 부여받은 또 다른 사람은 소유하기를 바라지만 실제로 자신에게는 없는 다른 특질에 삶을 걸고 있다. 설사 그가 자신에게 어떤 진정한 능력이 있음을 발견한다 해도, 그것으로 무엇인가를 이루지 못할까 봐 두려워하여 실수를 범하고 그 실패로 인하여 더욱 고통받게 된다. 그의 실패는 부당한 것이기 때문이다. 이와 같은 상황에서 경험하는 실패는 한 사람의 생애에 엄청난 결과를 야기할 수 있다.

우리는 어떤 사람의 진정한 가치보다는 어떤 이들의 뻔뻔스러움과 간교한 술수와 허풍에 더 큰 보상을 해주는 운명의 부당함을 개탄할 수도 있다. 그리고 사회는 이로 인해 많은 손실을 입기도 한다. 적절한 시점에 필요한 격려를 받지 못했기 때문에 고귀한 재능이 드러나지 못하고 사장된 수많은 사람들을 생각해 보라. 가장 뛰어난 사람들이 제일 자신감 없는 사람들이다. 나는 언제나 이런 현실에 놀라움을 금치 못한다. 인생에 얼마나 많은 것이 걸려 있는가를 누구보다 민감하게 인식하고 있기 때문에, 그리고 완전함과 봉사에 대하여 더 높은 이상을 지니고 있기 때문에, 그들은 자신의 꿈을 실현하는 데 스스로가 얼마나 부족한가 하는 생각에 집착한다.

자신감이 결여된 사람을 격려하는 것은 참으로 어려운 일이다. 이는 끊이지 않는 인내를 요한다. 심리학은 과거를 들추어 내어 열등감의 뿌리가 되는 좌절감과 불의를 노출시킬 수 있다. 환자가 그럭저럭 이를 극복한다면—열등감을 완전히 극복하지는 못한다—그것은 그가 이러한 사실을 인식했기 때문이라기보다는 환자가 치료사와 성실한 우정을 쌓아 더욱 친밀해졌기 때문일 것이다. 그것은 환자와 상담자가 창조적인 모험에 동참했기 때문에 가능한 일이다.

심리학의 표면 아래에서 훨씬 심오한 현상이 일어나고 있다. 의사의 꾸준한 확신은 하나님이 그분의 자녀 한 사람 한 사람에 대하여 갖고 있는 확신을 반영한다. 의사의 확신은 환자가 하나님의 확신을 발견하도록 도와줄 수 있다. 혼자 감당하기에는 인생이 너무 벅차다고 느끼는 사람에게, 하나님이 그와 그가 하는 모든 일에 개인적인 관심을 갖고 계시며 그를 개인적으로 사랑하고 신뢰하고 계시다는 확신보다 더 큰 힘이 되는 것은 없다. 인생에는 기이한 역설이 존재한다. 즉, 우리는 목표를 달성하지 못하면서도 갖가지 일에 엄청난 수고를 아끼지 않는 반면에, 우리 생애의 가장 의미 있는 성공들은 우리의 큰 노력 없이, 사전 작업도 없이, 왜 이렇게 되는지 분명히 알지 못하는 가운데 성취되고 있다는 것이다.

그러나 우리는 때로 노력해서 성취하려고 하는 성공보다는 우리의 노력 자체에 더 큰 비중을 둔다. 어느 여류 화가는 한 작품의 진가가 거기에 투자된 땀의 양에 따라 측정되기라도 하는 것처럼, 작품이 어렵지 않으면 진정으로 창작 활동을 하는 것 같지 않다고 말했다. 나 자신도 가끔 이러한 오류에 빠질 때가 있다. 나는 최근에 내가 좋아하는 동료와 이 문제에 대해 대화한 적이 있다. 시간이나 노력 면에서 별로 준비하거나 투자하지도 않은 강연에 대하여 축하를 받았을 때 느꼈던 불안을 그에게 털어놓았다.

"항상 은혜에 대하여 말하는 자네가 은혜보다는 자신의 공로에 더 큰 비중을 두고 있는 거 아냐? 오히려 자네는 하나님이 자네에게 주신 자연스런 능력에 대해 감사하기만 하면 된다고 생각하지 않나?"

한번은 내가 스스로 책임져야 할 어떤 문제에 대하여 고민하고 있을 때, 이 친구는 나에게 시편 127편을 적은 쪽지를 남겨 놓았다.

"너희가 일찍이 일어나고 늦게 누우며 수고의 떡을 먹음이 헛되도다. 그러므로 여호와께서 그 사랑하시는 자에게는 잠을 주시는도다."

우리에게 주신 친구들을 인하여 하나님에게 감사드리자!

어떤 사람에게 "자신에 대하여 확신을 가지세요" 하고 말하는 것은 별로 도움이 되지 않는다. 그에게 자신감이 결여되어 있다면, 그것은 그가 자신의 약점을 알고 이를 과장하기 때문이며 감정의 악순환에서 야기되는 '무력화 효과'를 경험했기 때문이다. 그는 과거의 실패들을 잊지 못한다. 그에게 도움이 되는 것은 그가 이해받고 있다는 느낌이다. 우리가 그가 직면하고 있는 어려움에 대해서는 아무것도 알지 못하는 것처럼 자신감을 가지라는 권면만 한다면, 그는 이해받고 있다는 느낌을 받지 못한다. 이 시점에서 나의 '칼빈주의적 비관주의'가 한몫 거들 수 있다. 사람이 진실하다면 자신에 대하여 항상 실망하고 스스로를 구원할 수 없다는 것을 안다. 그러나 나는 인간에 관해서는 비관주의자지만, 하나님에 관해서는 낙관주의자다. 나는 하나님을 신뢰하는 것이 자신을 신뢰하는 것보다 더 견고함을 안다. 나는 하나님에 대한 신뢰가 우리 자신에 대한 불신에도 불구하고 우리를 전진하게 하며, 결연한 모험으로 몰아간다는 것을 안다.

그러나 환자에게 "당신에게 자신감이 없다면, 하나님을 신뢰하십시오"라고 말하는 것은 의사로서 할 일이 아니다. 실제로 나는 이 말을 거의 하지 않는다. 그런 말은 필요하지도 않다. 나의 동료 의사들과 마찬가지로, 나는 성공에 대한 확신이 성공의 첫 번째 구비 요건임을 지적해 준다. 이것은 과학적인 진리다. 그러나 가장 중요한 것은 우리가 무슨 말을 환자에게 해주느냐가 아니고 우리가 내면적으로 어떤 사람이냐, 무엇을 생각하고 무엇을 믿고 있느냐 하는 것이다.

환자들은 놀라울 정도로 빨리 우리의 내밀한 감정을 포착한다. 그들은 확신을 가지라는 우리의 권고가 개인적 확신에서 우러나오는지 그냥 하는 말인지를 잘 알고 있다. 다시 말해서, 그들은 우리가 그들이 성공한다는 진정한 확신이 없는 상태에서 그저 확신을 가져 보라고 권하는 것인지 아닌지를 구분하고 있다. 뿐만 아니라 그들은 자신에 대한 불신을 우리에게 투사하여 이를 우리와 나눈다. 우리가 그들의 과거 실패와 모든 심리적 장애를 알고 있는데도 과연 그들 자신의 앞날에 대해 확신을 가질 수 있는지 그들은 의심한다. 이런 경우, 우리의 따뜻한 격려는 거짓말처럼 들릴 것이다. 심지어 그들은 우리가 빈정대고 있다고 생각할 수도 있다.

진정한 문제는 환자와 나 사이에 있는 것이 아니고, 내 마음 깊은 곳에 있는 나와 나 자신 사이에 있는 것이다. 이 때 필요한 믿음은 내가 환자에게 가지라고 권면하는 믿음이 아니라 나 자신의 믿음이다. 하나님이 환자의 생활을 변화시키고, 과거의 모든 실패에도 불구하고 자기 회의에 대한 승리를 줄 수 있다는 확신을 나에게 심어 주는 것은, 하나님의 능력에 대한 나 자신의 경험이다. 확신에는 두 가지가 있다. 하나는 내담자가 소유하고 있는 특질을 알기 때문에 우리가 그에 대하여 가질 수 있는 자연적인 확신이고, 다른 하나는 하나님이 그를 통해서 하실 수 있다는 것 때문에 우리가 내담자에 대하여 가질 수 있는 초자연적인 확신이다.

비그리스도인 정신 분석학자의 경우에도 상황이 전혀 다르지 않다는 것을 유념하라. 그는 정신 분석학자로서의 수련 과정에서 광범위한 변혁을 경험했다. 이러한 경험은 환자의 변화 가능성을 확신하게 만든다. 환자는 이 확신을 감지하며, 비록 정신 분석학자가 상담 이론에 따라 침묵을 유지하는 프로이트 학설 지지자라 할지라도 그가 보여 주는 확신으로 말미암아 도움을 받는다. 모든 성공적인 정신 치료에 나타나는 특징적인 현상 가운데 하나는 전이(transference) 과정이다. 만일 의사가 불신자라면, 그는 자신의 변화나 환자의 변화를 하나님의 도우심 덕으로 돌리지 않고 자신의 기술 때문이라고 치부할 것이다. 그러나 나는 모든 치유가 하나님께로 말미암는다는 것을 안다. 의사나 환자가 그것을 의식하든 하지 않든, 모든 치유는 하나님께로부터 오는 것이며 모든 기술은 은혜의 도구에 불과하다. 연약한 사람에게 하나님이 자신을 붙들고 있다는 확신보다 더 효과적인 격려는 없다. 자신의 연약함을 공공연히 시인하면서 사도 바울이 "만일 하나님이 우리를 위하시면 누가 우리를 대적하리요"(롬 8:31) 하고 물었을 때, 그가 뜻한 바가 이것이 아니었겠는가!

모험으로 사는 인생은 두려움 없는 삶이 아니라 오히려 각종 두려움을 충분히 인지하는 가운데 영위하는 삶이다. 모험으로 사는 인생은 두려움이 있음에도 불구하고 앞으로 나아가는 삶이다. 많은 사람이 다른 사람들은 자신보다 덜 두려워한다고 생각하고 있기에 열등감을 갖는다. 그래서 두려움을 느끼며 발작으로 두려움에 떠는 사람도 있다. 만일 어떤 사람이 자신에게는 두려움이 없다고 생각한다면, 그것은 두려움을 무의식 속에 억압하고 있기 때문이다. 두려움은 인간 본성의 한 부분이다. 동물의 경우에는 두려움이 삶을 지배한다. 동물이 각종 위험 신호에 주의를 기울이면서 항상 경계를 늦추지 않는 것을 보면 알 수 있다.

그러나 동물의 경우에는 언제나 두려움이 활력소가 되어 준다. 반면에 사람의 경우에는 두려움이 생명을 해치는 작용을 할 수 있다. 예를 들어, 끊임없이 학업을 연장하는 학생들은 시험이 두려워 졸업을 뒤로 미룬다. 그들은 시험에 실패하는 위험을 감수하기보다 진로 선택에서 실패하고 삶에서 실패한다. 시험으로부터 도피하는 것보다는 시험에 실패하는 것이 언제나 더 좋다. "아무것도 시도하지 않으면, 성사되는 것이 하나도 없다"는 격언을 기억하라. 그러나 내가 지금까지 기술한 메커니즘은 우리가 생각하는 것보다 훨씬 더 자주 작용하고 있다. 이것은 너무나 무모해 보이는 모험의 과정으로부터 조심스레 뒷걸음질할 때 간교하게 침입해 들어온다. 우리가 이를 완전히 의식하지도 못하는 사이에 모험의 적기(適期)는 지나가고 우리는 평범함으로 후퇴한다.

많은 사람들이 상담실에 찾아와 정직하게 그들 삶의 대차 대조표를 그린다. 때때로 그들은 한쪽 방향의 실패를 피하려고 노력하다가 다른 방향에서 더 큰 실패를 겪게 되었다고 고백한다. 그들의 삶은 무의미해졌고 모험 감각을 상실하고 말았다. 그래서 결혼 생활은 권태와 덤덤함이 공존하는 일종의 무미 건조한 휴전 상태에서 실패의 늪에 빠지게 된다. 남편과 아내가 갈등, 즉 상호 적응 과정에서 불가피하게 발생하는 갈등에 직면할 엄두를 내지 못하기 때문이다. 인생은 '진보냐 보전이냐'의 끊임없는 게임이다. 언제나 우리는 다시 위험을 감수하는 것을 거부함으로써 우리가 이미 갖고 있는 것을 그대로 보전하려는 유혹을 받는다. 그러나 이것은 모험의 종말을 의미한다.

한 젊은 여성이 승마를 하기로 했다. 이것은 진정한 모험이다. 그녀는 쉬운 장애물을 넘는 것으로 시작한다. 그리고 점점 더 어려운 장애물에 도전한다. 나는 이 젊은 여성의 승마 기술이 어떻게 진전하는가에 특별한 관심을 가지고 있다. 왜냐하면 일상 생활에서 그녀는 자신감의 심각한 결여로 고생하고 있기 때문이다. 그러므로 새로 시작한 승마 모험에서 성공하는 것보다 더 좋은 약은 없을 것이다. 나는 그녀가 탄 첫 번째 말을 보기 위해 마구간에 들렀다. 의사들은 약을 처방한다. 그렇다면 약으로 말을 처방할 수도 있지 않은가? 그녀는 이제 새로운 말을 구입해서 "이 놈은 타기가 훨씬 더 어려워요" 하고 말한다. "지난 번 말은 타기가 너무 쉬웠어요. 특별히 애쓰지 않아도 됐어요. 그러나 이번에 구입한 말을 타려면 잠시도 긴장을 풀 수가 없어요. 그래도 지난 번 말보다는 이 말이 경주에 이길 승산이 훨씬 커요." 바로 그것이다. 첫 번째 성공으로 만족하기를 거부했기 때문에 그녀의 모험은 계속된다. 더 큰 어려움의 도전을 수락할 준비가 되어 있는 것이다. 모험은 점점 더 복잡해지게 마련이다. 항상 예기치 않은 장애가 기다리고 있으며 늘 새로운 모습으로 다가온다. 더 큰 위험 부담 앞에서 더 큰 노력을 기울이라고 요구한다.

인생을 누리며 사는 대신 늘 삶을 준비하면서 부단히 노력하는 사람들이 있다. 그들은 충분히 준비되었거나 이만 하면 됐다고 생각하지 않는다. 그들은 학위에 학위를 더하고, 이 과목을 공부한 후 또 다른 과목을 공부하며 끝없는 안전 조치를 취한다. 그들은 이러한 방식으로 자신들의 성공 가능성을 향상시키고 있다고 나름대로 상상한다. 그러나 그들의 노력은 자신감 부족에 대한 보상에 불과하다. 이와 같이 많이 준비한 것에 대한 유일한 결과는 자신의 능력을 더 의심하는 것일 뿐 성공 가능성은 그만큼 감소하게 된다. 우리는 종종 환자들이 꾸는 꿈에서 이를 목격한다.

여행을 떠날 시간이다. 몽상가는 잡다한 물건을 찾느라고 고귀한 시간을 소비한다. 너무나 많은 것을 챙겨 넣었기 때문에 가방이 닫히지 않는다. 그는 기차 역까지 달려간다. 그러나 짐이 너무나 무겁고 버거워서 기차 시간에 늦는다. 그는 군중을 뚫고 장벽을 통과하려고 애쓰다가 짐과 함께 주저앉는다. 그리고 눈앞에서 기차가 떠나는 것을 본다.

11 | 역설들

우리의 모험적인 충동을 방해하는 가장 큰 장애물은 일반적으로 우리 안에 있지만 이를 인정하는 사람은 드물다. 우리는 대체로 외부적인 어려움을 탓하기를 좋아한다. 외적인 장애물을 과장하고 스스로 그런 것에 노출되지 않도록 신중을 기했다고 자랑하기도 한다. 현대 심리학자들에게 잘 알려진 합리화에 대해 성경은 이렇게 지적하고 있다. "게으른 자는 말하기를 사자가 밖에 있은즉 내가 나가면 거리에서 찢기겠다 하느니라"(잠 22:13). 또한 염세주의는 아주 흔한 '은폐 기제'(cover mechanism)가 된다. 사람들이 거듭 최악의 참사를 예언하는 것은 재해가 닥쳤을 때 덜 고통받고 덜 실망하기 위함일 뿐 아니라, 사태가 그다지 나쁘지 않으면 기분 좋게 놀라기 위해서다. 나는 때때로 이를 극히 천진난만한 방식으로 이행하고 있는 자신을 발견하곤 한다. 카드 놀이에서 게임이 불리하게 진행되면 나는 "안 나올 게 틀림없어"라고 중얼거린다. 그러다가 원하는 것이 나오면, 두 배로 기분이 좋다. 그리고 원하는 게 나오지 않아도 내가 예상한 대로 되었다는 데 위로받는다.

마찬가지로 사람들은 실패할 경우에 받게 될 비판으로부터 자신을 보호하기 위하여 그들이 시작한 사업이 틀림없이 실패할 것이라고 선언한다. 더 나아가 그들은 실패하고 싶다고까지 말하거나 실제로 실패하려고 노력한다. 그런 경우에 언급되는 실패는 스스로 실패하기를 원했기 때문에 진짜 실패가 아니다. 예를 들면, 블록 장난감으로 건축물을 세우다가 기우뚱거리면 구조물을 당당하게 방바닥에 쓰러뜨려 버리고는 이런 놀라운 파괴 행위에 대해 성공을 자축하는 어린아이의 경우가 여기에 해당한다. 물론 어른들은 꿍꿍이속을 더 잘 숨긴다. 그러나 성인의 세계도 어린이의 수작과 매우 흡사하다. 성공의 기록을 깨뜨리지 못하더라도, 적어도 실패의 기록을 수립할 수 있는 것이다.

또 하나의 가능성은 '현실적'이라는 미명하에, 심지어 냉소적인 반응으로 실패에 대한 실망감을 감추는 것이다. 한 여성이 흔들리는 결혼 생활을 보전하기 위해, 바람을 피웠던 남편을 용서하고 그와 대화를 재개하기 위해 노력한다. 그러나 남편은 단호하게 "이미 엎질러진 물이오!" 하고 잘라 버린다.

나는 환자들의 말을 경청하노라면 종종 이솝 우화 가운데 여우와 신 포도 이야기가 연상된다. 여우와 마찬가지로 그들은 성공하고픈 욕망이 없었다고 주장한다. 그렇게 함으로써 실패한 것을 덜 쓰라리게 느끼려는 것이다. 그러나 그들이 이중적이라고 비난하는 것은 온당치 않다. 그들은 스스로의 게임에 기만당하고 있는 것이며, 솔직하고 겸손하게 자신은 성공하고자 하는 야심이 없었다고 믿기 때문이다. 인생의 허무와 어리석음을 이들보다 더 웅변적으로 말하는 사람도 없다. "도대체 그게 무슨 소용이 있다는 말인가?" 그들은 말한다. "그렇게 한들 나에게 무슨 유익이 있겠는가? 내가 그것을 얻는다 하더라도, 나중에는 또 다른 것을 갖고 싶어할 것이고 항상 더 많은 것을 원할 것이다. 가장 지혜로운 것은 아무것도 시도하지 않는 것이다." 어떤 시인은 말했다. "행복하게 살고 싶다면, 숨어 살자."

그래서 이제 '위로 기제'(consolation mechanism)를 다룰 시점에 이르렀다. 위로 기제는, 보에티우스(Boethius)의 철학적 위로나 니체(Nietzsche)의 권력에의 꿈과 같이 상당히 가치 있는 형태를 취하기도 한다. 니체는 기독교가 '너무나 인간적'이며, '연약한 자들의 피난처'라고 비난한다. 그러나 그의 위로도 초인간적이기에 비현실적인 꿈에 지나지 않으며 도피처에 불과하다. 나는 이미 앞에서 사람들이 실제 생활의 실망으로부터 도피해 가는 더 순진한 꿈의 세계에 대하여 언급하였다. 이외에도 위로의 교리는 얼마든지 있다. 즉, 정적주의(quietism: 인간의 자발적·능동적인 의지를 억제하고 신의 힘에 의지하려는 수동적 사상—역주)와 운명론, 그리고 인생의 모험을 완전히 새롭게 시작하고 싶은 욕망에 시달리는 사람들을 미혹하는 윤회 사상이 있다. 사업에 실패한 사람들은 인생에서 성공하는 비결에 대해 다른 사람들을 충고해 주는 데서 엄청난 위로를 얻기도 한다.

더 조촐한 위로 방법으로는 우리가 '장난감'이라 부르는 것이 있다. 사람은 누구나 자신의 장난감을 가지고 있다. 그것은 작은 쾌락, 사소한 기벽(奇癖), 사적인 자기 탐닉과 같은 것으로, 어떤 것은 다른 것보다 더 비싸고, 어떤 것은 다른 것보다 더 효과적이다. 이것들은 양심이 허락하지 않는 것이지만, 고통스런 실패로 인해 스스로를 위로할 필요가 있다는 변명을 해댄다. 그리고 우리 삶의 진정한 문화적 욕구와 관계없는 연예 행사와 쇼가 있다. 한번은 나의 사역 전 과정에 영향을 미치는 어떤 문제를 놓고 내가 무엇을 해야 할지 고민하고 있었다. 하나님의 응답을 기다리는 데도 지쳐 있었다. 아내와 상의해 보았지만 아무런 효험이 없어 지칠 대로 지친 나는 아내에게 말했다. "여보, 나 영화나 보러 가야겠어." 가는 길에 나는 계속 중얼거렸다. "영화 한 편 보면 위로가 되겠지. 영화로 나를 위로해야지." 나는 아무 극장이나 들어갔다. 그런데 결과적으로 내가 본 영화는 수준 이하였고 나는 아무런 위로도 받지 못했다.

아주 널리 퍼져 있는 행운의 철학이 있는데, 이것 역시 위로 수단으로 사용되고 있다. 결혼에 실패하면, 운이 나빠서 남편이나 아내와 함께 살 수 없는 것이라고 생각한다. 실패의 책임을 다른 사람에게 전가해 버리는 것보다 더 진부하고 공허한 것은 없다. 사람들은 부모를 탓하고, 상관을 탓하고, 파렴치한 경쟁자나 잘못된 정치 제도를 탓하고, 정부 여당을 탓하기도 한다. 책임을 부인하는 최상의 방법은 잘못을 하나님이나 사탄 탓으로 돌리는 것이다.

당신은 이러한 은폐 기제가 어디까지 뻗칠 수 있는가를 알 것이다. 예를 들어 박해 망상 증세가 있는 환자는 자신이 실패한 책임을 프리메이슨(free masons)이라는 비밀 결사 단체의 탓으로 돌리거나, 무당이나 전자파 탓으로 돌린다. 또 핵실험 탓이나, 국가 지도자 탓을 하기도 한다. 하지만 이들은 병들고 불쌍한 영혼을 해치려는 모의보다는 더 중대한 임무를 가지고 있다. 그러나 사실 이와 같이 강력한 인물이 환자 자신에게 큰 관심을 쏟고 있다는 생각은 그에게 위신과 성공의 감정을 심어 준다.

은폐 기제의 중요성은 사람의 마음속에 도사리고 있는 엄청난 두려움을 어느 정도 가늠하게 해준다는 데 있다. 두려움은 전염성이 있으며, 한 세대에서 다음 세대로 전수된다. 많은 사람들이 공포 분위기 속에서 자라났다고 말할 수 있을 것이다. 소심한 부모는 그들을 도와준다는 미명으로 언제나 공범을 찾는다. 나는 20년 전에 학생으로서 나를 면담하러 온 적이 있는 간호사를 며칠 전에 만났다. 그 당시에 어떤 의사가 그녀에게 몸이 너무 약해서 간호사 되는 것이 어려울 것 같다고 말했다. 그 의사는 간호사 생활이 그녀에게 무리가 되지 않을까 두려워서 그녀를 집에 두고 싶어하던 그녀의 부모에게 설득당했던 것이다. 그러나 나는 그녀가 자신감을 회복할 수 있도록 도와주었다. 그녀는 지금 자신의 직업에 매우 잘 적응하고 있으며, 건강도 20세 때보다 훨씬 더 좋은 상태다.

우리가 이미 살펴본 바와 같이, 자녀 양육의 전 과정은 앞으로 있을 수 있는 실패를 예방하는 시도의 연속이다. 부르주아 식의 도덕과 예절이 지배하는 시대에 자라난 사람은 응접실에서 행동하는 법을 배웠다. 이제 그는 지하 창고에서 어떻게 행동해야 하는가를 알아야 한다. 목표는 마찬가지다. 사회 생활은 하나의 게임이기 때문에 어떻게 내기를 해야 하는지 알아야 한다. 그러나 유용한 예방책과 해로운 예방책 사이의 한계를 긋는 것은 쉬운 일이 아니다. 예를 들어, 자제력을 생각해 보자. 자제력이 부족한 사람은 실패에 실패를 거듭하게 마련이다. 그러나 어떤 사람의 경우에는 자제력이 너무나 뛰어나서 자기 통제의 노예가 되어 버렸다. 그들은 자연스러움과 자발성을 모두 상실해 버렸다. 그런데 자발성이 없이 모험은 불가능하다.

물론 어린아이들에게 도덕적인 가르침을 주어야 한다. 그러나 도덕을 너무나 강조하면, 어린이는 그릇된 행동을 하는 것에 대한 두려움에 질린 나머지 어떤 결정도 하지 못하게 된다. 본능에 관한 한 분명히 통제하는 법을 배우는 것이 필요하다. 그러나 이러한 통제는 만성적인 불안을 유발해서 행동을 마비시키고 억압을 유도할 수 있는데, 문제는 이것이 모험의 본능까지 억압해 버린다는 것이다. 자녀의 안전에 대한 부모의 지나친 관심은 종종 자녀가 원하는 방향으로 진로를 선택하는 것을 가로막는다. 그렇게 함으로써 부모는 본의 아니게 자녀를 평범하면서 불안정한 삶으로 유도한다. 남이 선택해 준 직업은 모험으로서의 성격을 상실하기 때문이다.

그렇다면 쓸모 있는 예방책과 해로운 예방책 사이의 미묘한 경계는 어디에 있는 것인가? 그것은 예방책 자체보다 조치를 취하게 된 정신의 문제다. 예방 조치는 지혜로부터 말미암을 수도 있고 두려움에 기인할 것일 수도 있다. 실패는 성공하는 데 필요한 중요한 요인들을 소홀히 한 결과일 수도 있고, 결정적인 순간에 충분히 대담하게 행동하지 못한 소심함의 결과일 수도 있다. 우리는 결코 100퍼센트 안전할 수 없다. 그리고 만일 이 위험 부담을 받아들이지 않는다면 항복이라는 더 큰 위험에 직면하게 된다. 야무진 각오로 성공을 추구하지 않아서 실패할 수 있지만, 너무 열심히 노력하고 너무 많이 걱정해서 실패할 수도 있다. 이것은 심리 치료가 자주 실패하는 원인이기도 하다. 의사가 환자를 불안으로부터 해방시켜 주는 것이 아니라 환자의 불안에 함께 넘어가 버리는 것이다.

이렇게 해서 우리는 근본적이고 비극적인 두려움의 문제를 다루게 되었다. 두려움은 돌이킬 수 없는 법칙에 매여 있다. 다름 아닌 '두려움이 두려움의 대상을 창출한다'는 법칙이다. 전쟁에 대한 두려움은 전쟁을 일으키는 조치를 취하게 만든다. 사랑을 잃어버리는 것에 대한 두려움은 솔직함이 부족해지게 만들어 결국 사랑의 관계를 붕괴시킨다. 스키 타는 사람이 넘어지는 것을 두려워하기 시작하는 순간에 넘어지는 것과 마찬가지다. 시험에 실패할 것 같은 두려움은 시험을 치르는 사람의 마음에서 평정을 빼앗아 성공을 더 어렵게 만든다. 반면에 두려움에서 자유롭다고 상상하는 사람은 필요한 예방책을 소홀히 할 가능성이 있다. 그는 때때로 맹목적이고 어리석게 행동하여 치명적인 실수를 범할 수가 있다. 그러나 다른 기회에 그의 담대함으로 인해 일말의 성공을 거머쥐기라도 하면, 융통성을 잃어버리고 경직된다. 그래서 정말 의미 있는 성공에 필수적인 민감한 감수성을 상실하게 된다.

그것은 마치 약을 투여하는 것과 같다. 적당량은 병을 치유하는 효과를 낳지만 너무 많은 양은 독이 될 수도 있다. 두려움의 경우에 적당량은 얼마인가? 이것은 외과 의사가 환자의 위험 부담을 평가하여, 수술을 해야 할지 말아야 할지를 충고할 때 직면하는 문제다. 또한 인생의 모든 중대한 결정에 포함된 문제이기도 하다. 그러나 이러한 문제는 우리가 매일 매순간 내려야 하는 크고 작은 결정에도 들어 있다.

우리의 타고난 기질은 이런 면에서 상당한 역할을 한다. 어떤 사람은 기질적으로 다른 사람보다 더 대담하다. '운이 좋은' 사람들은 자신이 담당할 위험 부담을 판단하는 본능적인 감각을 갖고 있다. 그들은 삶 가운데 모험의 묘미를 유지하기에 충분한 만큼의 위험을 감수한다. 그러나 그들은 위험을 피하는 법을 너무나 많이 안다. 그들은 대체로 동물처럼 자신의 본능을 따라 깊은 생각 없이 행동하는, 단순하고 약간 둔감한 부류의 사람들이다. 그들은 즉흥적으로 행동할 수 있는 능력이 우리의 다른 본능과 마찬가지로 하나님이 주신 선물이라는 것도 깨닫지 못하고 있다. 그들은 자기가 '행운의 별'에 태어났기 때문에 성공하는 것이라고 생각한다. '행운의 별'에 대한 믿음은 인생의 모든 상황을 천진난만하게 직면하게 하여 성공으로 이끈다.

그러나 다른 사람의 경우, 즉 반추하기를 좋아하고 내성적인 부류의 사람에게는 머뭇거림의 기제가 작동하기 시작한다. 일단 이 기제가 작동하면 사태는 점점 더 악화된다. 그들은 주저하는 마음을 다잡지 못하고 문제를 마음속으로 되뇌며 분석할수록, 그리고 도달할 수 없는 확신에 도달하려고 애쓸수록, 무엇을 해야 할지 제대로 알 수 없게 된다. 잘못된 행동에 대한 두려움이 커지고, 이 두려움이 자신을 삼켜 버릴 것 같은 두려움도 더불어 증가한다. 갈등과 번민은 자라나고, 이와 함께 증가하는 불안은 판단력을 마비시킨다. 그들은 하나의 난관에서 또 다른 난관으로 빠져든다. 그들은 논리와 감성, 사랑과 정의, 모험에 대한 욕구와 안전에 대한 욕구, 본성과 도덕 사이에서 갈등한다. 모든 문제는 막다른 골목으로 이어진다.

이 두려움의 파도 앞에서는 다만 세 가지 태도가 있을 뿐이다. 어떤 사람들은 두려움을 억압하고 자신감 있는 척하지만 속고 있다. 이들은 자신이 옳다는 주장을 함으로써 자신 있다고 거듭 다짐한다. 이들은 다른 사람의 충고를 거부한다. 이들은 두려움과 의심의 문을 다시 열 것 같은 반대 의견을 모조리 밀쳐 낸다. 또한 어떤 사람들은 두려움에 몸을 맡긴다. 이들은 모험을 포기하고 일상적인 생활이나 백일몽 속으로 도피함으로써 두려움에 항복한다. 마지막 세 번째 집단은 자신의 두려움을 하나님에게 맡긴다. 이들은 하나님이 주시는 영감으로 말미암아 모든 번민을 넘어, 본능적 유형의 사람들이 누리는 것과 똑같은 확신을 발견할 수 있게 된다.

나의 견해로는 이러한 믿음의 태도만이 진정하고 전적으로 인간적인 자세인 것 같다. 이런 태도를 견지할 때에만 우리는 신적 영감을 추구하는 가운데 자신의 두려움과 의심을, 판단의 어려움과 판단 능력의 한계를, 그리고 우리가 불가피하게 범하게 되는 오류까지도 투명하게 의식할 수 있다. 우리는 이성이나 감정을 부인하지 않으며 오히려 하나님이 이 둘을 지휘해 주시기를 구한다. 우리는 무모한 대담성도 발휘할 수 있게 되고 포기할 것은 과감히 포기하게 된다. 우리는 성공을 위한 성공이나 모험을 위한 모험을 더 이상 추구하지 않고, 하나님이 뜻하시고 명하시고 우리를 위해 준비하신 분량만큼만 추구하게 되는 것이다.

결국 성공과 실패의 경계선은 어디인가? 이 질문에 대한 답은 그리 쉬운 것이 아니다. 어떤 심리 치료사가 장 자크 루소(Jean Jacques Rousseau)의 콤플렉스를 온전히 치유하는 데 성공했다고 하자. 그것을 진정한 성공이라고 볼 수 있겠는가? 우리는 무엇을 성공의 기준으로 제시할 수 있는가? 우리 스스로는 알 수 없다. 아니 알 수 없다기보다는 우리가 하나님에게 그 기준을 정해 달라고 구하기 전에는, 사르트르가 주장한 것처럼 우리 스스로 그 기준을 선정할 수밖에 없다.[1] 물론 우리 스스로 선택한 목표를 달성하면 어느 정도 이기적인 만족을 누릴 수 있다. 그러나 그것은 우리 자신의 판단에 따른 것이기 때문에 상대적인 성공에 불과하다. 독재자들이 이룬 성공이 이러한 유형에 속한다.

성공에 대한 문제는 극히 복잡하다. 성공과 실패의 경계선은 어디인가? 이것은 30여 년 전 르네 비오(René Biot) 박사에 의해서 창설된 '리용 의학 연구회'가 다루었던 주제다.[2] 거기서 우리는 철학자 한(Hahn) 교수가 성공과 실패의 역설을 모두 제시하는 것을 들었다. 예를 들어, 기술의 역설을 보자. 인간은 그의 기술적 성공에 커다란 자부심을 느끼고, 기술의 목표는 성공을 더욱 확실하게 하자는 것이다. 그러나 기술의 승리는 인간의 파멸, 즉 최고의 실패를 의미한다.

사회학자 조셉 폴리에(Joseph Folliet) 교수는 여러 문명이 너무나 성공적이었기 때문에 패망했음을 설명하였다. 그는 "성공도 되고 동시에 실패도 되는 완성이 있습니다" 하고 말했다. 그는 우리에게 전쟁에서 어느 쪽이 진정한 승리자인가를 말하기가 쉽지 않다는 것을 일깨워 주었다. 우리는 때때로 군사력으로 승리한 쪽이 아니고 실은 문명의 근본 원리를 전수해 준 패망 국가가 진정한 승리자임을 알 수 있다.

우리는 교육자인 루이 라이용 교수가, 교육에서의 완전한 성공은 사람을 완전한 평형에 이르게 하므로 실패와 다를 바가 없다고 말하는 것을 들었다. 완전한 평형은 죽음을 의미하기 때문이다.

나는 환자가 불안한 미소를 띠고 나에게 "선생님은 제가 균형을 잃었다고 생각하시죠?" 하고 말할 때 이것을 상기하곤 한다. 그리고 그가 외로운 대열에 있지 않다고 생각하게 된다. 왜냐하면 우리 세계에 위대한 문학과 사상, 예술과 믿음의 보고를 안겨 준 사람들은 대부분 균형을 잃은 사람들이었기 때문이다. 물론 나는 환자가 앓고 있는 고통스런 증상으로부터 그를 자유롭게 하려고 노력해야 한다. 그러나 나는 그의 질병만이 아니라 그의 인격에도 관심이 있다. 인간적인 관점에서 가장 중요한 것은 무엇인가? 그것은 비록 그가 병들었다 하더라도 열매 맺는 삶을 살아야 한다는 것이다.

마찬가지로, 우리는 아픈 사람을 보고 그가 환경에 적응하지 못하고 있다는 말을 한다. 그러나 인간의 최대 비극은 너무나 완전하게 적응해서 인격자가 되기를 중단하고 로봇이 되는 것이다. 사회 안에서 자신의 자리를 찾을 수 없는 사람의 경우, 종종 당사자보다 사회의 책임이 더 크다. 나는 노만 빈센트 필(Norman Vincent Peale)이 만든 "가이드포스트"[3] 잡지를 지금 받았다. 이 잡지에서 나는 알버트 아인슈타인(Albert Einstein)에 대한 글을 읽었다. 그는 공부에 흥미를 보이지 않았기 때문에 뮌헨 학교에서 열다섯 살에 퇴학당하고, 취리히 고등기술학교 입학 시험에 떨어졌으며, 수학 조교 자리도 유지하지 못했고, 사립 기숙 학교의 단순한 가정 교사 자리에서 마저 쫓겨나 베를린에 있는 특허국의 일자리로 만족해야 했다. 이것이야말로 자신의 실패 때문에 절망하는 사람들이 크게 위로받을 수 있는 이야기다.

그러므로 성공과 실패를 규정하기란 극히 어렵다. 성패의 경계선을 포착하는 일은 너무나 어렵다. 원자 폭탄을 만든 것은 성공인가, 실패인가? 오늘의 실패는 내일의 성공으로 나타날 수도 있고, 오늘의 성공이 내일은 실패일 수도 있다. 나는 부자들 가운데 모아 놓은 재산을 진정으로 누리는 사람이 별로 없다는 사실에 충격을 받곤 한다. 그들은 성공적인 인생을 살았지만 자신의 삶을 성공으로 이끌지는 못했다. 원인은 바로 그들의 성공 자체에 있다. 어떤 성공은 자신과 진정한 소명을 배반한 대가로 성취되기도 하는데, 이는 사실상 실패를 의미한다. 사라노(Sarano) 박사는 성공한 의사들에 대하여, 성직자가 아니면서 자신의 일에서 성공한 성직자와 비슷하다고 말한다.[4]

나는 여러 차례 강연을 했다. 강의가 잘 진행될 때 기분이 좋다는 것은 부인하지 않겠다. 몇 해 전이지만 아주 생생하게 기억나는 강연이 있다. 그것은 매우 비참한 실패 중 하나였다. 대학교에서 열린 이 강연에서 나는 처음부터 청중과 접촉점을 제대로 찾지 못하리라는 것을 예감했다. 나는 강의 노트에 매달려 시간이 갈수록 안절부절 못하다가 힘겹게 강연을 끝냈다. 청중이 떠나갈 때 친구들이 피차간에 어색한 만남을 모면

하기 위해 서둘러 자리를 뜨는 것을 보았다. 집으로 돌아오는 길에 나는 자동차 안에서 울었다.

그러나 다음날 한 철학 교수가 나를 찾았다. 그는 일생 동안 탁월한 강의를 무수히 많이 들었는데 강사의 명석함 외에 별다른 감동을 받지 않았다고 했다. 그는 나의 강의처럼 나쁜 강의를 일찍이 들어 본 적이 없었다고 하면서, 이것이 나를 만나보고 싶은 이유라고 부언했다. 이 사건으로 우리 사이에는 놀라운 우정이 싹트게 되었다. 나는 그가 기독교 신앙으로 회심하는 것을 지켜보았다. 이것은 강연을 잘해서 얻을 수 있는 기쁨보다 더 영속적인 기쁨의 원천이 되었다.

그보다 몇 년 전에 교회에서 내가 맡은 직분이 실패로 끝난 적이 있었다. 직분을 두고 재선 투표가 이루어졌을 때 강력한 반대가 있었다. 비록 내가 재선되기는 했지만, 나와 함께 일했던 동료들은 한 사람도 재선되지 않았다. 힘을 행사할 수 없는 위치로 전락한 나는 마음에 적지 않은 앙금을 지닌 채로 봉사를 거부했다. 그런데 그 후 몇 달이 지나서 내 생애에서 가장 중요한 종교적 체험을 하게 되었다. 교회에서 직분을 계속 감당했다면 그러한 경험을 할 수 없었을 것이다. 나는 교회에서 책임자의 역할을 수행하고 여러 논쟁에도 참여해야 했을 것이다. 물론 이러한 역할은 매우 중요하다. 그러나 이런 것은 자기 성찰에 별로 도움을 주지 못한다.

내가 다른 책에서 쓴 것처럼, 우리는 모두 두 가지 삶을 동시에 산다. 하나는 가시적이고 외형적인 가면의 삶이고, 다른 하나는 깊게 숨겨진 인격의 삶이다. 이 두 가지 삶은 분리할 수 없을 만큼 연계되어 있지만 분명히 다르고, 어느 정도 일치하는 면도 있다. 우리의 가면은 사회와 묶여 있고 우리의 인격은 하나님과 연결되어 있다. 우리의 사회적 자아가 성공하고 실패하는 것은 사회가 인정한다. 우리 인격의 성공과 실패는 하나님과의 관계가 조화로운가 아닌가에 달려 있다. 우리의 가면, 즉 사회적 자아는 사회에서 성공에 성공을 거듭할 수 있지만—예술과 문화, 도덕, 영적인 분야에서 순탄한 성공을 거둘 수 있지만—동시에 우리 인격은 밑바닥에서 심오한 실패를 경험하고 있을지도 모른다.

그러나 이것을 너무 명확하게 구분하지 않도록 조심해야 한다. 인격이란 가면의 흔적을 벗은 채 순수한 상태로만 드러날 수는 없다. 우리의 사회적 자아와 인격의 운명은 언제나 얽혀 있다. 우리 삶의 이 두 가지 측면은 계속해서 상호 작용을 한다. 인격의 성공적인 발달은 가면적 자아의 발달에서 드러나고, 가면적 자아의 실패는 언제나 인격의 결함을 나타낸다. 그러므로 성공과 실패의 개념 속에는 영원히 해결되지 않는 모호함이 들어 있다.

사회의 기준은 언제나 권력, 재산, 지식, 위신, 명성과 같은 표면적인 질서에 속해 있다. 그런데 심각한 문제는 사회가 성공을 가치와 진리의 잣대로 바라본다는 것이다. 만일 당신이 성공하면 당신은 옳은 것이고, 실패하면 틀린 것이다. 물론 우리는 이러한 진리와 가치의 왜곡된 개념에 항의한다. 우리는 사회적 관습이나 편견을 배제하고, 독립적인 판단에 비추어 다른 사람의 성공과 실패는 물론 우리의 성패를 판단하고 싶어한다. 그러나 그렇게 하지 못하는데, 그 이유는 사회가 바로 우리 자신이기 때문이다. 우리는 자신이 상상하는 것보다 더 단단히 사회와 편견에 묶여 있다. 사회는 실패하는 사람에게 엄청나게 잔인하다. 사르트르가 말한 대로, 사회는 "인생을 성공으로 이끌지 못한 사람들에게 냉정하다." 사회는 사람을 존경하거나 그렇지 않으면 멸시하는데, 사회적 혐오는 정말 견디기 어려운 것이다. 우리는 이것을 사회적 멸시의 희생자가 되어 마음의 짐을 나누기 위해 찾아오는 사람들에게서 종종 발견한다. 우리는 화학자가 어떤 물체를 시험관에 따로 떼어 놓고 반응을 살피는 것처럼, 사람을 환경으로부터 고립시킨 채 추상적으로 그를 점검할 수는 없다.

이런 사람은 사회적 멸시를 짊어지게 되는데, 그렇게 된 책임이 자기에게 있다고 생각하게 된다. 그러나 그의 죄책은 거짓된 죄책으로, 이러한 죄책을 갖는다고 더 가벼워질 수는 없다. 그에게는 사회가 모호한 추상적 개념이 아니다. 그가 생각하는 사회는 아내와 부모와 자녀와 자신을 존경하거나 정죄하는 모든 사람으로 이루어져 있다. 아무리 생각해도 나는 그보다 독립적이지 못하다. 나를 강력하게 장악하고 있는 이 사회의 짓누름은 어디에서 오는가? 그것은 내 인간적 불안과 실패에 대한 두려움, 과거에 있었던 모든 실패로 인해 남겨진 상처들, 그리고 나에 대한 실망에서 연유한다. 다른 모든 사람과 마찬가지로 나는 사회의 존경을 통하여, 적어도 내가 존경하는 사람들의 호의적인 의견을 통하여 자신감을 강화해야 한다.

사회의 임의적인 판단으로부터 자유로워서 양심의 판단과 하나님의 판단에만 의존하는 사람은 거의 없다. 나는 아무도 그럴 수 없다고 생각한다. 예수 그리스도만이 그렇게 하실 수 있는데, 이것이 바로 그분의 신성을 나타내는 징표다. 사회의 권위는 사회 구성원들이 그 명령에 순복하는 데 있다. 이것이 사회적 순응을 강화하며 모든 사람 위에 군림하고 이를 거부하는 사람을 해친다. 사회적 압력은 모든 사람에게 게임의 규칙을 강요하는데, 이 규칙을 지혜롭게 운용하는 사람은 성공하게 된다. 이것은 또한 하나님 대신 무엇이 선하고 무엇이 악한지, 무엇이 성공이고 무엇이 실패인지를 제시한다고 주장하는 도덕주의의 원천이다.

사회는 실패하는 사람에게 비정하지만, 그렇다고 성공하여 시기심을 자극하는 사람들에게 덜 비정한 것도 아니다. 그들에 대한 사회의 태도는 이중적이다. 사회는 그들을 칭찬하지만 비하하기도 한다. 우리가 방금 거론한 것과 똑같은 이유에서다. 즉, 모든 사람은 자신에게 실망하고 자신의 실패에 실망하고 있다. 그래서 다른 사람의 성공을 감당하기가 어렵다. 자신을 더 대단하게 느끼도록 하기 위해서 다른 사람을 얕잡아 보고 그들의 장점을 부인하는 것이다. 나는 마른(Marne) 강 전투의 승자인 마샬 요프레(Marshal Joffre) 장군이 그의 승리를 시기하여 누구의 수훈인지 따지는 사람들에게 던진 훌륭한 답변을 기억한다. "나는 누가 이 싸움에서 이겼는지 모른다. 그러나 나는 누가 질 뻔했는지를 안다."

우리는 다른 사람의 성공이 나에게 이익이 될 때 그에게 박수를 보낸다. 우리가 보내는 박수는 그 진영에 합류하여 그들의 영광에 동참하려는 계산에서 나온 것이다. 그러나 우리 자신을 어둠 속에 몰아넣는 성공은 정당하게 평가하기 어려워한다. 이것은 말썽 많은 비판 정신과 경쟁 의식의 원천이자 고상한 직업을 가진 자들—특히 학자, 예술가, 작가, 성직자, 의사—에게 깔려 있는 시기와 질투의 원천이기도 하다.

12 독신과 결혼

사회적 암시는 우리 자신뿐 아니라 다른 사람들의 성공과 실패를 평가하는 데 언제나 영향을 미친다. 나는 여기서 특별한 경우를 다루고자 하는데, 그것은 매우 흔하지만 엄청난 고통을 수반하는 경우다. 바로 독신 여성의 경우다. 많은 여성들이 나를 찾아온다. 대다수의 피상적 시각으로는 독신으로 지내면서 모든 좌절감을 용납하고 극복하는 데 성공한 것으로 보이는 여성이 상담실에 찾아와서 하염없이 우는 것을 보았다.

해가 갈수록 결혼할 가능성이 희박해 보이는 여성에게는 독신으로 지낸다는 것이 커다란 시련이며, 이 시련은 한 번 받아들인다고 해서 끝나는 것이 아니라 고통스런 형태로 반복해서 나타난다. 남편이나 아내 혹은 자녀의 비극적인 죽음 또한 지울 수 없는 고통이다. 그러나 그런 것들은 최소한 자유롭게 표현할 수 있으며, 즉각 동정심을 유발한다. 그러나 독신 여성은 자신의 고통을 감추어야 한다. 만일 독신 여성이 자신의 고통을 드러낸다면, 성(性) 문제가 언급되는 즉시 사람들은 놀리는 말이나 농담을 던질 것이다. 아니면 "하지만 어쩌겠니. 현실을 받아들여야지" 하는, 쉽지만 상처를 주는 충고를 들을 것이다. 혹은 결혼한 여자로부터 "너는 행운아야! 보채는 아이도 없고, 이기적인 남편 말을 고분고분 따를 일도 없고, 넉넉한 수입으로 하고 싶은 것은 무엇이든 할 수 있잖아" 하는 식의 말을 들을 뿐이다.

독신의 문제는 단지 성생활의 결핍이나 어머니의 역할을 박탈당한 것—이는 많은 여성에게 더욱 고통스러운 박탈인데—에 그치는 것이 아니다. 독신의 문제는 기쁨과 슬픔을 홀로 겪어야 한다는 것과 이것을 함께 나눌 남편이 없는 데서 오는 외로움의 문제다. 이는 여성들의 필요에 정면으로 배치된다. 혼자서 생의 의무를 모두 수행하고 모든 결정을 홀로 내리면서, 여자는 머리를 기대고 쉴 수 있는 굳건한 어깨를 갈망하게 된다. 남자와 관련해서는 일정한 거리를 두어야 하고, 남자를 사귀더라도 정부(情婦)이거나 정부가 되고 싶어 접근하는 것으로 의심받는 위험을 감수해야만 한다. 사랑하는 사람이 있더라도 '내연의 관계'로 낙인 찍히며, 이로 인한 압박은 남자보다 여자에게 더욱 심하다. 물론 동성 친구가 있으며, 아주 많은 경우도 있다. 그러나 숫자와는 상관없이 결코 친구들이 한 여자와 남편 사이의 특별한 유대를 대신하지 못한다. 남편없이 혼자 나가 봐야 진정한 기쁨이 없고, 가정에서 홀로 머물러 지내는 것은 더더욱 좋지 못하다.

독신 여성에게 승화(昇華)에 대해 말하기는 쉽다. 우리는 독신 여성에게 흥미롭고 활동적인 직업을 가지라고 권하며, 자기 헌신(self-dedication), 타인에 대한 봉사, 교육 혹은 사회 활동을 통해 모성 본능을 표출할 길을 찾아보라고 말한다. 그러나 사실 나를 찾아와 다음과 같이 말했던 사람은 바로 사회 운동에 헌신하는 활동적인 여성이었다. "낮 동안에는 모든 게 괜찮아요. 너무 바빠서 다른 일은 생각할 수도 없거든요. 그러나 저녁에 집으로 돌아왔을 때면 갑자기 몹시 피곤해요. 난 그저 앉아서 우는 거죠." 나는 도덕적인 충고를 하거나 그들의 고충을 최소화해서 도울 수 있다고 생각하지 않는다. 이런 사람들은 남들이 이해해 줄 때 훨씬 큰 도움을 받는다.

결혼을 하고 아기를 가지려는 여성의 포부보다 더 합당한 것은 없다. 여성들의 이런 포부는 반란으로 낙인 찍히지 않고 마음껏 표현될 수 있어야만 한다. 타고난 본능의 힘을 인정하지 않는 것은 불합리하다. 성경이 말하듯이, 명백히 여자는 남자를 '돕는 사람'(helper)으로, '적합한 배필'로 창조되었다(창 2:18). 그래서 남자보다 여자가 '인격과 인격적인 유대'에 대한 더 뛰어난 감각을 지니고 있다. 어떤 사상에 전념해 보아도 (그것이 아무리 고상한 것이라 해도), 남편이나 아이들에게 헌신하는 데서 얻는 만족감과 같은 감정을 얻을 수 없다. 여성이 결혼 외에 가장 큰 만족을 얻을 수 있는 일은, 도와줄 만한 가치가 있다고 여기는 남자를 도와서 그가 일에 최선을 다할 수 있도록 친밀하게 협력하는 직업이다. 그런 이유 때문에 사업가의 개인 비서나 수술실의 간호사가 학교 교사보다 독신 생활을 더 잘 견뎌 나간다. 그렇다 하더라도 그녀가 헌신하는 만큼 남자들은 헌신하는 것이 아니기 때문에 고통이 있다. 게다가 마음에 가득한 감정이 드러나지 않도록 세심한 주의를 기울여야 한다.

여성됨의 자연스럽고 신적인 목적이 결혼으로 성취된다면, 이 성취가 결핍된 여성은 필연적으로 큰 고통을 당할 것이다. 그녀는 어느 날 갑작스럽게 금욕적인 결의나 종교적인 신앙과 하나님의 뜻에 따른 자기 포기의 길을 택함으로써 자신의 결핍을 용납할 것이다. 그러나 다음날 아기의 유모차나 엄마와 아이들이 함께 있는 모습 혹은 공원에서 서로 포옹하고 있는 부부를 볼 때, 자신을 기만해 왔음을 고백하지 않을 수 없다. 그녀는 결혼하도록 자기를 창조하신 하나님이 결혼하게 해주지 않고 오히려 자기 기도에 묵묵부답인 것을 이해할 수 없다. 하나님의 뜻에 따르는 기도에 관한 몇몇 성경 구절이 그녀를 더욱 곤란하게 한다. 하나님이 그녀를 상사의 부인―부족한 것이 없고 (비서에게는 엄하고 가혹하기까지 한) 남편이 끔찍이도 위해 주는 여자―보다 덜 사랑하시는 것인가?

자연스러운 운명을 성취하지 못한 데서 오는 고통스런 감정과 자신의 인생을 망쳐 버렸다는 생각에서 오는 고통스런 감정은 실제로 차이가 있기는 하나 그 차이는 매우 작다. 내가 독신 여성에게서 자주 듣는 가장 끔찍한 말은 "나는 내 인생을 망쳐 버렸다"는 것이다. 어떻게, 무엇이라고 답변할 것인가? 나는 도무지 할 말이 없다. 물론 실패했다는 이러한 감정이 독신 여성의 고통을 훨씬 더 가중시킨다는 것을 분명히 안다. 평범한 실망은 인내하기가 쉬울 것이다. 그러나 그녀는 거기에 덧붙여진 이 실패감을 스스로 떨쳐 버릴 수가 없다. 그런 실패감을 갖는 것은 너무나 부당한데도 말이다.

사회적 암시는 이 문제에서 엄청난 역할을 한다. 독신 여성은 사회에서 높은 지위를 차지해도 멸시의 대상이 된다. 기혼 여성이 아무리 평범해도 남편이 있다는 이유만으로 더 좋은 대우를 받는 것이 독신 여성에게는 매우 고통스런 일이다. 아마 어떤 독자는 내가 과장하고 있다고 의구심을 가질지 모른다. 사람들은 "우리는 더 이상 18세기에 살고 있지 않아요. 여성은 해방을 쟁취했고, 결혼 여부가 아닌 여성 고유의 개인적 가치로 존중받을 권리를 얻었다고요"라고 할 것이다. 그러나 애석하게도 이것은 사실이 아니다. 독신 여성들은 너무나 잘 알고 있다. 그들은 수많은 신호, 즉 정찬 식탁에서 그들에게 지정된 자리, 기혼 여성이 바라보는 시선, 점잖은 척하지만 보는 사람이 없을 때는 그렇지 못한 신사들의 태도에서 알아차릴 수 있다.

나는 독신 여성들의 비밀스런 고백을 너무나 많이 들었기 때문에 그들의 일반적인 행로를 이 곳에 언급할 수밖에 없다. 독신 여성이 늙은 부모의 사진첩을 넘긴다. 그녀의 모든 형제

자매들은 결혼을 했다. 그 사진첩은, 할아버지 할머니의 자랑이자 기쁨인 아들 부부와 손자, 손녀의 사진으로 가득하다. 그녀의 것이라고는 저 구석에 밀려나 있는 작고 오래된 여권 사진뿐이다. 비록 부모가 아무 말도 하지 않고, 그녀가 생활에 유용한 직업을 가지고 있더라도, 성씨와 전통을 이어 갈 자식들을 낳아 준 형제 자매에 비해 자기는 부모에게 그만큼의 기쁨을 주지 못했다고 느끼는 것이다.

세상은 독신 서약을 한 수녀를 존경한다. 그러나 결혼을 원하지만 결혼하지 못한 평신도 여성은 인생을 망쳤다고 생각한다. 그녀는 남자들이 거절한 유의 여성이 된다. 유럽의 경우는 그렇다. 미국에서는 여성의 개인적인 가치가 좀더 인정받는 것 같다. 그러나 물론 이것은 기혼 여성에게도 동일하게 적용된다. 유럽에서는 기혼 여성이 남편이 누리는 특권과는 관계없이 자신만의 권리로 존중을 받는 경우는 매우 드물다. 여성은 자기 남편이 뛰어날수록 이를 더 예민하게 느끼는 것 같다. 어떤 여성은 내게 이렇게 말했다. "어떤 여자가 제 남편 같은 사람과 결혼하게 된다면, 그녀는 다만 그 남편의 아내일 뿐 그 이상 아무것도 아니라고 할 수 있어요."

최근에는 정신 분석의 개념이 대중화되고 있다. 정신 분석은 운수(luck)의 개념을 추방하려는 경향을 보여 왔는데, 결과적으로 독신 여성은 어떤 콤플렉스 때문에 자신이 결혼하지 못한 것으로 의심받는다고 느낀다. 실제로 그럴 수 있다. 이러한 여성은 나중에 심리치료를 받으면서 그 사실을 저절로 깨닫게 될 수 있다. 이 때 자신의 잃어버린 젊음을 다시 돌이킬 수 없을 뿐 아니라, 고의는 아니지만 바로 자신이 독신에 책임이 있다는 사실을 알게 되면서 상처를 받는다. 그러나 많은 여성이 독신으로 남는 이유는, 자신을 평가 절하하지 않고는 도저히 받아들일 수 없는 청혼을 아주 자유롭게 거절했기 때문이다. 그것은 건강의 표시이지 심리학적인 질병의 표시가 아니다. 이런 이들은 존경을 받아 마땅할 것이다.

독신 여성을 죄인 취급하고 그들의 인생을 실패한 것처럼 보는 사회 통념은 매우 부당하다. 우리는 여론의 변화를 위해 노력해야만 한다. 이것이 바로, 쉬잔느 누비옹(Suzanne Nouvion)과 '연구와 회합'(Recherches et Rencontres) 팀이 '일반 여성의 독신 생활에'[1] 대해 좋은 책을 출판한 목적이다. 결론에서 그녀는, 독신 여성의 생활도 성공적일 수 있다고 강력하고도 정당하게 단언하였다. 사실 그것은 쉬운 일이 아니다. 사회 활동가 쉐브롱 빌레트(Chevron-Villette)가 쓴 장(章)은 매우 감명 깊은데, 그녀의 현실주의적 접근은, 수준 높긴 하지만 너무 낙관적인 그 책의 다른 부분과 대조를 이루고 있다.

그러나 쉬운 인생이 있는가? 없다. 진정한 문제는, 어떤 사람이 결혼을 한다면 그 결혼을 성공적으로 만드는 것, 결혼을 하지 않는다면 독신 생활을 성공적인 것으로 만드는 것이다. 어떤 소명이든 다른 일과 마찬가지로 어렵다. 이는 마들렌느 랑베르(Madeleine Rambert)가 잘 표현하였다. "종국에 가서 가장 중요한 것은 결혼이나 독신이 아니라 자아를 실현하는 것이다."[2] 미혼 여성에게 결혼을 한다면 인생 목표를 성취할 것이지만 독신으로 남으면 인생에 실패할 것이라고 충고하는 것은 옳지 않다. 이런 권면은 (결혼 혹은 독신의) 두 경우 모두에서 실패를 보증하는 길이다. 왜냐하면 그녀는 결혼의 어려움에 대처할 준비를 제대로 하지 못할 것이기 때문이다. 만일 그녀가 결혼하지 않는다면, 이미 마음에 심겨진 '실패감' 때문에 독신으로 지내는 것에 마음과 확신을 두지 못하게 될 것이다. 비현실적인 또 다른 실존을 계속 갈망한다면 현실적인 인생을 성공적인 것으로 만들 수 없다.

내가 독신에 관련하여 쓰고 있는 내용은 아주 일반적으로 적용되는 것이다. 나의 성공관이 너무 고정되어 있고 편협하기 때문에, 내가 인생을 망쳐 버렸다고 느낄 수 있다. 이런 경우에는 어떤 성공도 나에게 만족이나 기쁨을 주지 못할 것이다. 심지어 사람들이 나의 성공적인 면을 지적하며 위로하더라도 괴로울 것이다. 이런 위로는 내게 고통스런 모순으로 보이는 것 같다. 왜냐하면 내가 가장 달성하고 싶은 성공이 아니라면 어떤 것도 그 자리를 대신할 수 없기 때문이다. 그러나 충분히 고민하지 않고 인생의 목표를 선택하든지, 혹은 올바르고 가치 있는 목적에 집중하는 대신 자질구레한 모험에 에너지를 분산시킴으로써 실패할 수도 있다. 만일 당신이 실패한다면, 왜 실패했으며 어떻게 했어야 하는지 설명하고 도와줄 사람은 얼마든지 있다. 그러나 그들의 의견은 중구난방일 것이다. 어떤 이는 당신의 야망이 지나쳤다고 말할 것이고, 반대로 어떤 이는 당신의 야망이 부족했다고 할 것이다.

진실은, 결혼을 하든 안 하든 삶은 언제나 어렵다는 것이다. 우리는 독신 여성에게 위안이 될 만한 파탄에 이른 가정을 많이 본다. 이러한 사례들은 결혼을 했더라면 훨씬 더 만족스럽고 성공적인 삶이 되지 않았을까 하는 독신 여성들의 생각이 이상적인 공상에 지나지 않음을 깨우쳐 준다. 그러나 이런 추론은 아무런 효과가 없다. 왜냐하면 남의 실패가 나 자신의 실패에 대한 위안이 될 수는 없기 때문이다. 우리는 모두 남들이 누리는 특권을 부러워하지만 그들의 예속 상태는 뚜렷하게 보지 못한다. 그들의 고충은 우리의 고충의 강도를 조금도 줄이지 못한다. 시련 중에 인내와 끈기의 정신을 가지게 된 사람은 타인에 대한 동정심이 가득한 반면, 이 정신이 부족한 사람, 자신의 어려움으로 인해 반항적인 기질을 가지게 된 사람은 타인의 문제를 이해하지 못하고 타인으로부터 위안을 얻지도 못한다.

삶이 어떤 형태든 자기 삶을 받아들이는 사람들 사이에는 유사성이 있다. 마찬가지로 반항의 목적이 무엇이든 간에 반항적인 사람들에게도 유사성이 있다. 가장 큰 차이점은 그들이 결혼을 했느냐 하지 않았느냐에 있는 것이 아니라, 그들이 신념을 가지고 살아가느냐 아니면 마지못해 살아가느냐에 있다. 일반적인 방식처럼 삶에 순응하느냐 아니면 반항하느냐로 구별하기보다는 확신에 찬 삶이냐 아니면 억지로 사는 삶이냐로 구별하는 것이 더 정당하다. 솔직하게 거절하는 것이 억지로 받아들이는 것보다는 더 건전하다. 거절과 수용은 우리가 보통 생각하는 것처럼 서로 모순된 것은 아닌 것 같다. 격렬한 반항의 단계는 진정한 수용의 전제 조건일 수 있다. 섣부른 수용은 표현되지 않은 반항을 숨기고 있는 외형적 수용일 때가 많다. 숨어 있는 반항은 공개적으로 드러나지 않고 마음에 집요하게 남아서 해독을 끼친다. 사람은 본능적으로 자신을 위협하는 모든 것으로부터 자신을 방어하기 때문에, 모든 좌절은 자연스럽게 반항을 야기하며, 이 반항은 오직 겉으로 표현되었을 때만 제거할 수 있다. 내면에서 들리는 반항의 소리를 억누르면서 시련을 받아들이려는 사람은 결국 그 시련을 마지못해하는 태도로만 받아들이는 위험에 봉착하게 된다.

수용에서 가장 큰 장애물이 있다면 그것은 겉모양만의 수용이다. 미덕의 가장 큰 장애물은 겉모양만의 미덕이고, 겸손의 가장 큰 장애물은 겉모양만의 겸손이다. 그리고 신앙의 가장 큰 장애물은 겉모양만의 신앙이며, 사랑의 가장 큰 장애물은 겉모양만 있는 사랑이다. 내가 독신에 관해서 말하는 것은 모든 시련, 연약함, 좌절에도 동일하게 적용된다. 우리 인생이 어떠한 모양이고 그 짐이 무엇이건 간에—짐이 없는 인생은 없다—확신을 가지고 살지 않는 한 성취감을 발견할 수 없다. 확신을 가지고 인생을 산다는 것은 곧 모험의 정신을 가지고, 모험을 하면서 산다는 것이다. 성공적인 결혼 생활을 위해서는 반드시 결혼을 모험으로 간주해야 한다. 즉 그것은 풍성함과 어려움을 포함하고, 다른 한 사람과 공유하는 매일 매일의 모험이다. 또한 독신 생활에서 성공의 열쇠는, 그것 역시 또 다른 모험—미혼 상태의 위험과 고난, 특권이 모두 따르는—으로 간주하는 것이다.

연약함과 좌절감과 고통을 받아들인다는 것은 무엇을 의미하는가? 독신을 받아들인다는 것은 무슨 뜻인가? 종종 독신 여성들은, 하나님이 자기를 다른 사람보다 덜 사랑하신다고 말한다. 이유는 그분이 자기에게 독신의 운명을 주셨기 때문이라는 것이다. 나는 사람들로부터 이런 말을 들을 때마다 매우 혼란스럽다. 정말로 하나님이 그녀에게 독신 여성의 운명을 주셨단 말인가? 하나님은 전적인 사랑으로 모든 자녀를 사랑하시는 분이 아닌가? 하나님이 어떤 남자나 여자의 고통을 원하실까? 물론 나는 그렇게 생각하지 않는다. 오히려 그분은 고통이 심한 사람들을 특별히 배려하고 계신다. 나는 절대로 "당신은 독신 생활을 받아들여야 합니다. 그건 하나님의 뜻입니다"라고 말하지 않을 것이다. 그것은 사실이 아니기 때문이다. 어떤 경우라도 그런 주장을 하는 것은 참으로 교만한 짓이다. 다른 사람을 위한 하나님의 뜻을 우리가 어찌 알겠는가? 그리고 그런 권면은 여성으로 하여금 독신 생활을 받아들이는 것을 조금도 돕지 못한다고 생각한다.

반대로 하나님이 우리 모두를 사랑하신다는 것과 우리 모두가 인생에서 성취감을 느끼기 원하신다는 것, 그리고 우리의 환경과 좌절과 고통이 어떠하건 간에 우리를 향한 목적—우리의 현재 삶에서 완전한 성취(그것이 어떤 것이건)를 이루는 것—을 갖고 계신다는 사실을 아는 것이야말로 우리 모두에게 도움이 된다. 다른 삶을 꿈꾸는 것이 아니라 현실의 삶을 살고, 하나님 아래서 그렇게 살아가려고 할 때, 우리는 우리의 인간적 운명 곧 하나님의 지휘에 따른 큰 모험을 성취하게 될 것이다. 그러므로 독신 생활을 받아들이는 것—맹세에 의해서가 아니라 남편으로 받아들일 수 있는 남성으로부터 청혼을 받은 적이 없기 때문에—은 결혼에 대한 정당한 욕구를 억누르는 것도 고독을 즐기는 것도 아니다. 하나님이 그 고난을 원하신다고 여기는 것은 더더욱 아니다. 그것은 하나님의 뜻을 따라 독신 생활을 모험의 정신으로 살아가려고 노력함을 뜻한다. 그런데 결혼한 여성이 하나님의 뜻을 따라 모험의 정신으로 결혼 생활을 영위하는 것도 쉬운 일은 아니다.

결혼 생활의 문제점과 실패를 얼마든지 다룰 수 있지만, 독신의 문제와는 달리 이런 것들은 매우 방대하고 뛰어난 연구에서 다루어졌다. 그러므로 여기서는 나의 관찰을 짤막하게 요약하고 넘어가기로 하겠다. 이 부분에서도 사회적 암시가 엄청나게 큰 역할을 하고 있는데, 이것은 지나치게 전문화된 심리학이 간과하기 쉬운 것이기도 하다. 요즘에는 결혼에 관한 지혜로운 권고를 담은 책들이 많이 나오고 있다. 젊은이들과 결혼에 대해 진지하게 생각하는 사람들은 성(性)과 성 심리학에 대해 배울 수 있다. 또 결혼을 앞둔 예비 부부들을 위해 교육 과정이 개설되어 있다. 전문가가 잡지나 방송에서 특집을 진행하면서 독자나 시청자들의 질문에 답변을 하기도 한다. 많은 전문가를 비롯해 교회는 결혼 생활을 지도해 줄 수 있는 가정 상담소나 교육원을 세운다. 우리는 이 모든 것을 기쁘게 생각해야 한다. 그럼에도 불구하고 결혼 생활의 갈등과 이혼이 점차 더 심각해지는 것 같다. 나는 이러한 현상의 상당 부분이 사회적 암시에 의한 것이라고 본다. 또한 이 현상은 전염된다. 이혼이라는 통로를 이용해 결혼 생활의 어려움으로부터 도망치는 부부가 많아질수록 이혼을 생각하는 기혼자가 늘어나고, 조그만 위기가 닥쳐도 이혼하겠다고 서로를 위협하는 일이 벌어지는 것이다. 이혼의 가능성을 염두에 두고 있으면, 부부 사이의 다툼이 더 악화되고 이해와 화해를 위한 상호 노력의 기반이 허물어진다.

그래서 나는 이혼을 반대하는 로마 가톨릭 교회의 강경한 입장을 높이 평가한다. 구교 국가에서 이혼이 허락되지 않는다는 것 때문에 공식적으로만 결합해 있는 부부의 이중성을 비난하는 사람도 있지만, 여하튼 이런 법률은 이혼 및 다른 부부들에게 이혼의 유혹이 확산되는 것을 막아 주는 고마운 보루다. 다른 무엇보다도 그 법률은 어린 자녀들을 보호한다. 다른 많은 나라에서는 이혼한 부모의 자녀들이 계속 증가하고 있다. 이것이 현실적인 재앙임은 누구도 부인하지 못할 것이다.

부부가 제시하는 근거가 무엇이든—타당한 경우가 많더라도—결혼의 어려움에 맞서는 대신 이혼을 탈출구로 삼아 도피하는 것은, 일종의 '실패'다. 이혼한 사람들이 잘 인정하지 않더라도 언제나 '심각한 실패감'을 갖는 이유가 여기에 있다.

이것은 또한 그들이 갈등을 겪는 와중에 상대방에게 그 탓을 돌리려고 무척 애쓰는 이유다. 나중에 파경에 이르면 그 책임을 상대방에게 떠넘기기 위해서다. 몇몇 개신교단에서는 이혼한 사람들의 재혼을 어렵게 만드는 조치를 이미 취한 바 있다. 나는 죄 사함을 선언하는 의식이 가장 복음적으로 보인다. 일생 동안 충실할 것을 굳게 맹세했으나 그것을 지키지 못한 사람이라 할지라도, 그와 비슷한 약속을 또 한 번 더 하기 전에 교회를 통해 모든 죄를 씻는 하나님의 은혜를 받아들일 수 있을 것이다.

모든 인생은 모험이며, 모든 모험에는 그 나름의 어려움이 있다. 인생의 길은 언제나 실패로 점철되어 있다. 그러나 인생에서의 성공이란 실패만큼이나 위험하다는 사실이 문제를 더 복잡하게 만든다. 조지 버나드 쇼(George Bernard Shaw)는 "나는 그 무엇보다 성공을 두려워한다. 성공한다는 것은 이 땅에서의 일을 끝냈다는 뜻이다.…인생은 무엇인가 진행될 때에만, 그리고 뚜렷한 목표가 앞에 있을 때에만 내게 의미가 있다"고 하였다. 우리가 앞에서 살펴보았듯이 이는 모험의 역설적인 법칙이다. 즉 어떤 일을 끝내는 것이 바로 그 일의 성공이라는 것이다. 그래서 성공은 위험한 것이다.

덴마크의 몇몇 동료와 토의를 하던 기억이 난다. 그들은 내게 더욱 공평한 사회 체제를 세우려는 위대한 모험에 대해 이야기했다. 그 나라 전체가 열정적으로 들떠 전적으로 새로운 법률 체제를 시험해 보고 채택하였다. 어느 누구도 이 모험을 버리고, 성취한 혜택을 잃으려 하지 않았다. 한 동료는 "그럼에도 불구하고 우리 나라의 영혼은 무기력에 시달리고 있습니다. 더 이상 가슴이 두근거리지 않습니다. 목표를 달성했기 때문이지요"라고 말했다.

스칸디나비아 지방을 여행하다 보면, 핀란드나 노르웨이와 같이 가난한 나라들과 스웨덴이나 덴마크와 같이 부유한 나라들이 그렇게 가까이 있음에도 불구하고 큰 차이를 보이는 데서 충격을 받는다. 또한 도덕적 분위기의 차이에서 다시 한 번 충격을 받는다. 그러나 개인에게도 같은 종류의 차이가 나타난다. 목표에 도달해 자족하는 사람보다 사람을 더 불쾌하게 하는 것이 있을까?

더욱 불쾌한 것은 어떤 사람이 도덕적 이상을 성취했다고 주장하는 것이다. 이런 사람은 성경이 말하는 자기 의(義)에 빠진 자다. 바리새인과 세리에 관한 예수님의 비유를 기억하는가?(눅 18:9-14) 바리새인이 그의 도덕적 승리와 하나님께 순종하려는 노력에서 성공했다는 것을 자랑스러워하는 것은 일리가 있다. 더욱이 그는 그 공로를 자신에게 돌리려 하지 않고 자기를 완전한 길로 인도하신 하나님께 감사를 표현하고 있다. 그럼에도 불구하고 그는 예수님의 말씀대로 자신에게 그토록 만족했다는 바로 그 이유 때문에 세리가 받는 의롭다 함을 받지 못했던 것이다.

나는 인상이 좋아서 호감을 주는 한 남부 사람을 기억하는데, 그는 사춘기에 있는 딸과의 갈등 때문에 나를 찾아왔다.

그의 딸은 밤에 외출을 하기 시작하더니 언제부터인가 늦게까지 집에 들어오지 않았다. 그는 딸이 나쁜 행동을 하는 것으로 잘못 알고 의심하였고, 딸을 너무나 불신했기에 가정의 분위기는 그야말로 참을 수 없는 지경에까지 이르게 되었다. 그는 자신이 모든 유혹을 뿌리쳤는데 이제 와서 딸 때문에 가족의 명예를 망칠 수는 없다고 말했다. 나는 물었다. "당신은 자신이 나쁜 일을 전혀 안 했다는 사실이 너무나 자랑스러워서 따님이 나쁜 일을 하는 것을 도저히 못 참고 성급히 두려워하는 것은 아닌가요?" 그는 억센 남부 억양으로 "아, 그래요! 그 말이 맞습니다. 나는 흠 없는 인생을 살아 왔어요!"라고 외쳤다. 바로 그것이었다. 그가 주위의 모든 사람에게 고통을 안겨 준 것은 바로 그의 흠 없는 양심 때문이었다.

상담실에는 인생에서 패배하거나 질병으로 인해 실패한 혹은 모든 종류의 곤경에 빠진 사람들이 찾아와서, 그들의 실패나 열등함을 토로한다. 그러나 재능이 극히 뛰어난 사람들이 찾아오기도 하는데, 그들은 그것이 자신의 불행이라고 고백한다. 그들은 모든 사람을 얕잡아보고, 모든 모험이 그들에게 열려 있으며, 그들이 해 내지 못하는 일이란 없음에도 불구하고 인생에서 실패했다고 느낀다. 그들의 삶은 안일함으로 꺼져 들어갔다. 그들의 말을 들으면서 나는 데모스테네스(Demosthenes)와 자신의 결함을 극복하기 위한 그의 강렬한 투쟁을 연상했다. 나는 앞에서 결혼하지 않아서 고통을 당하는 여성들에 대해 말했다. 자신의 여러 가지 성공에 대해 말해 준 여성을 만난 적이 있었다. 그녀는 황홀할 정도로 아름답고 쾌활하며 매력적이었다. 그러나 나는 그녀의 한마디 말에 충격을 받았다. "내 문제는 남자들을 모두 다 걷어차 버렸다는 것입니다!"

어떤 사람들은 일생 동안 훌륭한 일을 한 후에 과거를 돌아보면서 노력의 진정한 동기에 대해 의아해한다. 그들은 활발하게 활동하는 동안에는 아무런 의문도 제기하지 않았다. 불리한 환경에 직면할 때도 있었고, 적대적인 세력도, 위험한 적도 있었지만, 그들은 싸웠고 마침내 이겼다. 그러나 이제 그들은 그 모든 모험의 가치에 대한 의문으로 인해 괴로워한다. 전도서의 저자는 삶이 미소를 보내 주었고 부족함 없이 살았던 사람 중의 한 명이었다. 그는 모든 부와 지식을 소유했다. 그러나 그는 "내가 또 본즉 사람이 모든 수고와 모든 재주로 말미암아 이웃에게 시기를 받으니 이것도 헛되어 바람을 잡는 것이로다"(전 4:4)라고 비통하게 쓰고 있다.

프랑수아 말레 조리스(Françoise Mallet-Joris)는 한 인터뷰에서, 「나 자신에게 쓴 편지」(Lettre à Moi-même)라는 수필집을[3] 저술하게 된 동기를 밝힌 적이 있다. 그녀는 소설 「중국」(L'empire Céleste)으로 페미나 상(Prix Femina)을 수상했고 수익금으로 노르망디에 농장을 샀다. 그녀는 가족과 함께 지내면서 소설 쓰는 작업도 할 수 있는 전원 생활 덕분에 행복했다. 남편이 페인트칠을 하고 아이들이 뛰노는 동안 그녀는 또 다른 소설을 쓰느라 바빴다. 그런데 성격이 다소 괴팍한 친구

뤼시앙의 갑작스런 방문 때문에 혼란스러웠다. 친구가 말했다. "언덕 위 네 집에는 아이들, 암소, 소설, 네 사진들이 있구나. 네 인생은 멋지게 자리잡았어." 그녀는 오싹했다. "멋지게 자리잡았어"라는 친구의 말이 귓가에 맴돌았다.

성공이란 일종의 감옥으로 보일 수 있다. 폴리에 교수는 그의 강연에서 '근본적인 불만족'에 관해 말했다.[4] 그것은 최고의 명성을 얻고 있는 사람들이 느끼는 감정으로서 '연극'을 했다는 느낌에서 오는 것이다. 이는 아마도, 엘리야가 바알의 제사장들을 대면해 철저히 승리한 뒤에 그에게 닥쳐 왔던 위기와 같을 것이다. 우상을 대적해 하나님의 능력으로 승리를 얻은 것보다, 하나님의 이름으로 기적을 행하는 것보다 사람을 흥분시키는 성공이 어디 있겠는가? 그럼에도 불구하고 엘리야는 사막으로 피신해 물러갔으며, 극도로 심한 우울증의 포로가 된 채 심지어 죽기를 원하는 기도를 했다(왕상 19장).

그러나 어느 외딴 동굴에서 이 예언자는 하나님과의 개인적인 만남을 체험했다. 이 때 하나님은 엘리야의 외침에 응답하여, 자신의 이름으로 바알의 선지자들을 도륙하던 하나님이 아니라 '작고 세미한 음성'으로 그에게 오셨다. 엘리야에게는 빛나는 한 모험이 지나가고 새로운 모험이 시작되고 있었다. 하나님과 접촉하는 데서 모험은 다시 시작된다. 그 지점에서 우리를 붙잡고 있던 너무나 인간적이고 유치한 '성공 혹은 실패'라는 딜레마가 풀리게 된다. 그리하여 우리는 실패를 의연하게 받아들일 수 있게 되고, 성공이라는 황금 감옥으로부터 자유로워진다. 하나님의 임재 아래서만 우리의 성공이 쓸모없음을 알게 되고, 우리의 삶이 성공적이었음을 주장하는 것보다 더 큰 재앙이 없다는 사실을 깨닫기 때문이다. 사라노 박사는 친구의 말을 언급했다. "다행스럽게도 우리는 인생을 망쳐 버렸습니다. 그렇지 않았다면 우리는 가망이 없었을 겁니다. 자기 인생을 망치지 않았다고 생각하는 사람은 불행한 사람입니다."[5]

13 실패의 교훈

나는 앞 장 마지막 페이지 내용에 대한 독자들의 반응이 궁금하다. 내가 성경을 인용하거나 나나 다른 사람의 종교적인 경험을 이야기할 때, 고개를 끄덕이며 수긍하는 독자들이 틀림없이 있을 것이다. 그들도 영적인 체험이 있으며, 내 종교적 단언에서 자신의 영적 체험을 확증해서 기쁠 것이다. 나와 마찬가지로 그들도, 인간이 겪는 어려운 문제들에 대해 종교적인 믿음에서 뜻밖의 놀라운 해답을 발견할 수 있음을 믿는다.

그러나 이런 것으로 인해 분개하는 이들도 있을 것이다. 그들은 이것이 전적으로 정직하지 않은 '교묘한 속임수'라고 느낀다. 처음에 문제가 제시된다. 예를 들면, 성공과 실패의 문제가 제시되고 그것에 관련된 복잡함이 드러난다. 그러다가 갑자기 어떤 예화의 도움으로 그 문제가 사라진다. "믿기만 하

라. 그러면 모든 것이 해결된다." 나는 앞에서 모든 사람의 마음에 가득한 긴박한 성공 욕구와 실패로 인한 심각한 상처를 묘사했고, 기혼이건 미혼이건 간에 한 사람의 삶을 성공적인 것으로 만드는 문제에 대해 말했다. 그러다가 느닷없이 사라노 박사의 친구와 더불어 단언했다. 다행스럽게도 우리는 실패했다고! 나는 죄의 문제에서도 마찬가지 입장이다. 사람은 처음에 죄의 무서움에 대해 듣고, 다음으로 하나님의 사랑 때문에 죄로부터 돌아서야 하는 것에 대해서 듣는다. 그리고 믿는 이들도 아직 믿지 않는 이들과 마찬가지로 죄를 짓는 이유에 대해 듣고, 마지막으로 이 사실에 대해 즐거워해야 한다는 말을 듣는다. 왜냐하면 죄 없이는 은혜를 누리지 못할 것이기 때문이다. 어떤 독자들은 이 역설이야말로 너무 손쉬운 탈출구라고 생각할 것이다.

나는 자신의 신앙을 선언하는 그리스도인들보다는, 그들 마음을 혼란스럽게 하는 이의(異議)와 의심을 표현하는 독자들에게 훨씬 더 공감한다. 내 소명은 권면하거나 설득하는 것이 아니다. 그것은 신학자들의 일이다. 내가 할 일은 남성과 여성을 이해하고, 그들의 어려움과 신앙 여정에서 그들이 만나는 모든 장애물을 이해하는 것이다. 나는 종종 이런 사람들이 대부분의 그리스도인들에 비해 종교적 문제를 훨씬 더 심각하게 받아들인다는 인상을 받는다. 그들은 '속임수' 쓰기를 거부한다. 그래서 나는 그들과 논쟁하기보다는 그들의 말에 귀기울이려고 노력한다.

그들은 그리스도인을 이렇게 비난한다. 즉 우리는 예화를 사용해 문제를 지나치게 단순화하는 경향이 강하며, 예화는 그런 문제를 다 포괄하는 것이 아니라는 것이다. 이런 비난은 옳은 것 같다. 우리는 신앙의 승리에 대해 말하고 있지만 눈물의 대가를 얼마나 치러야 하는지에 대해서는 충분히 말하지 않는 것 같다. 가장 훌륭한 종교적인 체험을 한 후에도 좀처럼 가시지 않는 어려움과 의심에 대해서도 마찬가지다. 엘리야가 동굴 속에서 흘린 피눈물을 기억하라. 겟세마네에 오른 예수님이 하나님 앞에서 지상 사역의 비극적 실패에 직면했을 때, 그 얼굴에 흘러내리던 피눈물을 기억하라. 수많은 그리스도인들이 고난을 통하여 자유를 얻게 되었으나, 사람들은 그들의 자유에 대해서만 말할 뿐 고난에 대해서는 자주 지나친다. 내 생에서 가장 아름다운 날들은 바로 눈물로 얼룩진 날들이었다.

나는 하나님의 긍휼과 자비 안에만 안전이 있음을 안다. 그러나 날마다 내 안에서 죄를 찾아내고 죄의 권세를 깨닫고 무척 놀란다. 물론 우리의 노력과 성공이 쓸모 없다는 것을 잘 알고 있지만, 그렇다고 비판에 대해 무감각한 것이 아니며 성공을 덜 갈망하는 것도 아니다. 또 내가 도와주어야 했을 병든 사람들을 도와줄 수 없었던 것에 대해 양심의 가책으로 가득하다. 약속 시간이 되어도 환자가 나타나지 않을 때, 그가 자살했을지도 모른다는 생각이 들어 괴롭다. 이 순간에 나는 이 책을 성공작으로 만들기 위해 모든 노력을 다하고 있다. 이것은 너무나 인간적이다. 물론 이렇게 하는 것은 어려움에 처한 미지의 독자에게 도움이 되기를 원하는, 내 소명에 대한 충성심에서 기인한다. 그러나 자만심과 허영심의 자극도 받고 있는데, 그것은 나의 가치를 인정받고 싶고, 누군가 내 말을 들어주기를 바라기 때문이다. 우리의 죄악과 선행, 좋고 나쁜 자질들, 의식적이거나 무의식적인 동기들은 언제나 복잡하게 엉켜 있다.

누구도 이런 문제를 풀 수 없다. 어떤 사람이 일시적인 은혜의 상태에서 자신이 문제를 풀고 있다고 느낄 수는 있지만 그 상태가 결코 지속되지는 않는다. 우리는 어느 순간 스스로 문제를 해결했다고 생각하지만 다음날 다시 그 문제에 봉착할 뿐이다. 신앙이 인생을 쉽게 풀어 주지는 않는다. 그리스도인에게도 회의론자와 마찬가지로 많은 어려움이 있다. 사실 그들은 회의론자가 아니기 때문에 실패를 견디기가 더 어렵다. 성경에서 아히도벨을 예로 들어 보자. 그는 믿는 사람이었지만, 자기 계략이 성공하지 못하자 자살을 했다(삼하 17:23). 사실은 압살롬이 다윗을 이기지 못하도록 하나님이 인도하신 것이었지만, 아히도벨은 압살롬이 자기의 충고를 거부한 사실을 견딜 수 없었다.

우리는 개인적인 문제를 풀 수도 없고, 문제 해결을 위해 급박하게 필요한 일들을 처리할 수도 없다. 그렇다면 내가 왜 사람들이 하나님과 대면할 때 일어난 일에 관한 성경 이야기나 예화를 말하는 것인가? 그것은 문제를 회피하는 방법이 아니냐는 질문을 받는다. 그렇지 않다고 생각한다. 내가 그런 이야기를 하는 것은 그것들이 사실이기 때문이고, 정말로 일어났던 일 즉 '실제 생활의 이야기들'이기 때문이다. 실제 생활은 우리 마음속에 등장하는 문제들보다 훨씬 더 중요하다. 이러한 문제들은 우리가 어떤 종교적인 체험을 하든 언제나 지적인 문제로 남을 것이다. 이런 관점에서, 성공과 실패의 문제는 풀리지 않은 채 남아 있을 것이다. 그러므로 우리는 신앙이 가져다 주는 해결책보다는 하나님이 주신 해답에 대해 더 많이 말해야 할 것 같다. 거기에는 차이가 있다. 우리의 문제는 합리적인 해결책을 찾지 못할 수도 있다. 그러나 하나님은 우리에게 해결책을 말씀하시는데, 무엇보다 중요한 것은 바로 하나님의 답변이다. 그 대답은 종종 우리의 기대와 꽤 다르다. 그분은 우리가 성공하고 있을 때, 그리고 실패하고 있을 때 말씀하신다. 그분은 우리가 스스로 문제를 해결할 수 없음을 고백할 때 우리에게 말씀하시는데, 이는 언제나 우리가 하나님의 말씀에 귀기울일 수 있는 계기가 된다.

욥은 부당한 고통이라는 문제를 하나님께 열렬히 제기했지만 문제가 풀리지 않았다. 그러나 욥은 하나님의 음성을 들었고 하나님을 만났으며, 그 결과 변화되었다(욥 42장). 하나님을 만난다는 것은 무엇을 뜻하는가? 나는 종종 이 질문을 받는데, 솔직히 어떻게 대답해야 할지 모르겠다. 그것은 경험으로 알 수 있는 것이지 설명되는 것이 아니다. 하나님은 언제나 가까이 계시며, 그리스도인뿐 아니라 불신자에게도 가까이 계시지 않는가? 우리가 거역할 때도 알지 못하는 사이에 이미 그분을 만나지 않는가? 그분에 대해서가 아니라면 우리는 누구를 거역하는가? 하나님이 우리에게 정의, 아름다움, 진리, 사랑에 대해 말씀하지 않으셨다면 왜 우리가 불의와 추함, 거짓과 증오에 대항하여 부르짖는가?

문제에 대응하는 우리의 태도를 변화시키는 생각이, 권위와 준엄한 진리와 함께 우리 마음에 솟아오를 수 있다. 그러면 비록 지적 차원에서는 문제가 해결되지 않았더라도 우리는 하나님과의 만남을 더 정확하게 인식할 수 있다. 변화되는 것은 문제가 아니라 우리 자신이다. 우리가 변화하면 문제들도 다른 모습으로 나타난다. 이전에 우리가 거부했던 것이 이제는 삶의 위대한 비밀 중의 하나로 또 삶의 신비한 법칙으로 보인다. 동시에 우리가 발견한 진리는 우리에게만 혹은 그리스도인에게만 적용되는 것이 아니라 보편적인 가치를 지닌다는 것을 깨닫게 된다. 그것은 우리 자신을 이해하고, 모든 사람을 이해하며, 인생을 이해하도록 돕는다.

그리하여 우리는, 가장 경건한 포부와 관련될지라도 실패와 실망의 험한 여정이 성공보다도 우리를 더 멀리 이끈다는 것을 알게 된다. "…우리가 하나님 나라에 들어가려면 많은 환난을 겪어야 할 것이라"(행 14:22). 플뤼게(Pluegge)가 보여 주었듯이,[1] 인간적인 참된 소망은 사람이 단순히 갈망하는 것 이상임을 알게 된다. 이러한 소망은 사람이 원하는 것을 더 이상 얻을 수 없을 때, 즉 완전한 절망의 순간에 시작된다. 사람의 가치는 성공이 아니라 부당한 실패를 견디는 방법으로 더 잘 측정할 수 있다. 그래서 무한정한 성공보다 사람에게 더 위험한 것은 없다.

그러나 우리의 성장에서 실패가 감당하는 역할을 알기 위해서는 이런 극단적인 경우만 보아서는 안 된다. 우리는 이를 일상 생활에서 볼 수 있다. 어린이는 몇 번의 실패를 통해 점차 세상을 알고, 세상과 자신의 적절한 관계를 깨닫는다. 대부분의 아기는 천장에 있는 전등을 향해 손을 뻗치다가 닿지 않는다고 운다. 넘어짐으로써 걷기를 배우고, 많은 오해를 통해 자신을 더욱 잘 표현하는 법을 배우며, 어설프고 서툰 행동을 통해 새로운 동작과 활동을 익히고, 왜 실패했는가를 이해함으로써 새로운 기술을 터득한다. 사춘기의 열기가 지나간 후에 그는 많은 실패를 겪을 것이며, 그것을 통해 자기의 야망을 능력에 맞게 분배하는 법을 배울 것이다. 그리하여 그는 꿈의 영역에 모든 것을 두지 않고 무엇인가 구체적인 것을 실현할 수 있게 된다.

일생을 통하여, 실패로 점철된 길을 힘들게 나아가는 것은 인간답게 되기 위한 훈련이 될 것이다. 그는 쉽게 성공해서 특권을 부여받은 듯한 사람들이 인간에 대한 이해가 심각하게 부족하여 고통당하는 것을 보게 될 것이다. 실패를 겪으면 처음에는 수치심을 느끼고 분개할 것이나, 후에는 그 가치를 깨달을 것이다. 의사라면, 진단과 치료에서 범한 실수를 늘 기억하여 경험이 풍부한 사람이 될 것이다. 성공이 다른 이들에게 유익이 되지만 실패는 자신에게 유익이 됨을 언젠가 이해하게 될 것이다. 뜻밖의 패배 충격에 휩싸인 국민은 유익한 에너지가 솟아오르는 것을 경험할 것이며 자신들이 저지른 실수에 눈을 뜨게 될 것이다.

이스라엘도 아이 성에서 재난을 당한 후에, 그들 위에 내린 재앙의 원인을 그들 자신과 하나님에게 물어 보기 위해 함께 모였고 그것을 찾아냈다(수 7:13). 진정한 용기는 계속 승리하는 데 있는 것이 아니라 자신의 실패와 책임을 인식하는 데 있다. 물론 그것은 쉽지 않다. 나는 전쟁이 끝난 후 1946년 봄에 독일로 처음 여행을 갔었다. 30명쯤 되는 젊은이들이 나무 아래 공터에 나를 중심으로 둘러앉았다. 그들에게는 내가 터놓고 말을 할 수 있는 첫 외국인이었고, 그들은 나에게 열성적으로 질문을 했다. "독일인들이 무엇을 잘못했는지 우리에게 말해 주세요!" 대답하기가 얼마나 어려웠던지…. 내가 정말 불쌍히 여긴 가엾은 청년들은 나치에 의해 요람에서 끌려나와 세뇌된 자들이었는데, 그들은 온 세상이 자기네들을 미워한다고 느끼지만 왜 그런지 이해하지 못하고 있었다.

그러나 조만간 우리는 인생의 의미를 이해하기 위해 한 단계 더 나아가야 한다. 그 때 실패는 완성의 학교일 뿐 아니라 가혹하면서도 필수적인 비움의 학교로 보일 것이다. 우리는 그 곳에서 실수와 실패뿐 아니라 우리가 소중히 여기는 가장 고귀한 야망도 비워야 한다. 그것은 붙잡으려 해도 늘 빠져나가는 완전에 대한 열망이다. 여기에는 우리가 과학과 인생으로부터 배운 것들, 심지어는 하나님으로부터 부여받았다고 여기는 사명도 포함된다.

여기서 기독교의 복음은, 그 어느 종교도 주지 못하는 답을 준다. 우리는 성공과 믿음의 승리에 대해 말할 뿐 아니라 핍박에 대해 말하는 예수 그리스도의 모습을 본다. 예수님은 우리에게, 행복은 우리의 욕망을 만족시키는 데 있는 것이 아니라 (자신을) 포기하는 가난한 심령에 있다고 말씀하신다. 그분은 좁은 문을 말하며, 우리에게 "누구든지 자기 십자가를 지고 나를 따르지 않는 자도 능히 내 제자가 되지 못하리라"(눅 14:27)고 말씀하신다. 우리는 모든 것을 다 빼앗긴 후 가셨던 그분의 길을 뒤따르게 된다. 겟세마네에서 그분은 실패의 두려움에 직면하셨다. 제자들은 도주했고, 자신이 구원하고자 했으나 이제 자신을 십자가에 못박으려고 하는 적들은 승리했다. 모욕과 고문, 하나님으로부터 버림받은 기분, 죽음이 뒤따랐다.

참 하나님이시고 참 사람이신 그분에게도 이런 좌절은 끔찍한 것이었다. 그분은 "내 마음이 매우 고민하여 죽게 되었으니"(마 26:38)라고 말씀하시고는 기도하셨다. 그분은 아버지께 고통을 면하게 해 달라고 비셨다. 그러나 하나님의 두려운 침묵에 직면해서는 "내 아버지여 만일 내가 마시지 않고는 이 잔이 내게서 지나갈 수 없거든 아버지의 원대로 되기를 원하나이다"(마 26:42) 하고 덧붙이셨다. 하나님의 뜻, 이것이 바로 문제를 푸는 열쇠다. 하나님은 목적을 가지고 계신다. 그리고 이 목적은 우리가 직면하여 순종해야 하는 실패를 통해서도 성취된다.

하나님은 목적을 가지고 계신다. 성경 전체가 이를 선포하고 있는데, 중요한 것은 그분의 계획을 깨닫고 성취해야 한다는 것이다. 성경에 비추어 보면 문제는 새로운 지평으로 옮겨진다. 이제 문제는 더 이상 어떤 사람이 실패하느냐 성공하느냐가 아니라 하나님의 목적을 성취하느냐 아니냐 하는 것이며, 그의 모험이 하나님과 더불어 하는 것이냐 하나님께 맞서는 것이냐가 된다. 물론 성공한다는 건 언제나 즐거운 일이다. 그러나 하나님의 뜻에 반대되는 야망의 충족에서 오는 즐거움이라면, 그 즐거움은 매우 기만적인 것이다. 물론 실패는 고통스럽다. 그러나 그 고통이 하나님의 목적의 일부라면 고통은 많은 열매를 맺는다. 하나님의 목적 안에서 겪는 실패는 사실상 실패가 아니다. 십자가가 최고의 실패인 동시에 최고의 승리인 것은, 그것이 하나님의 구원 목적을 성취했기 때문이다. 이것이 성공과 실패 사이에 명확한 경계를 설정할 수 없다는 고통스런 발견에 대한 진정한 해답이다. 무엇이 성공이며 무엇이 실패인가? 성경의 대답은 '하나님의 뜻이 무엇인가? 당신은 그분에게 순종하고 있는가?'이다.

이 태도는 고통을 찬미하는 것이 전혀 아니다. 고통이나 실패를 병적으로 추구한다는 의미가 아니다. 우리가 이미 살펴본 것처럼, 성경에는 성공의 기쁨에 대한 멋진 표현이 몇 군데 나온다. 그러나 그 성공은 하나님의 복의 상징이고, 거기에서 성취된 것은 하나님의 뜻이며, 성공은 그분으로부터 나온다는 것을 나타낸다. 성경의 앞부분에는 아브라함의 종이 이삭의 아내를 찾으러 가는 아름다운 이야기가 나온다(창 24장). 문제는, 하나님이 이삭을 위해 선택하신 여자를 찾아내야 한다는 것이다. 그의 성공과 그것이 놀라운 방법으로 성취된다는 것은 바로 그 여자를 찾아냈다는 증표다. 성경 전체에서 보면, 성공은 하나님의 증표로 해석되고 있다. 세례 요한이 예수님에게 진정 메시아인가 하고 물었을 때 그분은 그를 확신시키시기 위해 자신이 베푼 치유와 기적을 가리키셨다(마 11:2-6).

그러나 예수님은 고난을 받으시기 훨씬 전에도, 제자들에게 "자기가 예루살렘에 올라가 장로들과 대제사장들과 서기관들에게 많은 고난을 받고 죽임을 당하고 제 삼 일에 살아나야 할 것을" 말씀하셨다(마 16:21). 이 말씀은 십자가의 실패와 부활의 승리를 모두 포함하는 하나님의 목적을 가리킨다. 우리는 성경 전체에 걸쳐서 모순되는 것처럼 보이는 두 개념을 함께 발견하게 된다. 그것은 하나님의 손길이 성공뿐 아니라 실패에도 닿을 수 있으며, 기적과 치유와 고난을 이기는 승리에서뿐 아니라 고난과 박해를 받아들이는 데서도 나타날 수 있다는 것이다.

나는 쉬운 문제가 아니라는 것을 너무나 잘 알고 있다. 하나님의 목적이 어디 있는가? 성경은 합리적이지 않은 것 같다. 성경은 우리에게 객관적인 기준을 주지 않는다. 성경은 언제나 성령의 깨닫게 하심을 요구하고 있다. 그리고 우리가 솔직히 인정할 수밖에 없는 것은, 신앙의 시행 착오와 신앙과 관련된 고통스런 번민과 불확실함의 시련과 많은 과오를 거쳐 하나님의 뜻을 겸손히 끈기 있게 구하는 것 역시 성경이 요구하고 있다는 사실이다. 우리는 종종 사람들—신학자나 철학자, 예술가, 기타 활동가—이 자신이 성공했기 때문에 옳다고 생각하거나 혹은 반대로 자신이 오해와 비판과 박해를 받기 때문에 옳다고 생각하면서 극단으로 가는 것을 본다.

그들의 생각은 어떤 경우에는 옳지만 어떤 경우에는 잘못되었다. 그래서 그들은 안심할 때도 있으나 불안에 떨기도 한다. 의사들은 종종 그들의 명백한 확신 이면에 있는 뿌리 깊은 불안—그들의 꿈을 통해 폭로되는—을 발견한다. 반면에 겉으로는 의심을 드러내지만 그들의 꿈이 깊은 확신을 증거하기도 한다. 사람은 결코 확신을 가질 수 없으며, 다만 믿을 수 있을 뿐이다. 성경의 계시는 정직이나 사랑의 법칙 같은 단순한 법칙을 약간 제시할 뿐, 우리의 전반적인 행동을 위한 지침을 제시하지 않는다. 사실 정직이나 사랑과 같은 행동 원리는 우리뿐 아니라 불신자도 쉽게 받아들일 수 있으며, 기독교 계시와 자연 법칙에 공통적인 것이다.

이것이 타락 사건의 진정한 의미다(창 3장). 사람의 치명적인 실수는 '선과 악을 아는 것' 곧 하나님과 같이 되려는 바로 그 열망이었으며, 그들이 갈 길을 한걸음씩 밝혀 줄 하나님 없이 독자적으로 행동하기를 원했다는 것이다. 하나님은 사람에게 모든 영적인 통찰을 주셨음에도 불구하고, 자율성만은 주기를 거부하셨다. 자율성은 사람을 망친다. 사람이 스스로 선과 악을 안다고 주장할 때, 그는 자신을 미혹하여 하나님을 찾는 대신 성공을 좇아가게 된다. 우리의 길에는 언제나 약간의 불확실성이 있으며—심지어 우리 그리스도인들에게도—이것이 우리로 하여금 하나님을 깊이 의지하게 하고, 끊임없이 그분의 인도하심을 구하게 만든다.

우리는 삶의 어느 영역에서나 무엇을 해야 할 것인가에 대해 불확실성을 느낀다. 갈등을 겪을 때마다 끝까지 버텨야 할지 아니면 포기하고 굴복해야 할지를 몰라 번민한다. 질병, 노쇠 혹은 죽음의 위협이 올 때마다 문제가 제기된다. 그에 맞서 싸워야 하는가 아니면 그것을 받아들여야 하는가? 모순은 외양적인 것일 뿐이다. 우리는 병을 고치기 위해 끝까지 싸울 수도 있으며 그래서 성공한다면 그 성공을 하나님의 축복으로 볼 수 있게 된다. 그러나 우리가 실패한다고 해도, 실패를 받아들이는 가운데 하나님의 뜻을 보게 된다. 키에르케고르(Kierkegaard)처럼 우리도 "믿는 이는 실패 속에서 하나님의 승리를 발견한다"고 말할 수 있다.

심지어 자연에서도 성공만 보는 것이 아니다. 베르그송이 지적한 것처럼, 이런 관점에서 자연은 앞뒤가 맞지 않는다. 믿기 어려운 성공이 종종 강조되지만, 자연에는 마음을 혼란스럽게 하는 실패도 있다. 그래서 사라노 박사는 고통과 그 의미에 대해 의문을 제기하였던 것이다.[2] 그는 고통을 보는 두 가지 모순된 관점을 지적하였다. 첫째, 고통은 우리에게 병든 부분이 있으며, 그에 대한 대책을 세우라는 하나님의 경고 신호라는 것이다. 불행하게도 경고 신호가 없을 때가 종종 있다.

굉장히 심각한 질병 중에는 오랫동안 아무런 고통의 징조 없이 발전하는 병이 있다. 그 원인을 추적하여 알아냈을 때는 그 병에 맞서 싸우기에는 너무 늦다. 그리하여 무능력에 빠진 우리는 그 고통을 병과 싸우라는 의미로 해석하기보다는 영적인 열매를 맺게 해주는 인내와 단념 혹은 포기로 해석하는 것이다. 물론 이것은 논리에 맞지 않다. 그러나 논리학은 수학에서는 필수적일지 몰라도 인생을 이해하는 데는 커다란 장애물이 된다. 인생을 이해하려는 것은 곧 하나님을 이해하려는 것이며, 그분의 의도를, 여러 사건을 통해 우리를 어디로 인도하시려는지를, 성공과 실패를 사용하여 우리를 어디로 인도하시려는지를 이해하는 것이다.

성경적 관점의 무한한 가치는, 삶의 무수한 사건들을 대하는 우리의 태도를 근본적으로 변화시킨다는 데 있다. 이제 더 이상 어떤 일이 행운인가 불행인가, 우리에게 유리한가 불리한가, 성공인가 실패인가 하는 것이 문제가 아니라, 그것들이 하나님의 목적 안에서 무엇을 뜻하는가 하는 것이 문제가 된다. 예를 들어 바울은 많은 실패와 시련으로 연단된 후, 성공적인 선교 사역을 마치고 성령의 인도함을 받아 예루살렘으로 돌아온다(행 20:22-23). 그는 박해와 투옥, 순교가 자신을 기다리고 있음을 잘 알고 있었다. 그는 체포된다. 그러나 주님은 감옥에 나타나셔서 "담대하라. 네가 예루살렘에서 나의 일을 증거한 것같이 로마에서도 증거하여야 하리라"(행 23:11)고 말씀하셨다. 그리하여 그의 투옥은 하나님의 계획 아래서 새로운 전도의 기회가 되었다. 후에 바울은 로마에서 사로잡힌 몸으로 빌립보 사람들에게 쓴 편지에서 이를 다음과 같이 확증하고 있다. "형제들아 나의 당한 일이 도리어 복음 전파의 진보가 된 줄을 너희가 알기를 원하노라.…형제 중 다수가 나의 매임을 인하여 주 안에서 신뢰함으로 겁 없이 하나님의 말씀을 더욱 담대히 말하게 되었느니라"(빌 1:12-14).

교회 역사를 통해 바로 이러한 '태도의 역전'이 수많은 순교자와 신앙의 승리자를 배출했으며, 심지어 가장 큰 실패 가운데서도 그들에게 불굴의 힘을 주었고, 그들로 하여금 사람이나 사건을 전혀 개의치 않도록 완전한 독립심을 갖게 했다. "우리가 알거니와 하나님을 사랑하는 자 곧 그 뜻대로 부르심을 입은 자들에게는 모든 것이 합력하여 선을 이루느니라"고 바울은 확증한다(롬 8:28). '모든 것', 즉 우리의 실패 속에서도 하나님은 말씀하신다. 그분은 치유를 통해서, 그리고 병을 통해서 말씀하신다. 중요한 것은 그분의 말씀을 듣는 것, 우리 자신이 인도받는 것, 그분이 우리를 부르신 대로 모든 위험 부담을 감수하고 그 모험에 과감하게 직면하는 것이다. "인생은 하나님이 지휘하시는 모험이다!"

14 안전 추구 본능

나는 이 장에서 지금까지 단호하게 한쪽에 제쳐놓았던 모험 문제의 더욱 중요한 측면을 다루고자 한다. 독자들은 틀림없이 이 부분을 생각했을 것이고, 마음속으로 이의를 제기하고 있을 것이다. "당신은 정말 모든 사람이 모험의 본능으로 가득 차 있다고 확신하는 겁니까?" 그리고 이렇게 반문할 것이다. "많은 사람이 안전을 택하고, 무엇보다도 위험으로부터 자신을 지키려고 하며, 모르는 것보다는 아는 것을, 모험보다는 일상적인 것을 선호하지 않습니까?"

분명히 사람에게는 모험의 본능에 반대되는 반복의 본능이 있는 것이 사실이다. 로마 사람들은 "우리는 무엇이든 되풀이되는 것을 좋아한다"고 말하곤 했다. 어떤 사람들은 여행을 좋아한다. 멀리 떠남으로써 삶을 새롭게 하는 경험은 사람을 질식시킬 것 같은 일상 생활과 대조를 이룬다. 그러나 여행보다는 집에 있는 것을 좋아하는 사람들도 있다. 그들은 항상 친숙한 환경에서만 행복하고, 자기가 세세한 것까지 다 알고 있는 친숙한 장소를 떠나는 즉시 당황한다. 첫 번째 부류의 사람들에게 매력으로 느껴지는 '뜻밖의 것'이나 '예상 밖의 경험'이 두 번째 부류의 사람들에게는 두려움을 준다. 심지어는 집에서도 일상적인 계획을 방해하는 것은 무엇이든 당황스럽고 짜증이 난다. 그들은 아내가 가구를 옮겨서 구조를 바꾼다든가 새로운 커튼을 달아 분위기를 바꾸는 것도 싫어한다. 반대로 변화와 여행에 중독된 사람들은 집에 머물기를 좋아하는 사람들을 이해하기 어려우며, 그들을 고리타분하다고 비난한다. 그러나 두 번째 부류의 사람들도 첫 번째 부류의 사람들을 이해하는 데 똑같은 어려움을 겪으며, 그들이 조급하게 군다고 비난한다.

더욱이 여행을 좋아하는 이들 중 어떤 사람들은 항상 뭔가 새로운 것을 보고 싶어하며, 마치 한 곳에 머무는 것이 두렵기라도 한 것처럼 계속 이곳 저곳을 맹목적으로 옮겨 다닌다. 그러나 어떤 사람들은 즐거운 추억이 깃든 자기들만의 장소가 더 즐겁다. 그들은 신혼 여행 때 유쾌한 시간을 보냈던 바닷가의 바위에 앉아 있는 것을 좋아하고, 자기들을 알아보고 마지막으로 다녀간 날짜를 기억하는 호텔 지배인과 다시 인사를 나누고, 과거에 알던 거리를 거닐기도 한다. 나와 아내는 이 둘 모두의 가치를 인정하는 사람들에 속한다. 뭔가 새로운 것을 발견하는 데서 오는 즐거움과 이미 아는 것을 다시 한 번 보는 데서 오는 즐거움은 서로 다르지만 상호 보완적인 것으로, 각기 다른 본능의 만족에서 나오는 것이다. 어쨌든 오늘날 알려진 것이 어제는 미지의 것이었고, 그것을 다시 보는 데서 경험하는 기쁨은 그 첫 모험을 회상하는 것이다. 그러므로 어떤 장소들은, 예를 들어 처음 해외에 나갔을 때 머물렀던 곳은 우리에게 꽤 특별한 중요성을 지닌다. 이는 그 장소가 일상적인 것으로부터 해방되는 경험을 제공하기 때문이다.

어린 시절부터 친숙했던 냄새라든가 어조, 곡조 혹은 듣고 싶어하던 이야기로 인해 갑작스런 감정 변화가 일어나기도 한다. 독서 또한 구별되는 두 가지 즐거움을 우리에게 준다. 즉 새로 발견한 저자의 책을 읽고 새로운 감정과 생각으로 마음을 넓히는 데서 오는 즐거움이 있고, 이미 읽은 책이지만 그 다음에 어떤 내용이 전개될지 궁금해서 조급히 읽느라고 놓쳐버린 세세한 부분을 주시하며 다시 읽는 데서 오는 즐거움도 있다. 어떤 어린이는 갖고 놀던 장난감에 쉽게 싫증을 낸다. 그는 언제나 재미와 흥미를 다시 일깨워 줄 새로운 것을 필요로 한다. 그러나 어떤 어린이는 오래된 장난감을 소중히 여기며, 상상력으로 그것에 지속적으로 새로운 생명력을 불어 넣는다.

이렇게 볼 때 분명히 사람에게는 운동과 휴식의 본능, 발견과 반복 및 통합의 본능, 진보와 안정의 본능 등 뚜렷이 구별되는 두 가지 본능이 있다. 관습, 관례, 예술은 물론 문명 전체는 거시적으로 볼 때 자기 보존 본능의 한 측면인 정착의 본능에 의존하고 있다. 요즘 사회의 안전에 대한 관심이 높아지고 보험 가입이 증가하는 것은 모든 위험을 제거하려는 충동의 표시다. 미래가 보장된 샐러리맨들이 항상 실직의 위협 속에 사는 육체 노동자들에 비해 더 적은 수의 자녀를 낳는다. 스위스와 같이 잘사는 나라는, 기금을 축적하거나 외국에 대해서는 대부를 해주면서도 자국 발전 사업에 대해서는 투자를 망설이는 '은행가 콤플렉스'에 시달리고 있다.

여기서는 반복의 본능보다 모험의 본능을 더 강조하고 싶다. 후자가 사람에게 고유한 것인 반면 전자는 실상 자연계 전체에 속한 것으로, 철학자들이 말하는 보편적인 법칙, 즉 존재의 양상을 계속 유지하려는 모든 사물의 경향에 부합하기 때문이다. 물리적 세계에는 관성의 법칙이 있다. 생물학에서는 습관과 반사가 지배적이다. 나는 「인간 의미의 심리학」에서, 이 생명의 보편적 특징을 묘사한 적이 있다. 이 특징은 잘 관찰되지 않으며 판에 박힌 현상의 일정한 반복과 자동 기제에서만 드러난다.

살아 있는 존재로서의 사람 또한 엄격한 자동 기제의 법칙에 지배된다. 그 법칙은 사람의 육체적인 삶까지도 지배한다. 그럼에도 불구하고 사람이 동물과 구별되는 것은, 사람은 어느 정도 법칙으로부터 벗어날 수 있으며 뭔가 새로운 것을 발명하고 발견할 때마다 기쁨을 경험하기 때문이다. 포르트만은[1] 새들이 기막힌 건축학적 감각으로 둥지를 트는 예를 들면서,

동물이 자동 반응의 포로임을 명백히 보여 주었다. 그러나 그는 둥지가 태고부터 항상 똑같은 반면, 건축가는 새로운 형태를 생각해 냄으로써 전통주의자들의 반발을 촉발한다는 점에 주목한다.

동물에게는 모든 것이 반사, 습관, 반복, 훈련이다. 내가 기르는 개를 예로 들어 보자. 진료가 끝나고 왕진을 나설 때마다 개는 문에서 기다리다가 내가 나타나면 기뻐서 뛰어오르는데, 이는 나와 함께 차를 타러 가기 때문이다. 그것은 새로운 경험이어서가 아니라 하나의 습관이다. 사람이 독특한 것은 모험을 하고 싶어하는 본능이 있기 때문이며, 이러한 이유로 성경은 인간이 하나님을 닮았다고 말하는 것 같다. 또한 이러한 이유로 사람은 모험의 본능을 따름으로써 로봇이나 조건 반사의 집합체 이상의 것이 될 때에 비로소 자신이 사람임을 느끼게 된다.

그러나 사람 속에는 모험 본능과 정착 본능 사이의 갈등이 있다. 사람은 정착 본능을 억누를 때에만 모험 본능을 따를 수 있으며, 모험 본능을 억눌러야만 정착 본능을 만족시킬 수 있다. 동물의 행동은 꽤 단순하며, 단일한 본능에 의해 조절된다. 사람의 행동은 복합적이고 문제투성이며 번민이 가득한데, 이는 사람이 모든 억압을 불안으로 느끼고, 색다른 것과 진부한 것을 향한 본능 중에서 어느 하나를 억눌러야 하기 때문이다. 우리는 인간 본성의 특성이라고 할 수 있는 데까지 이르렀다. 이는 종종 사람에게만 있는 독특한 내부적 갈등과 연관지어 설명되었다. 곧 사람이 자연의 세계와 영의 세계에 똑같이 속해 있다 보니 영원히 그 사이에서 괴로워하는 것이다.

파블로프(Pavlov)는 개들을 실험적인 노이로제를 일으키는 유사 상황에 처하게 했는데, 그 개들은 모호한 자극에 대한 두 가지 서로 다른 반응 사이에서 결단을 내리지 못하였다. 그러나 사람은 영원히 자연적 노이로제 상태에 있다. 그것은 그가 개혁자이면서 동시에 보수주의자일 수 없으며, 모험가이면서 동시에 일상적인 일만 하는 사람일 수 없기 때문이다. 사람이 모험과 반복이라는 두 반대 극 사이에 끼여 있는 것을 관찰하면서 융(Jung)이 묘사한 것[2]을 기억해 보라. 하나의 축에 지성과 감성이라는 두 극을 놓고, 다른 축에는 직관과 현실 파악이라는 두 극을 놓는다. 사람은 분열된다. 그는 감정을 억압해야만 이성을 따를 수 있으며, 그 반대의 경우도 마찬가지다. 그는 자신의 현실 파악을 억눌러야만 직관을 따를 수 있는 것이다.

모험의 문제에서 우리는 융의 체계에 제3의 축을 추가할 수 있다. 이것은 스트라우스(Strauss)가 했던 말을 정당화할 것이다. "내게 심리학적인 함수를 준다면 나는 그 위에 이치에 딱 맞는 체계를 세우겠다."[3] 몇 년 전에 이 말을 접했을 때는 약간 지나친 주장이라고 생각했으며, 현대 심리학의 대가들에 대한 적개심에서 우러나온 말이라고 믿었다. 그러나 그의 말에는 겉으로 보이는 것 이상의 진리가 담겨 있었다. 사람은 둘로 분열되어 있기 때문에 이 분열은 당연히 정신 생활의 모든 영역에서 나타난다. 프로이트의 연구를 통해서는 사람이 성적 본능과 사회적 요구 사이에서 괴로워하는 것을 알 수 있다. 아들러를 통해 우리는 권력의 본능과 열등감 사이에서 괴로워하는 사람을 본다. 그리고 융을 통해서는 리비도(libido, 사람의 모든 행위의 숨은 동기를 이루는 근원적인 욕망-역주)와 정신적 원형(archetype) 사이의 갈등을 본다. 혹은 사람 자신이 모험의 본능과 안전의 본능, 위험 부담을 사랑하는 마음과 두려워하는 마음, 짐승과 같은 본성과 신적인 성품으로 분열되는 것을 알 수 있다.

내가 만난 환자 중에는 호감이 가고 신실한 사람이 한 명 있었는데, 그는 매우 수줍어하고 양심의 가책을 예민하게 느끼는 조심스러운 사람이었다. 그는 어떤 행동을 할 때마다 자기가 한 모든 일에 대해 자책하며, 행동을 하지 않고 자제할 때에는 자신의 무기력함을 자책했다. 그는 뛰어난 정신과 의사에게 진찰을 받았는데, 의사는 그에게 "당신은 아직 당신의 본능과 도덕 양심, 이상과 현실을 조화시키는 법을 배우지 못했군요"라고 말했다고 한다. 나도 그 말에 미소를 지었다. 우리 중 누가, 이런 양립할 수 없는 힘들을 조화시키는 법을 안다고 자신 있게 말할 수 있겠는가? 그러나 그 환자는 이것 때문에도 가책을 느꼈다. 그는 불가능한 통합을 해 내지 못한 자신을 질책했다. 내가 그 점에서 그보다 나을 게 없으며 그렇게 하려고 노력하지도 않았다고 말하자 그는 상당히 놀랐다. 내가 이런 불가피한 어려움을 피할 수 있었다면 나는 더 이상 사람이 아니었을 것이다.

어쨌든 사람이 가만히 앉아서 냉정하게 자신을 진단해도 문제가 해결되는 것은 아니다. 만일 우리의 모순적인 요구와 열망을 화해시키는 대신 그것들을 활기차고 상호 보완적인 방법으로 차례차례 선택하는 것이 어느 정도 가능하다면, 그것은 '모험의 흥분' 안에서일 것이다. 망설이는 많은 사람은 내성(內省)의 바다에 빠져 허우적대는데, 모험의 흥분은 그들을 여기서 건져 낸다. 사람들은 자신을 살피면 살필수록 그만큼 행동을 적게 한다. 그러나 적게 행동할수록 무엇을 해야 할지 알아 내는 것은 점점 더 어려워진다. 심지어 하나님에게까지 무엇을 해야 하는지 따져 묻지만 대답을 얻지 못한다. 하나님은 우리가 멈춰 서 있을 때가 아니라 뭔가 하고 있을 때 인도하시기 때문이다. 이는 움직이지 않는 자동차의 방향을 잡을 수 없는 것과 같은 이치다.

그러므로 우리는 양립할 수 없는 열망 사이의 긴장을 결코 피할 수 없다. 우리는 두 열망을 동시에 이룰 수 없으며, 한쪽을 먼저 실행한 다음 다른 것을 할 수 있을 뿐이다. 가능하다면 올바른 때에 실행해야 한다. 올바른 때, 바로 그것이다. 그래서 우리는 행위의 문제가 일시에 결정할 수 있는 원칙의 문제가 아니고, 시간적 상황에 달려 있는 실제적인 문제라고 말하는 것이다. 볼테르(Voltaire)는 "사람이 시간을 낭비하는 네 가지 방식이 있는데 그것은 아무것도 하지 않는 것, 해야 할 일을 하지 않는 것, 일을 잘못하는 것, 잘못된 때에 하는 것이다"라고 말했다. 건반에서 '레'와 '미'와 다른 음을 죽이지 않고는 '도'를 칠 수가 없다. 또한 '도'를 죽이지 않고서는 다른 음을 낼 수 없다. 그 법칙을 어기면 화음이 아니라 불협화음만 낼 뿐이다. 음악을 한다는 것은 적시에 적절한 건반의 음을 치는 것이다.

우리는 결코 본능적인 충동과 도덕적인 충동을 동시에 만족시킬 수 없다. 억압이 없는 인생이란 있을 수 없다. 우리는 이기심을 억압해야만 자비를 베풀 수 있으며, 관대함을 억압하면 이기심의 노예가 된다. 우리는 질서에 대한 욕구를 억압하지 않고서는 환상의 나래를 펼 수 없으며, 환상의 나래를 잘라 내지 않고서는 질서의 욕구를 택할 수 없다. 전에 한 여성이 이렇게 말했다. "내 속에는 수녀와 방랑자가 모두 있어요. 나는 일생 동안 그들을 화해시키려고 했지만 헛수고였지요." 누구나 두려움을 억누르지 않고서는 대담하게 헌신할 수 없으며, 두려움에 굴복할 때는 대담함을 동경하게 마련이다.

오직 동물들만이 전적으로 자발적이며, 지나가는 순간 순간의 느낌으로 순수하게 산다. 어린이들 역시 실망하다가 금방 기뻐할 수 있는 능력으로 우리를 놀라게 한다. 그러나 어른들에게 웃음은 남모르는 눈물을 감추고 있는 것이다. 그렇게 시인하지 않거나 무의식적이거나 말이다. 또한 모든 눈물 뒤에는 억압된 기쁨이 있다. 주저하지 않는 자기 희생은 없으며, 또 주저하는 마음 뒤에는 희생하고 싶은 마음이 있다.

이것이 모든 사람의 운명이며 또한 사회의 운명이기도 하다. 예를 들면, 사회는 크리스토퍼 콜럼버스나 잔 다르크를 찬양하고 이들의 모험을 경탄해 마지않는다. 그러나 사회는 오늘날의 모험가들을 박해하며, 그들을 사회 부적응자라고 부른다. 이런 가혹함은 억압이라는 잘 알려진 방어 기제로 설명할 수 있다. 나는 사회의 보수적인 성향에 대하여 이미 언급한 바 있다. 이에 대한 대가는 모험의 본능을 억압하는 것이지만, 모험에 대한 향수는 의식의 깊은 곳에 남아 있다. 모험가는 사회를 경멸하고, 막강한 사회 관습을 개의치 않고, 자유에 대한 권리를 공개적으로 주장함으로써 사회를 깊은 혼란에 빠뜨릴 수 있다. 그는 잠들어 있는 모험의 본능을 깨워서 내면적 갈등에서 오는 불안을 다시 한 번 유발하고 사회의 비난을 초래한다.

다시 한 번 우리는 '통합'(integration)이라는 융의 용어를 선택하여 그의 이론을 이해해 볼 수 있다. 분명 사람의 성취는 안정을 원하는 자연스런 욕구를 억압한 대가로 모험 본능의 고삐를 완전히 풀어 놓음으로써 얻어지는 것이 아니다. 또한 새로운 것과 모험을 추구할 욕구를 억압한 대가로 안정 욕구에 절대적 우선 순위를 부여함으로써 얻어지는 것도 아니다. 우리가 앞서 살펴보았듯이 통합은 결코 최종적이고 안정된 상태가 아니다. 그것은 항상 미완성의 모험이고, 끊임없는 접근일 뿐이다. 우리는 상반되는 경향 간의 부단한 갈등을 더욱 의식하고, 우리가 이런 긴장 속에 살아야만 한다는 사실을 받아들일 때에만 더욱 조화로운 인격의 통합에 도달할 수 있다. 어떤 학파에 속한 정신 분석가들이든 여기에 동의한다. 그들은 결코 콤플렉스 없는 삶—이는 몽상에 가깝다—을 그리지 않으며, 오히려 지금까지 무의식 속에 남아 있는 콤플렉스를 인식하려고 한다.

내가 만난 환자 중의 한 사람이 두 명의 저명 인사, 즉 데카르트와 마젤란이 나타났던 꿈에 대해 말해 주었다. 데카르트는 그에게 안전의 상징이었으며, 실수의 위험을 완전히 몰아내는 방법의 발명가였다. 이 방법은 우리에게 유용하기는 하지만 인생을 알게 해주지는 못한다. 반대로 마젤란은 모험의 상징이었다. 그는 폭풍과 재난으로 모든 배를 잃었다. 다행히 단 한 척의 배가 남았는데, 용맹스럽게 이 마지막 배로 자신의 마지막 기회에 태평양에 도착했다.

물론 철학 교수는 데카르트에게도 모험이 있었다고 항변할 것이다. 그는 이전에 사람들이 생각했던 모든 것을 백지 상태로 돌려 놓는 용기, '코기토'(*Cogito*, '나는 생각한다'는 데카르트의 말—역주)의 순순한 대담성이 있었다. 사실 우리는 데카르트주의에서 모험의 특징적인 곡선—모든 것을 정복하는 발전의 단계와 그 성공으로 인해 쇠약해지는 단계가 이어지는—과 함께 전형적인 모험을 볼 수 있다. 역사가는 우리에게, 모험가로서의 마젤란뿐만 아니라 경험이 확증하는 엄격한 추론을 했던 학자로서의 마젤란에 대해서 가르칠 것이다. 그러나 나는 철학이나 역사에는 관심이 없다. 나는 환자를 통해 인간의 공통점을 보는 것에만 관심이 있다. 그를 통해 성령이 이러한 상징적인 언어를 사용하여 우리에게 무엇을 말씀하시는지를 듣는다. 또한 나는 우리 꿈에 상반되는 경향—우리는 그 사이에 끼여 계속 분열된다—을 증거하는 모순된 상징들이 자주 나타남을 관찰한다.

모든 사람은 데카르트와 마젤란 사이에 있다. 데카르트를 따르면 그는 마젤란의 시각을 잃을 것이고, 마젤란을 따르면 데카르트의 시각을 잃을 것이다. 내가 만난 환자는 자신의 문제가 무엇인지 발견했다고 했는데, 그것은 진정한 헌신 전부에 대한 그의 반감이었다. 모든 헌신은 어느 정도 모험과 충실의 통합일 수밖에 없다. 모험은 헌신으로 보일 수 있으나 그렇지 않을 수도 있다. 그것이 어디에도 뿌리를 내리지 못하고 멀리 도망가는 것, 이 모험에서 저 모험으로 날아다니는 수단으로 사용된다면 그렇다. 종종 우리는 어디에서도 졸업하지 못하고 이 학부에서 저 학부로 끊임없이 옮겨 다니는 학생을 본다. 이들은 모험을 하고 있는 것이 아니라 자유롭지 못하기 때문에 옮겨 다니는 것이다. 진정한 모험은 자신의 행동을 선택할 수 있는 자유가 있어야 한다. 이 학생들은 이런 자유가 없기 때문에 학부에서 학부로 옮겨 다니며 끊임없이 학업을 연장하고 직업인으로서의 책임을 회피하려 한다. 겉보기에는 모험처럼 보이지만 실상은 전혀 모험이 아닌, 판에 박힌 듯한 일련의 행위를 계속하는 사람들이다.

반면에 과거의 모험의 포로가 되어 있는 사람들도 있다. 10년 또는 20년 전에 그것은 참으로 모험이었다. 너무나 짜릿한 모험이었기 때문에 꽤 오래된 경험임에도 불구하고 거기에 계속 머물러 있기를 원한다. 이들은 소중한 것을 상실하고 평범한 일상 생활의 공허 속으로 빠져 들어가는 것을 두려워한다. 그들은 과거의 모험을 붙들고 늘어짐으로써 삶에서 계속되는 모험의 기회를 박탈당한다. 그러므로 모험의 본능이 개발되려면, 개입과 후퇴 사이의 리듬이 있어야 한다.

인생은 끊임없이 진전한다. 그것은 해마다 다르게 나타나는 연속적인 모험 속에서 구현된다. 이와 비슷하게 자기를 투신하는 연속적인 모험들도 진전되는데, 그들의 모험은 갈수록 개인적인 경향을 띤다. 사람이 젊었을 때는 집단적인 모험에 참여한다. 그 때 개인적인 모험에 참여하는 느낌을 갖는 이유는, 그가 모험에 전념하며 함께 일하는 집단과 자신을 동일시하기 때문이다. 그가 솔선해서 시작한 모험이 아닐지라도 그것은 여전히 모험이다. 경험은 그를 성숙시키며, 그는 자기 마음을 사로잡을 더욱 정확하고 개인적인 목표를 점차 구별하게 된다. 그는 더욱 새롭고 개인적인 일거리에 투신할 자유를 얻기 위해 그의 첫 번째 모험으로부터 자신을 분리시킬 수 있어야 한다.

역사에서도 같은 교체가 발견된다. 모든 국가는 모험의 시기와 강화의 시기를 겪는다. 요즘도 향수에 젖어 '마차를 타고 다니던 좋았던 옛 시절'을 회고하는 사람들은 고리타분한 유형으로, 그들에게는 모험을 하고픈 욕망이 조금도 없다. 그들은 급속한 변화로 열정적이고 모험심이 강한 사람이 자꾸 늘어나는 현대 세계를 못마땅하게 생각한다.

역설적으로 보이지만, 도덕의 분야에서도 일정한 후퇴가

더 순수한 모험의 전제 조건이 된다. 나는 열렬하게 알코올 중독 반대 투쟁을 벌이는 부모를 둔 사람을 기억하고 있는데, 그는 지성적이고 양심적인 사람이었다. 부모의 영향으로 인해 그는 어렸을 때부터 평생 금주를 하겠다고 서약했다. 사실 그는 음주를 시작할 생각이 없었지만, 얼마 후 자신의 금주 서약이 아이가 자신을 부모와 동일시하는 어린 나이에 이루어졌기 때문에 별다른 도덕적 의미가 없다고 느끼게 되었다. 후에 그는 자유롭게 책임을 질 수 있는 방식으로 금주하기 위해 자신의 서약으로부터 해방되기를 요청했고, 결국 서약은 파기되었다.

같은 방식으로 한 여성이 목사에게 엄숙히 서약을 했다. 그녀 또한 약속을 깨뜨리고픈 생각은 없었다. 그러나 그녀는, 자신의 도덕적 입장이 자신이 한 약속에 의해 부과된 것일 뿐이며, 자유롭고 인격적인 것이 아니라고 생각하게 되었다. 그녀는 이제 나에게, 자신의 훌륭한 도덕적 행위가 다시 한 번 진심에서 우러난 것이 될 수 있도록 자기를 서약에서 자유롭게 해 달라고 엄숙하게 요청하였다.

나도 한번은, 나의 직업에 더 깊이 헌신하고 싶은 욕구를 표현하기 위해 금연한 적이 있었다. 물론 흡연을 죄라고 생각한 것은 아니다. 또 금연에 금욕적 장점이 있다든지, 심지어 근본주의 교회에서처럼 신앙 간증으로서의 장점이 있다고 생각했기 때문에 결정한 것은 아니다. 단지 구체적인 행동이 모호한 의도보다 훨씬 가치 있다고 생각했기 때문이며, 환자들에게 내적인 자유에 대해 말할 때 거북함을 느끼지 않기 위해서였다. 그러나 몇 년 후 나는 다른 행동으로 인해 수치를 당하게 되었는데, 불현듯 나 자신이 그리 나쁜 사람이 아니라는 사실을 스스로에게 확신시키기 위해 이 작은 희생을 이용하고 있음을 알아차렸다. 깨끗한 양심을 가진 척하는 이런 허세가 바로 바리새주의(형식주의)였다. 나는 다시 흡연을 시작했다.

이제, 삶의 발전 과정에 특징적으로 나타나는 개입과 후퇴의 리듬이라는 문제로 돌아가자. 개입 없이는 모험도 없다. 그러나 그 모험이 진부한 것이 되면, 오직 후퇴만이 우리를 신선한 모험에 뛰어들 수 있게 하며 자유의 감각을 회복시켜 준다. 15년 전에 나는, 쥐리히의 메데(Maeder) 박사와 리용의 장 드 루즈몽(Jean de Rougemont) 박사와 더불어 인격 의학에 관한 연례 회의를 개최했다. 아내와 나는 이 계획에 전심 전력으로 헌신하였다. 신앙 고백과 국적과 전공 분야를 달리 하는 의사들을 소집하여 솔직한 토론을 유도하며, 의술을 좀더 인도적인 사역으로 만드는 길을 찾기 위해 협력하는 일이 우리에게는 멋진 모험이었다. 우리는 그 그룹과 너무나 밀접하게 동일시되었기 때문에 많은 동료들은 그 모임을 '투르니에 그룹'이라 부르기 시작했다.

우리는 그러한 호칭에 대해 항의하고 친구들도 항의하였지만 아무런 소용이 없었다. 그 호칭은 그대로 유지되었다. 그 이름은 무엇인가 의미하는 바가 있었다. 우리 부부의 깊은 헌신, 그리고 다른 회원들의 우정과 존경심으로 인해서, 그 모임을 운영하는 데 그들 중 아무도 우리 부부와 같은 책임을 느끼지 않았던 것이다. 우리 부부가 주도권을 잡기를 기대했기 때문에, 공동체적인 노력이기를 바랐던 이 운동이 지나치게 개인적인 성격을 띠면서 나에게 너무 의존하는 양상으로 나타났다.

그 운동에서 내가 너무 큰 역할을 한다는 비난의 말을 들었을 때 나는 짜증스런 반응을 보였다. 나는 결코 강압적으로 행동하지 않았다고 항변하였다. 그러나 동료 한 사람이, 그 비판을 하나의 경고로 볼 수 있도록 나를 도와주었다. 그는 아이가 자라서 15세가 되면 아버지로부터 자유롭게 독립하는 것을 배워야 한다고 지적했다. 나는 아직도 어떤 면에서 보면 그 그룹의 아버지였고 나의 아내는 어머니처럼 되어 있었다. 그러나 우리는, 부모로부터 독립하여 책임감 있게 행동하는 아들의 부모와 같다. 나를 자유롭게 하여 신선한 모험을 하기 위해, 어떤 후퇴가 필요했다. 몇몇 동료들의 협조 아래 사라노 박사가 나를 대신하여 키를 잡았다. 그것은 나에게 더 이상 새로운 모험이 아니었으나 그에게는 모험이었다. 어떤 운동이 계속해서 살아 있으려면 모험에서 모험으로 나아가야 한다.

주목할 만한 사실은, 1년 전만 하더라도 이 후퇴는 내 인생의 재난처럼 보였을 것이라는 점이다. 그러나 이제는 그것이, 내게 자극을 주는 자유 감각과 함께 나의 인생을 풍요롭게 했음을 안다. 아마도 이것이 내가 모험 정신에 관한 이 책을 쓰면서 큰 기쁨을 느끼는 이유일 것이다.

또한 전력을 다해 투신하던 흥미진진한 모험이 갑작스런 일로 차단되는 바람에 풀이 죽은 사람이 있다면, 내가 방금 한 말이 어느 정도 위안이 될 것이다. 혹은 자기가 하던 일을 포기해야 한다고 느끼면서도, 거기에 너무 밀착된 나머지 포기를 망설이는 사람에게도 용기를 줄 것이다. 이미 유용한 단계를 지났지만, '영광스럽던 과거를 배신하는 것'을 두려워하는 어떤 사람 때문에 계속 진행되는 일들을 생각해 보라. 몇 년 동안 열성적이고도 능률적으로 미술 단체나 문학 단체, 회사 혹은 종교적 모임이나 전문 협회를 설립하거나 이끌어 오던 사람들이 있는데, 그와 가장 가까운 동료들이 속으로 그가 은퇴하기를 기대해 보지만 소용이 없는 경우를 생각해 보라.

가령 나와 동료가 나를 깨우치기 위해, 자라나는 아이들로 하여금 그들의 자유를 추구하지 못하도록 막는 부모를 예로 든 상황을 생각해 보자. 가정 교육을 통해 아이들에게 가능한 한 더 나은 인생을 살도록 가르치고 준비시키고 그들이 자라나는 것을 보는 것은 부모에게 매우 커다란 모험이다. 바로 그 이유 때문에, 부모는 아이에게 집착하고 떨어지지 못한다. 아이가 이제부터 자신의 인생을 자유롭게 살아갈 권리를 요구하는 바로 그 행동이, 부모에게는 그 때까지 멋진 모험이었던 과업을 빼앗기는 일인 것이다. 부모가 그 어려운 (부모 역할로부터의) 퇴임에 직면하도록 도울 수 있는 것은, 그들이 그것을 새로운 모험의 시작으로 보는 것이다.

이렇게 이어지는 모험이야말로 인생의 이미지이며 인생의

의미다. 인생은 결코 멈추지 않는다. 출생이 모험이면 죽음 또한 모험이다. 젊음이 모험이면 노년 또한 또 다른 모험이다. 이런 관점에서 본다면 늙어 가면서 무엇인가로부터 하나씩 물러나는 것은 이제 전혀 다른 뜻을 지니게 된다. 그것은 인생을 황폐하게 하는 것이 아니라 새로운 모험 속에서 인생을 풍요롭게 하는 것이다.

그러므로 자기 투신이 하나의 모험이면 그만두는 것 또한 모험이다. 어떤 일에 충직한 것과 그것에서 물러나는 것이 모두 모험이다. 고정 본능이 없는 모험 본능은 사람의 에너지를 분산시킬 위험이 있다. 그리고 모험 본능은 모든 에너지를 무기력하게 할 위험을 내포한다. 그렇다면 우리는 어떻게 확대와 축소라는 존재의 두 극을 통합할 수 있을 것인가? 나를 잘 이해하셨던 장인은, 돌아가시기 전에 아내에게 이렇게 말씀하셨다. "네가 할 일은 네 남편이 일을 너무 크게 벌이지 못하게 하는 것이야." 나는 결코 그렇게 하지 못했으며, 앞으로도 그럴 것이다. 그러나 장인의 소원을 이루는 데 가장 크게 기여한 것이 있다면, 그것은 내가 하나님으로부터 부여받은 이 직업이다. 하나님은 의학의 영적인 혁신에 헌신하라고 부르심으로 나를 커다란 모험 속으로 던지셨고, 나로 하여금 노력을 분산시켜 놓을 수도 있었던 다른 많은 모험을 포기하도록 하셨다.

하나님은 창조적인 모험을 인격적인 것으로 만드시며, 과거에 충직한 것도 인격적인 것으로 만드신다. 그분은 그 손을 한 번 쟁기에 올려 놓으시면 결코 뒤를 돌아보지 않으신다. 예수 그리스도가 보여 주신 모범은 놀라운 것이다. 그분은 당시 유대인들의 율법주의와 결코 타협하지 않음으로써 진정한 혁명과 투쟁을 야기하셨고, 동시에 종교적 관습들을 철저하게 준수하심으로써 자신이 모세의 율법을 폐하러 온 것이 아님을 선포하셨다. 우리가 그분으로부터 배웠다면, 한편으로 우리는 항상 모험의 정신을 재발견해야 하며, 다른 한편으로는 마치 메뚜기처럼 이 일에서 저 일로 뛰어다니지 않도록 우리 행위의 의미를 깊이 이해하는 법을 재발견해야 한다. 그분은 우리가 겪어야 할 위험을 단계적으로 보여 주신다. 그러나 그분은 우리에게 신중함과 참을성 또한 가르치신다. 하나님은 세계를 창조하셨고, 그분의 지혜로 물리학과 생물학의 기계적인 법칙을 세우셔서 세계를 보존하도록 하셨다. 오직 하나님 안에서만 (새로운 것의) 발명과 (기존의 것의) 조직이 완전히 결합된다. 그래서 우리는 하나님께 귀기울이고, 계속 그분에게로 돌아가며, 모험의 길을 따라 그분의 인도를 받아야 하는 것이다.

3부 선택

L'Aventure de la Vie

15 가치 있는 모험

모험은 있어야 한다. 그런데 어떤 모험이어야 하는가? 나는 이제 이 질문을 다루고자 한다. 인간은 누구나 동물처럼 자연적으로 주어진 것에 만족하지 않고 스스로 어떤 것을 선택하여 자신의 삶을 구현한다. 자기 앞에 우연히 나타나 욕망을 자극하는 뜻밖의 기회를 잡는 데서 만족할 수 없는 것이다. 아마 독자들 중에는 모험이 인간 특유의 것이라는 나의 말이 잘못되었다고 생각하는 사람도 있을 것이다. 모든 동물의 생활도 일련의 모험이 아닌가? 밀림의 원숭이, 들판의 토끼, 초원의 영양, 철새, 이 모든 동물의 생활이 바로 모험이지 않은가? 동물이 서로 싸우고, 약자가 강자에 대항해 목숨을 걸고 마지막 순간까지 자신을 방어하려는 나날의 투쟁, 이것이 바로 극적인 모험이 아니고 무엇인가?

나는 방금 아내와 함께 산책을 마치고 돌아왔다. 산책길에서 우리는 작은 개 한 마리가 고개를 치켜들고 신나게 종종 걸음을 걷고 있는 것을 보았다. '모험에 나선 개'라고 생각했다. 그러나 사실 그 개의 행동은 우연한 것이다. 그 개는 그저 본능에 따라 움직였다. 동물의 행동이, 녹음된 음반을 트는 것이라면(가끔 아주 아름다운 곡일 때도 있다), 인간은 자기 작품을, 덜 아름다울지 몰라도 자신만의 독특하고 개성적인 곡을 즉흥적으로 만들어 낸다. 인간은 자신이 자동적인 기제만으로 이루어진 몸과 마음 그 이상임을 알고 있다. 인간은 자기가 인격체임을 알고 있으며, 자기 안의 비물질적인 실재, 즉 자아가 자유롭게 선택한 목표를 이루려고 몸과 마음을 이용하고 있다는 것을 알고 있다. 이러한 점에서 인간은 영적인 존재다. 모든 선택은 가치를 염두에 둔 것이며, 가치의 세계는 영적인 세계이기 때문이다.

같은 직장의 한 젊은 동료가 진료실에 찾아와, 자신이 갑자기 인생의 결정적인 전환점에 이르렀다고 말했다. 그는 몇 해 동안 열정적으로 연구를 해 왔는데 그만 사정이 생겨서 그 연구팀을 떠나게 되었다. 그가 하던 일만큼 흥미진진한 자리를 찾기가 쉽지는 않을 것이다. 그런 자리가 나타나기를 기다리며 귀중한 몇 해를 허비하게 될지도 모른다. 그러나 임시직일지라도 다른 종류의 일을 한다면, 지금까지 투신한 연구의 모험으로 다시 돌아올 수 없을지 모를 위험을 무릅쓰는 것이다. 나는 이렇게 물어 보았다. "세상에서 가장 하고 싶은 일은 뭔가?" 오래 침묵하던 그가 대답했다. "뭔가 가치 있는 일을 하고 싶습니다."

우리는 몇 시간이나 그 '가치 있는 일'에 대해 이야기를 나누었다. 열정적이고도 흥미로운 대화일 수밖에 없었다. '뭔가 가치 있는 일'이라는 것은 무슨 뜻인가? 게다가 정말 가치 있는 것이 있기라도 한 것인가? 그 대화에서 특히 어려웠던 문제는 여기에 객관적, 주관적 준거가 기묘하고도 긴밀하게 연관되어 있다는 점이었다. 분명히 그 '가치 있음'이라는 것은 그것을 받아들이는 사람에게 객관적인 가치, 그 자체로 의미 있고, 자신과는 독립된 가치로서 나타나야 하고, 의심할 바 없이 확실하며, 그것에 대한 자기 헌신을 정당화할 수 있어야 하며, 자기가 임의로 만들어 낸 목표가 아니어야 한다. 그렇다 해도 나는 다른 사람에게 무엇이 가치 있는 것이라고 대신 판단해 줄 수 없다. 나에게 가치 있는 것이 그 젊은 동료에게도 반드시 그렇다고 할 수 없으며, 그 반대의 경우도 마찬가지이기 때문이다. 내가 그에게 나의 가치관을 강요하거나 권했다면, 나는 그를 책임 있는 인간으로 대하지 않은 셈이다. 심리 치료는 반드시 '비지시적'이어야 한다고 말하는 이유가 바로 거기에 있다.

그러나 그렇다고 해서 내가 "그건 자네 문제일세. 난 자네를 좌지우지하고 싶지 않아"라고 말할 수도 없다. 그러면 그의 생애에서 가장 중요한 문제를 그가 홀로 직면하도록 내버려두게 될 것이다. 그에게 대화가 필요한 것은, 아무도 혼자서는 자신을 이해할 수 없고 다른 사람을 만날 때에만 가능하기 때문이다. 물론 보편적으로 수긍되는 가치가 있기는 하지만, 이에 대해서는 논쟁의 여지가 없기 때문에 이것과 연관지어 그를 도울 수는 없다. 이외의 것에 대해서는 논의-엄격하게 인간적인 측면의 논의-가 소용이 없다. 예컨대 혁명과 같은 대의명분이 나에게는 몸과 마음을 바쳐 헌신할 만큼 가치 있는 일일 수 있지만, 다른 사람에게는 오히려 그것과 맞서 싸우는 것이 가치 있고 헌신할 만한 일일 수 있다.

그러므로 인간에게는, 모든 동물에게 공통적인, 목숨을 건 보편적 투쟁에 '가치에 대한 영원한 투쟁'이 덧붙여진다. 종교 전쟁보다 더 끔찍한 전쟁은 없다. 인간이 서로 돕고 대립 없이 사이좋게 지낼 수 있는 길은 상대방의 가치 선택을 이해하려고 노력하는 것뿐이다. 그러나 나는 그 사람이 옳은지 그른지를 독단적으로 결정할 수 없다. '가치 있다'는 것은 결코 '지식'과 같은 보편적인 체계가 아니다. 불가지론자에게는 미안한 말이지만, 그것은 '믿음'이라는 개인적인 체계다. 불가지론자는 아무것도 믿지 않는다고 주장하면서도 실제로는 늘 자기들이 믿고 있는 가치를 아주 고귀하게 섬긴다.

나는 사르트르의 견해를 더욱 진지한 것으로 본다. 그는 인간이 가치에 자신을 바치는 한에서만 인간일 뿐이라는 데 동의하지만, 그 가치를 자기 마음대로 선택할 수밖에 없는 것이 인간의 운명이라고 말했다. 실로 가치란 스스로를 계시하시는 하나님을 믿지 않는 사람에게는 임의적인 것이 될 수밖에 없다. 여기에서 사르트르의 탄식이 나온다. "나의 자유는 가치의 근거가 없는 상태에서 스스로 그 근거가 되어야 하기에 괴롭다."[1] 삶이 부조리하다고 주장하는 카뮈는 사르트르의 견해에 동조하기를 한사코 거부하지만 "산다는 것은 그 자체로 가치 판단이다"라고 말한다. 그는 인간의 위대함을 드러내는 것이 반항이라고 말하면서 "모든 반역은 암묵적으로 어떤 가치를 내세운다"[2]고 주장한다. 프로이트는 가치를 심리적 투사에 기인한 환상으로 보고 부정했지만, 그의 제자들은 그의 의견에 결코 동의하지 않는다. 오디에(Charles Odier) 박사[3]가 참된 가치와 그의 스승이 거부했던 사이비 가치를 구별하는 기준을 제시했던 것은 무엇보다 참된 가치의 인식을 촉진하기 위해서였다.

그러므로 우리는, 심리학이라는 수단으로 사람들이 자신의 마음을 더욱 분명히 들여다보고, 가치 판단을 왜곡할 수도 있는 무의식적인 요소를 이해하도록 도울 수 있다. 그러나 종교적인 계시를 떠나서는 그 젊은 동료처럼 자신에게 무엇이 가치 있는지를 불가피하게 선택해야 하는 사람들에게 전혀 도움을 줄 수가 없다. 물론 계시에 의존하는 것이 의사가 할 일은 아니다. 사람들은 신학자들의 강경한 의견 차이에서 이미 혼란을 겪고 있다. 하나님을 대신해서 말한다고 주장하는 사람들의 논쟁만큼 치열한 것은 없다.

나와 이야기를 나누며 '뭔가 가치 있는 일'을 하고 싶다던 그 동료는 그리스도인이었다. 그는 자신의 신앙에 관해 자세히 말해 주었다. 그러나 일상 생활에서 특정한 결정을 내릴 때,

종교상의 신조(그것이 무엇이든)가 함축하는, 세상과 하나님과 인간에 대한 일반적인 개념을 연관시키기란 쉽지 않다. 말하자면 신조는 외환으로 표시된 신용장과 같아서, 우리 나라에서는 그것으로 빵 한 조각도 살 수가 없다. 외환 거래소를 찾아가서 환전해야 일용품을 살 수 있는 것이다.

이것은 선택하는 가치와 상관없이 불신자에게도 문제가 된다. 나는 이런 식으로 무엇이 가치 있는 일인가를 자문하는 사람들은 자신과 종교적인 토론을 벌이고 있다고 본다. 종교의 의미는 인간을 넘어서는, 인간 외부에 있는 것을 지향하는 데 있다. 무엇이 가치 있는지 따져 보는 사람은 그것으로 인해 자신을 넘어서는, 자신의 외부에 있는 어떤 규범을—이를 하나님과 연관시키지 않더라도—추구하고 있는 것이다. 불신자의 신앙은 나에게 언제나 큰 관심을 불러일으킨다. 신자의 신앙은 이미 잘 알려져 있다. 신앙 서적에서도 얼마든지 찾아볼 수 있다. 신자는 하나님을 안다고 고백하며, 우리가 하나님께 어떤 죄를 짓고 있는지 언제나 서슴없이 이야기하지만, 불신자는 하나님을 모른다고 말한다. 그러나 무엇이 가치 있는 것인가를 진지하게 생각할 때마다 그는 자기도 모르는 사이에 하나님을 찾게 된다.

최근에 나는 한 젊은 여성을 만났는데, 그녀는 오랫동안 신앙 생활을 해 왔지만 신앙이 미숙하고 어렸다. 개인적인 면이나 사회적인 면에서 더 이상 어린아이가 아니었지만 신앙만은 성숙하지 못했던 것이다. 그녀는 자신이 고통스런 사막을 건

너고 있으며 그 여정 중에 신앙을 잃어버렸다고 느꼈다. 그래서 하나님을 '미지수'(X)라고 불렀다. 나는 이 호칭에 반해 버렸다. 이 이름은 다른 철학자나 신학자가 내린 정의보다 더욱 타당하고 의미 있게 느껴졌다. 근본적으로 이 여성의 마음 중심에는 하나님이 늘 자리하고 계신다. 그분은 그저 자신의 가명을 바꾸셨을 뿐이다. 유대인들도 그분을 야웨라는 가명으로 불렀다. 그분의 경외할 이름을 직접 부르지 않기 위해서였다. 생각해 보면 '하나님' 역시 가명이다. 우리는 그 이름으로 신비한 미지의 모험가 '미지수'(이렇게 표현할 수 있다면)의 사역 중 극히 일부만 알고 있을 뿐이다.

그러나 이 미지의 모험가는 우리가 가치에 대한 논쟁을 벌일 때마다 그 배경에 자리잡고 있다. 앞서 언급한 젊은 동료나 나의 경우에서처럼 또 다른 사르트르, 카뮈, 프로이트가 자신의 주장을 내세울 때도 그분은 거기에서 멀지 않은 곳에 계신다. 놀라운 것은, 오직 인간만이 삶의 모든 방향과 행동이 달려 있는 가치를 추구한다는 점이다. 이것은 사람이 훌륭한 조언을 듣지 못해서가 아니다. 사람들은 언제나 어떤 일을 해야 마땅한지 기꺼이 말해 준다("내가 자네라면 말이야, 난 이렇게 하겠네"). 그 사람을 잘 알아야만 조언을 해줄 수 있는 것은 아니다. 우리는 어떤 신학자가 우리에게 어떤 교리를 가르칠지 미리 알 수 있다. 아마 내 책을 줄곧 읽어서 나를 잘 아는 독자라면 새로 내는 책에서도 내가 무슨 말을 할지 짐작할 수 있을 것이다.

그러나 선입견이나 이미 세워져 있는 체계를 따르지 않고, 어떤 길을 선택할지에 대해 개인적인 통찰을 얻으려고 진지하고 성실하게 노력하는 사람은 참으로 외롭고 고통스러울 만큼 확신이 서지 않는다. 키에르케고르는 이것을 예민하게 인식하고 있다. "내게 정말 부족한 것은 '내가 무엇을 해야 할지'를 분명히 하는 것이다.…문제는 나 자신을 이해하고 하나님이 정말 '내가' 무엇을 하기를 바라시는지 아는 것이며, '내게' 참된 진리를 찾고 '내가 생명을 걸 수 있는 사상'을 찾는 일이다."[4] 이 중대한 문제를 해결하기 위해서는, 조언이나 종교적인 교리를 인용해서 매끄러운 답변을 해주는 사람이 아닌, 우리가 하는 말을 귀기울여 주고 이해하며 우리와 공감할 수 있는 사람을 찾아야 한다. 이것이 다름 아닌 의사의 역할이다. 그렇게 되면 의사는 본분을 벗어나 자기와 상관없는 일에 간섭하게 될 것이라고 말하지 말라. 사람의 건강은 세균 감염이나 비타민 섭취의 문제만큼이나 자신과의 조화, 올바른 가치의 선택과 그 결과인 충만한 만족감에 달려 있기 때문이다.

고금의 훌륭한 의사들은 사람에게 의약품만이 필요한 것이 아니라, 삶의 도움을 받아야 하고, 인격체가 되어야 하며, 모험을 선택해서 자신을 바칠 수 있어야 한다는 것을 이해했다. 그래서 폴 플라트네(Paul Plattner) 박사는 인격 의학이 가치의 세계를 의학에 도입하고 있다고 말하는 것이다.[5] 이러한 가치 탐구, 이 어려운 토론은 생의 외적인 모험에 선행하며 이를 결정해 주는 내적인 모험이다. 이 엄숙한 망설임 또는 깨달음의 순간에, 구스도르프의 말에 따르면 이 '특권적 순간'에 한 사람의 인생에서 일정 기간의 전 행로가 달려 있다.[6] 그래서 위험 부담도 그만큼 크다. 이런 상황에서 불신자는 그리스도인과 마찬가지로 어떤 인간적인 조언보다도 절대적인 조언을 구하게 된다. 인간적인 조언은, 자기의 개인적인 책임을 다른 사람에게 전가하고자 마음만 먹는다면 쉽게 얻을 수 있는 것이다.

따라서 모든 인간은 종교적인 존재임이 드러난다. 인간은 임의대로 선택할 수 없다. 인간은 자신의 외부에 있는, 자신을 넘어서는 어떤 질서와 자신이 연결되어 있음을 본능적으로 느끼고, 그 질서를 따를 때는 옳은 결정을 내리게 된다. 인간은 모험과 창조에 대한 욕구를 품지만, 보편적인 가치에 의거하지 않고 무작정 아무것이나 만들어 낼 수는 없다. 그렇다고 선택하지 않을 수도 없다. 그것은 포기, 무책임, 비인간성을 선택하는 것이기 때문이다. 한(Hahn) 교수는 이렇게 말한다. "최악의 실패는 바로 행동하는 데 실패한 것이다."[7]

또한 인간은 절반만 선택하여 엘리야가 이스라엘 백성을 꾸짖었듯이 "둘 사이에서 머뭇머뭇"(왕상 18:21) 할 수 없다. 엘리야는 진정한 모험에는 온전한 확신이 있어야 한다는 것과 누구도 가볍게 선택한 모험에 전적인 확신을 가질 수 없다는 것을 알고 있었다. 가벼운 선택은 한때의 기분 전환을 위해 진열장에 있는 장난감을 고를 때나 할 수 있는 일이다. 어떤 대의건 진정으로 헌신하려면 자신이 대의를 붙드는 것이 아니라 대의가 자신을 사로잡고 있다고 느껴야 한다. 즉, 그 대의가 당사자에게 가치 있는 일로 뚜렷하게 각인되어야 하는 것이다. 카뮈는 인간을 일컬어, "역설적이게도 살 만한 이유를 주는 사상 혹은 환상 때문에 자진해서 죽기도 한다"고 말한다.[8]

더 나아가서, '가치 있는' 것을 선택하는 일은 여러 '가능한' 것을 과감하게 단념하는 것을 함축한다. 앙드레 사라동(André Sarradon) 박사는 사산한 모든 쌍둥이, 즉 우리가 희생시켜야 했던 다른 모든 삶과 인물을 거론한다. 여기에서 죄책감이 발생한다. 즉 목표나 가치를 정하는 순간, 그에 미치지 못하거나 그 목표를 이루지 못할 때마다 책임감을 느끼게 된다. 그 결과 죄책감과 함께 구원의 필요성, 어쩔 수 없는 잘못에 대한 보상, 잘못된 선택과 자신의 불성실함에 대한 용서의 필요성이 제기된다.

역사에 어떤 행동의 흔적을 남기는 것이 그 행동의 가치를 충분히 증명하는 길이라고 생각한다면, 우리는 당장 망상에서 벗어나야 한다. 얼마나 많은 사람이 개인적인 모험 욕구를 채우기 위해 끔찍하기 그지없는 재앙을 인류에게 안겨 줌으로써 역사에 이름을 남겼던가! 그러나 이타적인 행동이 반드시 가치 있는 것은 아니다. 원래 의도가 이타적이라 해도 결과는 그렇지 않을 수 있기 때문이다. 우리는 누구나 선택에는 등급이 있다고 느끼며, 많은 일에서 성공을 거두고서도 최고의 가치를 둔 일에서는 성공하지 못했다는 이유로 인생 자체를 가치 없다고 느낄 수 있다. 그러나 가장 소중한 꿈을 이루었노라고 자랑할 수 있는 사람이 과연 누구란 말인가?

그 젊은 동료가 말한 '뭔가 가치 있는 일'이 아주 골치 아픈 문제를 불러일으킨다는 사실을 이제 알게 되었을 것이다. 앞서 젊은 프랑스 여성에 대해서 말한 바 있는데, 이쯤에서 다시 그 이야기를 하고 싶다. 가치 있는 모험에 대해 적잖은 시사점을 던져 주기 때문이다. 그 여성은 반(反)교권적 세속주의를 옹호하는 프랑스 가정에서 성장했는데, 교회에 대해 반감을 나타내는 정도를 훨씬 넘어 세상과 인생에 대한 어떤 종교적 개념도 거부했다. 또한 호전적인 태도로(일종의 생생한 모험으로) 인간의 완전한 성숙을 가로막고 있는 교회와 종교의 속박에서 벗어나야 한다는 확신에 차 있었다. 아마 이 여성은 하나님에 대해 부정적인 얘기만 들었을 것이다.

어렸을 때부터 그녀는 '우리 행동의 의미는 무엇일까?'라는 별난 궁금증을 늘 품었다고 한다. '내가 오른쪽으로 가지 않고 왼쪽으로 가거나, 왼쪽이 아닌 오른쪽으로 가고, 저것이 아닌 이것을 하는 것에는 무슨 의미가 있을까?' 그녀는 (내가 들은 기억으로는) 열두 살 때쯤 별안간 마음이 환해지는 것을 느꼈다고 한다. 그 일이 발생한 정확한 장소까지 기억하는데, 바로 론 강의 다리 한가운데였다. 그 때 갑자기 기쁨으로 가득 차는 것을 느꼈다고 한다. 그 때까지 끊임없이 떠오르는 질문에 대한 해답을 발견했기 때문이다. 그녀는 아무리 사소한 행동이라도 세계 전체의 의미와 부합되고, 세계의 전 역사에서 작은 구성 요소로서 적절한 자리를 차지하게 되면 의미를 갖게 된다고 깨달았다.

일찍이 그녀는 세상의 의미를 어디에서 찾을 수 있는지 부모님께 물어 보았다. 그러자 아버지는 그것은 당치 않은 질문이며, 나이가 너무 어려서 이해할 수 없을 것이라고 대답했다. 그래서 그녀는 만나는 사람에게마다 같은 질문을 하곤 했다. 몇 해 뒤에 어떤 사람이 '성경에' 답이 있다고 말해 주어서 당장 성경을 한 권 샀지만, 쉽게 이해할 수 없었다. 도무지 무슨 말인지 알 수가 없었던 것이다. 그래도 그녀는 처음으로 그럴듯한 대답을 들었다. 과학이나 철학이나 인간의 어떤 지성도 우리에게 사물의 의미를 가르쳐 줄 수 없다. 그것은 오직 만물의 창조주에게만 속한 비밀이기 때문이다. 우리는 하나님이 자신의 계획과 목적 가운데 우리에게 계시해 주기로 작정하신 것만을 알 수 있다.

사물의 의미에 대해 질문하는 것은 인간의 천성이다. 인간은 그것이 어떤 의미를 띠고 있는지 묻지 않고서는 실망과 고통을 감내할 수 없다. 또한 즐거움과 쾌락을 스스로 포기할 수 없다. 그 프랑스 여성의 부모가 딸의 질문이 당치도 않다고 말한 것은 이들이 종교에 대한 좋지 않은 감정을 가지고 그 질문을 의식에서 밀어냈기 때문이다. 사물의 의미라는 문제는 무척 종교적인 문제다. 즉, 이 세상은 창조된 것이며, 창조주가 의도한 일관성 있는 계획의 일부를 이루고, 세상의 의미는 그 계획을 실현하는 것이 되든지(그 젊은 여성이 깨달았듯이 이 경우에는 모든 개별적인 행동의 의미가 창조주의 계획을 실현하는 구성 요소가 된다), 아니면 세상은 우연의 산물로 이 경우에는 아무것도 의미를 띠지 않든지 둘 중의 하나다.

카뮈는 인생이 부조리한 것이고, 멍청이가 제멋대로 붙여 놓은 의미 외에는 다른 의미가 없는 회전 목마에 불과하다고 보았다.[9] 그렇다면 카뮈는 어째서 자신이 가치 있다고 본 그 모든 모험에 대해 강한 확신을 가지고 자신을 바칠 수 있었을까? 분명한 것은 어떤 일이 '가치 있는가?'에 대한 질문이 사물의 의미에 관한 질문과 관련되어 있다는 것이다. 의미가 있는 것만이 가치 있는 것이 될 수 있다. 가치 있다는 개념은 선악 개념에 귀속되지 않는다. 선한 것이 반드시 가치 있는 것은 아니기 때문이다. 예를 들면 합리적인 방법으로 도덕을 형성해 내고, 선과 악의 정의를 내리고, 어떤 자연주의 윤리 체계가 그렇듯이 인류의 진보와 복지라는 개념을 준거로 받아들일 수 있다. 그러나 누가 내게 인류의 진보와 복지에 기여하는 것이 가치 있다고 말한단 말인가? 세상의 의미에 대한 모종의 믿음을 함축하지 않고는 어떤 일이 의미 있다고 말할 수 없다.

실상 가치 있는 모험을 선택하는 문제는, 앞서 언급한 프랑스 여성이 왜 오른쪽이 아닌 왼쪽으로 가며 저 일 아닌 이 일을 하는지 자문함으로써 제기한 문제였다. 그리고 나서 그녀가 알게 된 것은, 각각의 작은 모험은 세계의 거대한 모험 안에 자리잡고 있을 때에만 가치가 있다는 것이었다. 그래서 가치 있는 모험에 대한 우리의 질문은 다음과 같이 표현할 수 있다. "나의 작고 개인적인 모험이 하나님의 거대한 모험과 조화를 이루고 있는가?", "나는 내 작은 모험을 통해 하나님의 커다란 모험의 일부분을 체험하고 있는가?" 이것은 이미 말했듯이 누군가 직업, 결혼, 혁명, 사회 활동 같은 중요한 모험에 자신을 바치려는 결정적인 순간에 떠올리는 질문이다. 모든 행동과 생각은 사실 작은 모험의 연속이기 때문이다. 결국 우리의 행위 어디엔가 금을 그어 놓고 한쪽은 모두 중요하지 않고 다른 한쪽은 모두 책임을 지고 있다고 말하는 것은 불가능할 것이다.

테이야르 드 샤르댕의 연구 전체는 우리가 일상의 모험을 세상의 커다란 모험에 연관시키는 문제에 대해 현대적인 답변을 준다. 우리는 신앙과 과학 둘 다의 견지에서 이 문제를 이해할 수 있다. 그것은 인간이 자신의 모험과 그에게 일어나는 모든 일에 의미가 있는지 여부를 너무나 알고 싶어한다는 사실을 보여 준다. 과학은 현상의 의미가 아닌 구조에 강조점을 두고 발달함으로써 우리의 사고를 그와 반대편으로 돌려놓는 경향이 있다. 현대 문학이 비탄과 불안에 빠져 있는 것은 상당 부분 바로 이 때문이다. 그러나 환자에게 어떤 세균 때문에 병이 생겼는지를 말해 주는 것만으로는, 그 병의 의미를 묻는 환자의 마음속에 울리는 인간적인 작은 목소리를 잠재우지 못한다. 의사는 이를 너무나 잘 알고 있다.

16 하나님의 인도

앞서 소개한 프랑스 여성은 공부를 마치고 사회 생활을 시작했다. 그 직업은 밝히지 않는 것이 좋겠다. 하루는 자기 양심을 거스르는 일을 요구받고 화가 나서 상사에게 이야기했다. 그러자 상사는 이렇게 대답했다. "그건 당신과는 상관없는 일이잖소. 다른 사람처럼만 해요." 이 여성은 직장을 그만두고 내게 상담을 하러 왔다.

나는 이와 비슷한 이야기를 많이 들었다. 조금이라도 민감한 도덕적 양심을 소유한 사람이라면, 양심의 가책을 전혀 받지 않고 지낼 수 있는 상황이란 그리 많지 않다. 자신이 옳지 않은 일을 해야 할 상황에 빠지지 않았다 해도, 동료나 전체 조직에 대해서 책임감을 느낀다. 그렇다면 이 사람은 사표를 던져야 하는가? 이것은 쉽게 대답할 수 있는 문제가 아니다.

이 사람이 사업의 세계에서 한걸음 물러나 자신을 올바로 지키고 개인적인 순수성을 유지하려고 한다면, 하나님이 자기를 세상에 증인으로 보내면서 맡기신 일을 제대로 감당하지 못할 수도 있음을 깨닫게 된다. 게다가 상사나 동료의 명령이나 행동에 대해 그 동기도 제대로 모르면서 재판관 행세를 하는 것은 주제 넘은 일이 아닌가?

나는 그녀가 론 강의 다리 위에서 발견했던 진리를 분명히 확신한다. 하나님은 이 물리적인 세계를 아주 적극적으로 다스리신다. 물은 예외 없이 섭씨 0도에서 언다. 어떤 천체도 만유 인력으로 정해진 궤도에서 벗어나지 않는다. 식물 조직은 전적으로 생물학적 법칙과 굴성(屈性, 식물체 일부가 외부 자극으로 일정 방향으로 굽는 성질-편집자 주)의 지배를 받고, 동물의 행동은 생리 구조와 본능에 따라 결정된다. 동물은 즐겁거나 슬프거나 한순간이라도 동물 이외의 것이 될 수 없다.

오직 인간만이 자유롭게 행동할 수 있다. 나는 인간의 자유와 여기에서 연유한 도덕적 책임감을 믿는 모든 사람과 이러한 의견을 공유한다. 그러나 잠시, 인간에게는 동물적인 요소, 즉 본능적인 충동과 조건 반사밖에 없다고 보는 과학자가 옳다고 가정해 보자. 인간의 행동에서 의도적인 성격이 눈에 띄었다고 해도, 그것 역시 동물과 마찬가지로 본능적인 충동을 만족시키기 위한 필요에서 촉발된 쾌락 추구에 불과하다고 가정해 보자. 또한 인간에 대한 이러한 자연주의적인 견해에 더하여, 인간의 행동을 정신 분석적 의미로, 이를테면 무의식적인 욕구를 충족시키기 위한 충동이라고 생각해 보자.

그렇다 하더라도 분명한 것은, 인간에게 '쾌락 원리'는 동물의 경우보다 덜 바람직한 지침이라는 것이다. 그것은 너무 큰 비중을 차지하고 인간을 잘못된 방향으로 나아가게 할 수 있다. 이는 인간의 삶과 복지를 향상시켜 주는 것이 아니라 훼손하므로, 이렇게 되면 인간은 동물의 경우와 달리 금방 자연 질서에서 벗어나게 된다. 나는 언젠가 동물학자인 아돌프 포르트만 교수에게 인간과 동물의 행동에서 가장 기본적인 차이점이 무엇인지 물어 본 적이 있다. 그의 대답은 "인간은 주어진 자극에 대해 반응을 늦출 능력이 있다"는 것이었다. 예컨대 개에게 먹이를 주면 당장 달려들어서 먹기 바쁘다. 반면에 인간은 적당한 때에 더 맛있게 먹을 요량으로 기다림을 즐기면서 식사를 미룰 줄 안다. 여기서 우리는 인간의 자유가 처음 표출되는 것을 볼 수 있다.

선택이라는 말은 사실상 자유를 일컫는다. 인간은 어떤 행동을 하거나 안 하기로 마음먹을 수 있고, 언제 할지도 결정할 수 있다. 인간은 하고자 하는 대로, 하고자 하는 때에 행동할 수 있는 것이다. 그 결과, 인간은 자신의 행동에 늘 책임을 느끼게 된다. 본능적인 충동에 따른 행동이라 하더라도 그것을 미룰 수 있기 때문이다. 더구나 인간 행동의 '의미'는 인간 자신이 볼 때 반드시 새로운 차원을 포함하는 법이다. 이제 그의 행동은 욕구를 충족시키는 것일 뿐 아니라 가치 있다고 판단한 목표를 실현하는 것이기도 하다. 이런 판단은 프로이트 학파의 주장처럼 단지 사회적인 구속에 의해 암시된 것일 수 있다. 그렇다 하더라도 인간은 자신이 내린 판단을 따르는 일이나 행동하는 일이나, 미루는 일을 자유로이 할 수 있다고 생각한다.

그리스도인은 성경이 계시해 주는 다음과 같은 내용을 믿는다. 즉, 이 자유는 창조주께서 인간에게 내려 주셨다는 것, 인간은 창조주에게 순종할 수도 있고 불순종할 수도 있다는 것, 그러나 인간의 불순종으로 말미암아 자신과 자손과 자연계에 이르기까지 영원한 혼란과 지속적인 고통이 왔다는 것이다. 그러나 대부분의 불신자들 또한 이 진리를 어렴풋하게나마 알고 있다. 예컨대 수많은 신화와 전설이 성경의 타락 개념과 극히 유사한 형태로 이 진리를 드러내고 있다. 신자와 불신자를 막론하고 모든 사람의 마음속에는 '잃어버린 낙원'에 대한 향수와 (자유 의사로) 세상의 질서에 통합되고자 하는 열망이 자리잡고 있다.

이것이 바로 앞서 말한 프랑스 여성이 다리 한가운데서 깨달았던 것이다. 즉 모든 개별적인 행동은 이 세상의 전체적인 목적과 합치되어야 한다는 것이다. 그러나 문제가 있다. 우리가 어떻게, 그 여인이 말한 대로 오른쪽이 아닌 왼쪽으로 가고 저 일보다 이 일을 하는 것이 세상의 전체적인 목적과 부합된다는 것을 알 수 있다는 말인가? 하나님이 직접 우리를 인도하시고 깨닫게 해주실 수는 없는가? 시내 산에서처럼(출 20장) 일반적인 도덕법만 계시하실 뿐 아니라 이리 가거나 저리 가라고, 이것을 하거나 저것을 하라고 구체적이고도 정확한 지시를 내려 주실 수는 없는가? 우리는 하나님의 음성을 들을 수 없는가?

하나님이 인간에게 직접 말씀하신다는 것, 그것도 아주 구체적으로 말씀해 주실 때가 많다는 것은 성경이 명백하게 확언해 주고 있다. 또한 시대를 막론하고 허다한 그리스도인의 경험이 이를 확인해 주고 있다. 야웨는 아브라함에게 "너는 너의 본토 친척 아비 집을 떠나 내가 네게 지시할 땅으로 가라"(창 12:1)고 말씀하셨다. 모세에게는 "이제 내가 너를 바로에게 보내어 너로 내 백성 이스라엘 자손을 애굽에서 인도하여 내게 하리라"(출 3:10)고 하셨다. 성령께서는 욥바에 있는 사도 베드로에게 "두 사람이 너를 찾으니 일어나 내려가 의심치 말고 함께 가라. 내가 저희를 보내었느니라"(행 10:19-20)고 하셨다. 이렇게 해서 아브라함과 모세와 베드로는 꿈도 꾸어 보지 못했을 모험에 뛰어들게 되었다. 누구나 어느 때나(하나님이 원하시는 때라면 언제든지), 간디도 언급한 바 있는 그 '작은 음성'을 들을 수 있다.

그렇다. 들을 수 있다. 심지어 내가 아는 어떤 사람은 그 음성이 다시 들린다면 즉각 알아차릴 수 있을 것이라고, 다른 음성과 구별해 낼 수 있을 것이라고 말하기도 했다. 또 음성을 들었으나 그것이 하나님의 음성임을 몰랐던 어린 사무엘(삼상 3:1-18)과 같은 경험을 한 사람도 있다. 그러나 이런 경험은 흔한 일이 아니라는 것을 먼저 말해 두겠다. 개인적으로 말하자면, 나는 이런 음성을 들어 본 적이 없다. "저는 선생님이 권하신 대로 묵상도 하고 경건의 시간도 가져 보았지만 아무 음성도 듣지 못했습니다"라고 말하는 사람에게 나도 듣지 못했다고 말해 준다. 만일 이런 말을 하는 사람이 우월감을 지닌 자라면, 그 사람은 의기 양양해서 하나님의 음성은 들을 수 없는 것이라고 결론을 내린다. 그러나 열등감에 시달리는 사람이라면, 하나님이 자신을 거부했다고 생각한다. '다른 사람에게는 말씀하시면서 내게는 안 하시다니….'

'하나님의 음성을 듣는' 것은 사실 은유에 지나지 않는 경우가 많다. 많은 이에게 하나님의 음성을 청종하는 법을 가르친 프랭크 부크먼(Frank Buchman) 박사는 실제로 아주 역설적인 용어를 사용하고 있다. 즉, '세미한 소리'[1]라는 것이다. 어떤 생각이 우리 마음에 들어올 때 그것을 신령한 영감이라고 여길 수 있다. 그러나 조심해야 한다. 잘못 생각할 가능성이 있기 때문이다. 나는 의사로서 지적해 주고 싶다. 즉, 환각에 시달리며 어떤 음성을 듣는다는 정신 질환자만큼 신령한 인도를 받고 있다고 확신하는 사람은 없다. 편집증 환자는 지체하지 않고 그 음성에 대한 특정한 해석과 모험에 뛰어들며, 자신이 하나님의 직접적인 인도를 받으며 행동한다고 믿어 의심하지 않는다. 그 점에 대해서는 입씨름을 해 봐야 소용없다. 사람이 권력을 갖는다는 것은 위험한 일이다. 영적인 권력은 로마 황제가 휘두르는 권력보다 더 위험하다는 것은 두말할 나위도 없다. 로마 황제에게는, 승리의 행진을 벌이는 동안에도 "폐하도 죽음은 피할 수 없음을 잊지 마소서"라고 의무적으로 속삭여 주는 노예가 있었다.

신령한 권위를 위임받았다고 믿는 정신병 환자의 확신과 뚜렷이 대조되는 것은, 영적인 진정성이 즉시 감지되는 정상인이 스스로 부끄럽게 여기며 망설이는 모습이다. 어떤 사람은 자신이 받은 영감이 비정상적인 환각에 불과한 것인가 하여 상담을 하러 오기도 한다. 의학적 진단이 각기 다른 것과 마찬가지로 그에 대한 대답도 한 가지 준거에 달린 것이 아니라 우리가 그 개인의 사정에 대해 알 수 있는 모든 사항에 달려 있다. 정신 질환의 문제는 제쳐두고서라도, 신앙이 좋은 사람도 무의식적인 심리적 콤플렉스로 인해 자신이 하나님의 명령으로 믿는 것의 문제에서 잘못된 길로 갈 수 있다.

이것은 분명 미묘한 문제다. 중요한 것은 성경이나 교회, 친구의 도움 없이, 때로는 의학의 도움 없이 이를 홀로 해결하려 해서는 안 된다는 것이다. 예컨대 결혼 생활이 안타까운 갈등 상태에 이르러, 그에 따른 온갖 비극적인 결과가 자녀에게 미치는 것을 많이 보았다. 서로 사랑해서 결혼한 것이 아니라 하나님으로부터 받았다고 믿는 소명에 응한다는 믿음으로 결혼했기 때문이다. 이들이 잘못 생각했다거나 그 결혼이 하나님의 뜻이 아니었다고 말하는 것이 아니다. 결코 그런 단정적인 의견을 내세우지는 않겠다. 나에 대한 하나님의 뜻을 알기도 벅찬데 어찌 다른 사람의 삶을 판단할 수 있겠는가? 내가 말하고자 하는 것은 우리가 모두 잘못 행할 수 있고, 두려워 떨면서도 앞으로 나간다는 것이다. 그러나 이것이 하나님의 영감을 계속 추구하지 않는 것에 대한 충분한 근거가 되는가? 나는 그렇게 생각하지 않는다.

우리는 언제나 회의와 깨달음 사이, 그리고 하나님의 인도에 대한 철저한 의심과 하나님의 뜻을 안다는 건방진 주장 사이에서 위태롭게 거닐고 있다. 하나님의 음성을 듣는 사람, 마음에 떠오르는 생각에서 하나님의 영감을 분별할 수 있는 사람, 늘 불확실한 인간의 상태를 깨달아 겸손과 신중함을 유지하는 사람이야말로 참으로 복 있는 사람이다. 내가 자주 경험한 바에 의하면, 하나님은 우리가 그분의 명령에 대해 확신이 없을 때면 계속 명령을 반복해 주신다. 나는 '경건의 시간'을 가지면서 스무 번, 서른 번이나 같은 명령을 적고서야 그것이 진정 하나님의 명령임을 깨닫고 순종하기로 마음을 먹었던 적이 몇 번이나 있었다. 잘못을 범하게 될 모든 가능성에도 불구하고, 하나님의 인도를 진지하게 추구하는 것은 하나님의 목적에 맞추어 삶이라는 모험을 해 나가는 가장 확실한 방법이다.

그러나 나는 많은 신자들이 중요한 결정을 앞두고 하나님의 도우심과 인도를 간절히 구하는데도 하나님이 침묵하셔서 매우 당황하는 것을 보았다. 왜 하나님은 응답하지 않으실까? 그들은 마음을 다하여 하나님의 뜻을 행하려고 했으나 그 뜻을 알 수 없었다. 그들은 하나님에게 그 뜻을 알려 달라고, 그래서 더 이상 망설임과 불확실함을 겪지 않게 해 달라고 호소하였다. 그러나 하나님은 대답이 없었다. 나 또한 이런 고통스런 경험을 해 보았고, 환자들과 상담하면서 이런 일이 그들에게도 자주 있다는 것을 들었다.

그런데 하나님의 침묵은 우리 자신의 유익을 위한 시련인 경우가 대부분이다. 우리는 내 안의 어떤 방해물이 나와 하나님을 갈라 놓고 있는지 살펴보게 되고, 때로는 하나님이 제기하시는 문제, 하나님이 응답해 주시기 전에 우리가 심각하게 고려해야 하는 다른 문제를 깨닫기도 한다. 그러나 하나님의 침묵으로 고통을 겪고 있는 사람에게 그의 죄 때문이라고 혹은 믿음이 부족해서 그런 것이라고 말하는 것은 잘못되고 위선적이고 부당한 일일 것이다. 하나님이 나를 부르시는 것을 들었던 그 빛나는 순간에 나 역시 그 사람만큼 죄인이 아니었던가? 내 신앙이 더 성숙했던가? 물론 아니다. 하나님의 침묵에 직면한 신자는 종종 하나님의 사랑을 의심하게 된다. 어떤 사람이 내게 한 전도자가 하나님의 영감에 대해 확신 있게 이야기하는 것으로 보아 그가 하나님의 영감을 받은 것처럼 보인다고 말했다. 이 사람은 하나님이 자기를 그 전도자보다 덜 사랑한다고 생각하며 속상해하고 있었다. 나는 이것이 심리적인 문제일 뿐이라고 안심시켜 주고자 한다. 즉, 이 사람은 망설이는 성격인 반면에 그 전도자는 자기 자신에 대해서 항상 자신감이 넘치는 사람이기 때문이다.

하나님의 인도를 구하는 일은 단순하지도 쉽지도 않다. 우리가 열망하는 최고의 삶, 즉 모든 일에서 하나님의 지시를 받는 모험의 삶은 결코 완전하게 획득할 수 없다. 사도 바울이 말한 대로 우리는 그것을 부분적으로 알 뿐이다. 오직 예수 그리스도만이 아버지의 뜻을 온전히, 언제나 분명하게 아신다. 하나님은 직접 말씀하시고 그 말씀보다 더 귀중한 것은 없지만, 이것은 흔히 있는 일은 아니다. 사무엘서에 멋진 구절이 나와 있다. "[그] 때에는 여호와의 말씀이 희귀하여"(삼상 3:1). 우리는 기드온과 같이(삿 6:12) 하나님의 음성을 들으려고 애쓰지 않는 순간에 전혀 예상치 못한 방식으로 그분의 부르심을 느낄 수 있다.

그러나 우리가 어떤 행동을 취하거나 어떤 결정을 내릴 때마다 정확하고 확실하고 구체적인 하나님의 명령이 필요하다면 우리는 살아갈 수 없을 것이다. 하나님의 뜻을 항상 밝히 알기를 바라는 것은 아주 공상적인 생각이다. 그렇다면 해결 방안은 무엇인가? 나는 우리가 하나님의 뜻을 분명히 '알아야만 한다'는 생각을 버리고, 단계마다 길을 보여 달라고 요구하는 대신 하나님이 우리를 인도하시도록 (이렇게 말해도 괜찮다면) 눈 딱 감고 자신을 내어 드려야만 이 어려움에서 벗어날 수 있지 않을까 생각한다. 별과 동물은 하나님의 뜻을 몰라도 하나님께 순종한다. 이들이 하나님의 체계적인 계획에서 빗나가지 않는 것은 자기 궤도와 본능을 따르면서 여러 가지 문제를 자문하지 않기 때문이다. 인간의 내장 신경 기능도 자동적으로, 즐거이 하나님께 순종한다. 우리 심장은 박동을 해야 할지 말아야 할지, 또는 어떤 박자로 뛰어야 할지 궁금해할 필요가 없는 것이다.

우리는 모두 하나님의 계획에 통합되고 싶어서 안달하지만, 우리를 위한 그분의 뜻을 지적으로만 아는 것은 아무리 분명하고 지속적일지라도 통합에 충분치 않다. 오직 하나님의 주권적인 행위만이 우리가 모를지라도 우리를 인도할 수 있다. 종교는 너무 지적인 것으로 변해 버려서 매순간 우리에 대한 하나님의 계획을 이해하는 것만이 중요하다는 식이 되었다. 그러나 종교의 의미는 우리 자신을 하나님께 묶고 하나님께 전적으로 의탁하는 것이며, 하나님의 인도를 이해하지 못한다 할지라도 우리를 인도해 달라고 아뢰는 것이다.

나는 인간이 겪는 문제의 어려움과 복잡함을 잘 관찰할 수 있는 입장에 있다. 나이와 상황과 종교적 관점이 천차만별인 다양한 사람들이 자신의 곤혹스러운 문제를 끊임없이 내어 놓는다. 그들은 나와 솔직한 대화를 나눔으로써 선택해야 할 길을 더욱 뚜렷이 볼 수 있게 되기도 하고, 나의 경험을 듣고 도움을 얻기도 한다. 때로 정신 분석을 통해 내적인 장애가 드러나기도 한다. 이는 적절하고도 분별 있는 선택을 하기 위해 반드시 제거해야 하는 것이다. 때로는 내가 최선이라고 생각하는 조언을 두려운 마음으로 제시해 주기도 한다. 그러나 엄격히 말해서, 극히 중요한 문제의 대부분은 분명하고도 확실한 대답을 찾기가 불가능하다. 예를 들면, 정의가 요구하는 의무와 자비가 요구하는 의무 중의 선택, 머리와 가슴 중의 선택, 어느 길을 택하든 죄책감이 따르는 두 길 중의 선택의 문제가 그렇다.

최근에 한 환자가 이렇게 말했다. "전 이제부터는 선택하지 않기로 했습니다." 그의 병력을 알고 있던 나는 즉각 그 말의 의미를 알아차렸다. 내가 여러 차례 말했지만 산다는 것은 선택하는 것이며, 인간은 어느 목표를 택하고 그 선택에 대해 용감하게 책임을 짊어지는 한에서만 인간이다. 너무나 많은 사람들이 자신을 너무 쉽게 방임해서 본능이나 욕망, 두려움에 끌려 다니며, 바다에 떠 있는 코르크 조각처럼 여러 가지 사건에 휩쓸린다. 그러나 너무 일찍, 부모가 대신 결정해 주어야 할 어릴 때부터 선택을 해야 할 처지에 빠지는 사람도 있다.

앞에서 말한 환자가 바로 그런 경우였다. 부모의 잘못된 관념과 무관심 때문에 그는 언제 내려칠지 모르는 불벼락을 피하기 위해 자기 행동을 하나하나 따져 보지 않으면 안 되었다. 부모의 보호를 확실히 믿는 어린아이의 걱정 근심 없는 생활을 경험해 보지 못했기 때문에 그는 민감한 판단력과 인간의 운명이라는 커다란 문제에 대한 예민함, 지적인 발달과 철학에 대한 관심을 갖게 되었고, 이에 깊이 빠지게 되었다. 그러나 그의 여린 어깨에는 그 짐이 너무 무거웠다. 나중에 그는 기독교를 믿게 되었지만, 이조차도 위로가 되기는커녕 더욱 큰 짐을 안겨 주었다. 그는 끊임없이 하나님의 뜻을 분별하고 본이 되는 정결한 생활로 신앙을 전해야 한다는 짐을 지게 된 것이다.

그가 "전 이제부터는 선택하지 않기로 했습니다"라고 한 말을 내가 왜 반가워했는지 이제 이해할 것이다. 나는 이 말을 그가 회복되고 있다는 신호로 보았다. 그의 마음이 느긋해지고, 불안감이 줄어들었으며, 평생 큰 짐이 되었던 과도하게 민감한 판단력을 떨쳐 버리겠다는 표시였다. 그렇다면 하나님의 인도는 명시적이기도 하고 암시적이기도 하다고 말할 수 있을 것이다. 이것을 모순이라고 여길 필요는 없다. 이 두 가지 인도 방법은 상호 보완적이다. 나는 명백한 하나님의 인도를 많이 경험해 보았다. 늘 따라다니는 불확실함에도 불구하고 나는 하나님의 명령이라고 생각되는 것을 확신 가운데 순종했다. 그리고 나중에 그것이 하나님의 인도였음을 깨닫는 경우가 참 많았다. 그러나 이런 깨달음의 순간은 흔치 않다. 혼란에 빠져 어찌할 줄 몰랐던 때도 여러 번 있었다. 이렇게 가장 현명하고 가장 영감에 찬 순간일지라도 인간의 지적인 능력에 한계가 있음을 깨달을수록, 나는 더욱 하나님에게 의지하며, 하나님이 나를 어디로 이끄시는지 분명히 알지 못할지라도 내 앞길을 인도해 달라고 아뢰었다.

성경에는 하나님의 음성과는 다르며 덜 지적인 이미지가 등장한다. 바로 천사의 이미지로, 천사는 하나님이 우리에게 보내셔서 우리를 인도하는, 보이지 않는 신비한 존재다. 나는 이와 관련하여 이미 앞에서 발람의 이야기(민 22장)를 한 적이 있다. 선지자 발람은 모압 왕의 부름에 어떻게 대답해야 할지 하나님께 물어 보았다. 그는 기도로 며칠 밤을 꼬박 새웠다. 처음에는 하나님이 "가지 말라"고 말씀하시는 것으로 생각했다가, 나중에는 "가라"는 말씀으로 받아들였다. 그러고는 나귀를 타고 출발했지만, 강한 확신을 갖지는 못하고 심리학에서 말하는 '양가 감정'(ambivalence)의 상태에서 가게 되었다.

그러자 하나님이 천사를 보내어 길을 막으셨다. 그러나 선지자 발람은 천사를 보지 못했고, 나귀가 보고서는 앞으로 나가지 않자 화가 난 발람은 고집을 부리는 나귀를 때렸다. 나귀는 앞으로 가지 않으려 하고, 이처럼 모험은 뜻대로 진행되지 않는 가운데, 우리는 화만 내고 있다. 그러나 그것은 하나님의 개입일 수도 있다. 우리는 볼 수는 없지만 천사에 둘러싸여 있다. 하나님의 인도를 받는 모험을 추구하는 것은 우리의 눈을 열어서 사건 속에서 하나님의 경고를 보게 해 달라고 간구하는 것이다. 그것은 화를 내는 것이 아니라, 자신을 내어 줌으로써 하나님이 보내신 천사의 인도를 받아 멈추다가 앞으로 전진하거나 왼쪽이나 오른쪽으로 방향을 바꾸는 것이다.

성경에는 이외에도 천사에 관한 이야기가 많이 나온다. 뛰어나게 아름다운 한 이야기를 토비트서에서 볼 수 있다. 나는 토비트서를 칼빈주의자 여러분께 권해 드린다. 토비트서는 개혁주의 성경의 정경이 아니므로 이에 대해 잘 알지 못할 수도 있다. 토비아(Tobias)는 어린아이인데 '경건한 토비트'라 불린 시각 장애인 아버지가 그에게 비밀 임무를 주어 메디아로 보낸다. 아이는 가는 길을 모르며, 어머니는 도중에 무슨 일이라도 생길까 봐 걱정한다. 아이는 길 안내인을 찾으러 나가서 천사인 줄 모른 채로 라파엘을 만나게 된다(토비트 5:4-5). 토비트서는 토비아의 멋진 모험 이야기를 들려준다. 그의 결혼, 사명의 완수, 그가 아버지의 병을 낫게 한 과정 등. 그런데 이 모든 일이 이루어지는 동안 그는 길 안내인 겸 길 동무가 천사라는 사실을 몰랐다.

이 책의 내용이야말로 우리가 영위하고자 하는 인간의 삶에 대한 참된 비유일 것이다. 우리는 모두 인생에서 어린아이로서, 길을 찾으며 길 안내인을 구하고 있다. 우리는 어떤 모험을, 어떻게 감당해야 할지 모르는 어떤 사명을 완수해야 함을 느낀다. 우리는 사랑하는 사람의 병을 고치지 못하는 무력감에 시달린다. 그런데 하나님은 우리가 알아보지 못하지만 우리 옆에 천사를 보내서서 우리도 모르는 사이에 인도해 주신다. 천사는 아브라함에게도, 다윗에게도, 엘리야에게도, 성탄절의 목자들에게도, 동정녀 마리아에게도 나타났다. 요셉에게 나타나 아기 예수가 헤롯의 음모에서 벗어나도록 해주었고, 사도 바울에게 나타나 로마에 복음을 전하도록 일러 주었다. 이러한 천사는 모두, 하나님이 인간의 역사에 꾸준하고 은밀하게 개입하셔서 하나님이 주신 모험을 행하는 이들을 인도하신다는 것을 상징한다.

17 의탁

지금까지 보았듯이 직접 부르시는 것만이 하나님의 방법은 아니다. 하나님은 신자와 불신자를 막론하고 수많은 사람을 그들이 모르는 가운데 인도하시며, 그렇게 하심으로써 자신의 뜻을 이루신다. 신앙이란 우리의 능력이 아니라 하나님의 보이지 않는 주권에 의지하여 무엇이 '가치 있는' 것인지를 결정하는 것이다. 어린 구텐베르크가 인생에서 어떤 가치 있는 일을 할 참이냐는 질문을 받았다면, 그는 어떤 대답을 해야 할지 몰랐을 것이다. 하나님은 그를 인도하셔서 인쇄기를 발명하도록 하셨다. 인간의 훌륭한 모험은 대부분 이렇다. 우리는 이런 모험을 미리 분명하게 인식하지 못하고 정확히 어떻게 인도받는지도 모른다. 그러나 결과적으로 우리는 모험으로 인도받는다. 신앙은 이것이 하나님의 역사임을 인정하는 것이다.

하나님은 우리가 확신을 갖지 못하고 분명히 인식하지 못하더라도, 심지어 실패나 실수를 통해서도 우리를 인도하신다. 하나님은 종종 우리를 왼쪽으로 내보내셨다가도 결국 오른쪽으로 데려오신다. 그렇지 않으면 긴 우회로를 거쳐 오른쪽으로 데려오시는데, 그것은 우리가 하나님에게 순종한답시고 처음부터 왼쪽으로 잘못 갔기 때문이다. 하나님은 우리를 한걸음 한걸음, 사건에서 사건으로 인도하신다. 우리는 나중에야 지금까지 걸어 온 길을 되돌아보며, 인생의 중요했던 순간을 그 뒤에 일어났던 모든 일에 비추어 생각해 본다. 아니면 인생의 모든 과정을 살펴보다가 우리가 알지 못하는 가운데 인도를 받고 있었다는 것을, 하나님이 신비하게 인도해 주셨다는 것을 비로소 느끼게 된다.

우리로 이 사람을 만나게 하시고 저 말을 듣고 저 책을 읽게 하셔서 이것들이 우리 삶에 결정적인 결과를 낳게 인도하는 분은 바로 하나님이다. 당시에는 모를 수도 있다. 우리가 그것을 깨닫기 위해서는 얼마 간의 시간이 지나야 한다. 그래서 엠마오로 가는 제자들이 예수님과 더불어 이야기하면서도 예수님을 알아보지 못했던 것이다(눅 24:13-35). 또한 꿈(우리가 처음에는 이해하지 못했지만)이나 위중한 병, 이상한 망설임, 가슴 아픈 실패 등을 통해서 우리의 일을 갑자기 중단시켰던 분도 하나님이다. 성공을 통해서 인도하심으로써 새롭고 예기치 않은 지평을 열어 보인 분도 바로 하나님이다. 아, 성공과 실패라는 우리를 곤혹스럽게 하는 문제에 대한 참된 대답이 바로 이것 아닌가!

그렇다면 고도로 독창적이고 창조적인 우리의 생각은 어디서 오는가? 우리는 대체로 그 대답을 알지 못한다. 하나님은 생각의 연상을 통해서, 무의식의 작용을 통해서 우리를 인도하신다. 영감을 추구하는 화가가 절망에 빠져 있다가 갑자기 작업에 착수하여, 그 결과에 자신도 놀라게 되는 경우가 있다. 그것은 하나님의 선물이다. 우리는 무엇이 가치 있는 것인지 오랫동안 고민하고 친구와 의논하며 조언을 구하기도 하고 기도하며 묵상하고 이를 분명히 알기가 어렵다고 불평한다. 그러다가 갑자기 자신이 전혀 생각지 못했던 모험에 이미 몸담고 있음을 깨달으며, 그 모험에서 하나님의 손길을 느낀다. '가치 있는' 일이란 실은 하나님의 인도를 받는 모험―우리가 모험의 전체 의미를 깨닫지 못하더라도―이다.

이러한 삶을 누리기 위해 우리가 할 수 있는 일은 없을까? 누구나 지극히 간단한 일 한 가지는 할 수 있다. 그것은 우리 삶의 방향타를 진심으로 하나님의 손에 맡기고, 그분께 삶의 방향을 의탁하며, 우리가 혼자서 삶의 방향을 정할 능력이 없음을, 우리에 대한 하나님의 뜻을 분명히 깨달을 능력이 없음을 고백하고, 하나님이 방향을 인도해 주시기를 간구하는 것이다. 물론 이렇게 한다고 해서 인간 본성에 속한 한계와 불명료함에서 벗어나게 되는 것은 아니다. 우리는 삶에서 하나님이 일하시는 데 자신이 여전히 방해가 될 수 있음을 의식적이든 아니든 잘 알고 있다. 그러나 하나님이 우리 삶을 인도해 주시는 것이 바로 우리가 바라는 일일진대 그것을 간구하지 않을 까닭이 있겠는가?

나는 약 30년 전 어느 날 이러한 발걸음을 내디뎠다. 훨씬 전부터 그리스도인이었으므로 이것이 회심의 사건은 아니었다. 그러나 그 때까지 내 신앙은 좀 지적인 것으로, 하나님과 그리스도, 인간과 인간의 영적이고 도덕적인 생활에 관한 사고 체계에 가까웠다. 나는 신앙에 또 다른 측면이 있음을 깨닫기 시작했다. 내 신앙에서 빠져 있었던 것은 내 뜻을 포기하고 매일 실제 삶에서 하나님의 주권을 인정하는 일이었다. 나는 아내에게, 내가 아내의 증인인 것처럼 내 증인이 되어 달라고 말하고는 함께 제네바 근교의 숲으로 가서 나를 포기하는 짧은 기도를 드렸다. 그 이후 내 삶이 어떠했는가를 돌아보면, 그리고 그 동안 겪어 온 예기치 않고 흥미진진한 모험을 모두 생각해 보면, 하나님이 내 기도를 들으셨고 내 기도가 진심인 것으로 받아 주셨으며 내 기도에 응답해 주셨다는 것을 분명히 믿을 수 있다.

많은 세월이 지난 지금 더 분명히 알게 된 것은, 내가 스스로를 포기함으로써 훨씬 더 인격적인 태도를 지니게 되었다는 것이다. 그 때 이후로 내 신앙은 거의 변하지 않았지만 내 삶은 아주 달라졌다. 종교적 신조의 뚜렷한 특징은 그것이 소중하지만 집단적이라는 것이다. 나는 나 자신의 교리를 만들어 내는 것이 아니라 교회가 내게 가르치는 것을 받아들일 뿐이다. 반면에 신앙에서 인격적인 요소는 나의 헌신, 즉 내가 그

날 하나님과 맺은 약속과 같은 것으로서, 이 약속은 모든 신앙적인 굴곡에도 불구하고 지금까지 내 생의 다짐이 되었다. 우리가 지금 논의하고 있는 '가치 있음'이라는 것도 종교적인 신조와 같이 추상적이고 지적인 개념이다. 우리는 또한 무엇이 가치 있는가를 결정하는 것이 얼마나 어려운 일인가도 이미 살펴보았다. 한편 하나님은 인격이시기 때문에 추상적이고 지적인 개념과는 전혀 다르다. 즉, 그분은 살아 계시고 움직이고 활동하는 인격으로서, 모험에 관여하시며 모험 속에서 나와 관계를 맺으신다.

따라서 '가치 있는' 것은 이제 하나의 개념이라기보다 하나의 인격으로 나타난다. 우리는 객관적인 사고를 함으로써 냉정하게 가치 체계를 채택한다. 그러나 인격은 걷다가 만나기도 하고, 잃어버렸다가 다시 발견하기도 한다. 같은 일을 함께 하면서 그를 재발견하기도 한다. 가치의 체계는 유한하고 제한적이다. 그러나 인격은 제한되어 있지 않고 한 장소에 머무르지 않으며 예측할 수 없다. 예측할 수 없다는 말을 하자니 아주 소중한 사람이 떠오른다. 어느 날 나는 그가 기도를 마치고 일어서는 것을 보게 되었는데, 그는 이렇게 말했다. "내가 할 일은 백지의 하단에 서명하는 일이란 걸 이제 깨달았소. 하나님이 뭐라고 쓰시든 난 그대로 할 것이오. 내 인생이 계속되는 동안 하나님이 이 백지 계약서에 뭐라고 쓰실지는 모르지만, 어쨌든 난 오늘 서명을 마쳤소이다."

나는 그의 말을 듣고 가슴이 뭉클했다. 실은 그를 몇 년 전에 만났었다. 운동광인 그는 당시 스키 동호회 회장이었다. 나는 주일에 스키를 타러 가는 사람들을 위해 주중에 예배 시간을 마련할 계획을 세우고 그에게 협조를 구하는 문서를 보내어 서명을 받고자 했다. 그렇게 하면 그 제안에 무게가 더 실리리라 생각했던 것이다. 그런데 그는 예상 외로 딱 잘라 거절했다. "난 신자가 아니니, 종교적인 문서에 서명할 수 없소이다." 그런데 몇 년이 지난 뒤에 만난 그는 전혀 다른 성격의 '서명'을 함으로써 헌신의 약속을 했던 것이다. 그 이후로 그의 삶은 하나님의 인도 아래 진행되는 커다란 모험이 되었다.

하나님과 백지 계약을 맺는 것, 자신을 포기함으로써 하나님의 주권에 맡기는 것, 하나님의 뜻에 복종하는 것. 아마 이런 개념에 불만을 느끼는 독자들이 있을 것이다. 내가 성공과 실패의 문제와 관련해 말한 바 있는 독자들이 그러할 것이다. 이들은 내가 아주 복잡한 문제(여기서는 '하나님이 우리가 무엇을 하도록 인도하시는지를 어떻게 알 수 있는가'가 어려운 문제다)를 교묘하게 분석하여 지극히 단순한 처방으로 문제를 감추어 버리고 있다고 비난할 것이다. 마치 하나님에게 의탁하기만 하면 확실히 그분의 인도를 받을 수 있고, 그분의 뜻을 찾는 과정에서 모든 불확실성과 모호함과 불안감을 피할 수 있다고 말하기라도 한 것처럼 말이다.

그러나 내 말은 오히려 그 반대다. 우리가 자신을 포기하면 할수록 하나님의 뜻을 발견하는 데 더욱 어려움을 겪게 된다. 하나님을 더 잘 알기 위해 성경을 공부해야 하고, 기도하는 가운데 그분의 음성에 귀기울여야 하며, 하나님과의 교통을 가로막는 죄를 더욱더 엄격하게 따져 보아야 하기 때문이다. 그러나 이런 일을 행하는 모든 환경이 새롭다. 바로 모험의 환경이 되는 것이다. 이것은 신앙의 모험으로서 흥미진진하며 어렵고 엄격하지만, 시적인 정취와 새로운 발견과 신선하고 놀랍게 진행되는 사건이 넘쳐나는 모험이다. 이것은 하나님과 함께하는 매일의 모험이며, 드문드문 있는 몇 번의 경건한 시기에만 국한된 것이 아닌, 매순간 모든 생각과 감정과 행동에 영향을 끼치는 모험이다.

우리 삶의 개인적인 문제들은 여전히 그대로 있다. 우리는 이제 그런 문제를 정면으로 바라볼 용기가 생겼기 때문에 문제의 복잡함과 어려움을 전보다 더 잘 알게 된다. 불확실함과 회의, 망설임은 그대로 남아 있지만, 이를 하나님에게 가져가 하나님의 뜻과 계획을 보여 달라고 할 수 있다. 우리의 개인적인 문제를 짜증나는 골칫거리로 보지 않고 신선한 자극으로, 새로운 성장의 요소로 보게 되며, 우리의 인격을 변화시키고 새로운 지평과 더욱 풍부한 모험을 열어 주는 것으로 보게 된다.

근본적으로 바뀌는 것은 바로 삶에 대한 태도다. 삶에 대한 태도는 언제나 하나님에 대한 태도를 반영한다. 하나님에게 긍정의 대답을 하는 것은 삶에 대해서도, 삶의 모든 문제와 어려움에 대해서도 긍정의 대답을 하는 것이다. 곧 부정이 아닌 긍정의 대답, 파업을 하는 태도가 아니라 모험을 받아들이는 태도다. 그런 모험에 우리는 전 존재를 건다. 이것은 도피도 아니고 반계몽주의도 아니다. 이성이나 지성, 지식, 판단력뿐만 아니라 감정, 기호, 욕망, 본능, 의식적·무의식적인 열망도 버릴 필요가 없으며, 다만 모두 하나님의 손에 맡겨 그분이 이를 지시하고 자극하고 배양하고 개발하고 사용하시도록 하면 된다.

당신은 우리가 모험의 곡선을 분석했던 것을 기억할 것이다. 모험은 폭발적인 단계를 지나면 어김없이 소멸해 간다. 자신의 훌륭한 모험이 기력을 잃고 쇠퇴한다는 것을 도저히 인정하지 못하는 사람이 많다. 그래서는 안 된다. 해결책은 우리의 삶을 하나님께 넘겨 드리는 데 있다. 하나님이야말로 삶의 근원, 항상 새로운 근원이시기 때문이다. 하나님은 한 가지 모험을 끝맺게 하시면서 반드시 새로운 모험을 열어 주신다. 그러므로 하나님과 함께라면 무엇이든 할 준비가 되어 있어야 한다. 우리가 하나님께 우리 삶을 의탁한다면 불만족스러운 삶, 겉보기에 시시해 보이는 삶이라도 다시 한 번 거대한 모험이 될 수 있다. 차이는 어떤 정신으로 살아가느냐 하는 데 있다. 변화된 삶을 사는 사람은 모든 일을 전과는 다른 빛, 즉 모험의 빛에 비추어서 본다. 마찬가지로 그 어떤 결혼 생활도, 형식이나 습관이나 심지어 권태에 빠진 결혼 생활도 다시 모험으로 바뀔 수 있다.

당신은 또한 모험과 안정이라는, 겉보기에 서로 반대되는 본능이 복잡하게 섞여 있는 상태를 분석했던 것을 기억할 것이다. 이 문제의 해답 역시 하나님의 인도에 자신을 내어 드리는 데 있다. 하나님이 모든 본능의 근원이시기 때문이다. 하나님에게 의탁한다는 것은, 마치 자동화된 큰 공장의 기사가 자동 통제 계기판 앞에서 단추를 조작함으로써 모든 공정을 지시하듯이 하나님에게 모든 본능을 다스려 달라고 맡기는 것이다.

물론 종종 비싼 대가를 치르기도 한다. 과거의 모험에서 획득하여 정성껏 보관해 둔 보화를 내어 놓기란 어려운 법이며, 그 보화의 노예가 되었을 때는 더욱 그렇다. 과거 모험을 겪는 과정에서 쌓인 비탄과 반항심, 원한과 분개 역시 내어 놓아야 한다. 그러나 반드시 기억해야 할 것은 변화되지 못할 삶, 상처투성이에서 벗어나지 못할 삶이란 없다는 것이다.

어떤 환자는 예약된 진료 시간에 항상 늦었다. 심상치 않다는 것을 그도 알고 나도 알고 있었다. 그것은 삶에 대한 불만의 표시이자 시간에 대한 불만의 표시였다. 삶은 그에게 고통스러웠으며, 시간은 멈출 줄 모르고 그가 인정하지 못하는 실패를 사정없이 삼키고 지나갔기 때문이다. 그러다가 어느 날 갑자기 그 사람이 정시에 나타났다. 아, 나는 그의 표정을 결코 잊을 수 없다! 그 표정은 마치 이렇게 말하고 있는 것 같았다. "봐요, 드디어 해 냈어요! 사람은 얼마든지 변할 수 있어요!"

정말이다. 사람은 변할 수 있다. 그런데도 그럴 수 없다고 말하는 사람이 왜 그렇게 많을까? 아마 자신을 정당화하고 변하지 않는 데 대한 평계를 대려는 시도일지도 모른다. 이런 회의주의적, 냉소적 태도를 조장하는 의사도 많다. 이들은 '한 번 술꾼은 영원한 술꾼'이라고 한다. 이것은 사실이 아니다. 술을 끊는 술꾼도 있다. 비탄은 기쁨으로, 분개는 용서로 변할 수 있으며 증오는 사라질 수 있다. 우리가 자신을 정당화하는 데에만 신경을 곤두세운다면, 또는 "날더러 뭘 어쩌라는 거야? 난 원래 이렇게 생겼어. 네가 뭐라 해도 난 변할 수 없어"라고 말한다면, 그것은 우리가 변하기를 남 몰래 갈망하고 있기 때문이며, 자기가 빨리 변하지 않는 사실을 가슴 아파하기 때문이다. 우리는 새로 태어나기를 바라며, 새로운 모험을 간절히 바라고 받아들이고자 하는 것이다.

우리는 하나님 앞에 무릎을 꿇고 잠잠해야 한다. 그리고 우리의 보화를 다 내어 놓아야 하고 이 사실을 받아들여야 한다. 그리스도께서 과실을 맺는 가지는 더 과실을 맺게 하려 하여 이를 깨끗하게 하신다(요 15:2)고 말씀하신 것이 바로 이런 뜻이다. 또한 우리가 포도나무에, 즉 예수님에게 붙는다는 것은 바로 자신을 내어 드리는 것을 말한다. 우리는 예수님에게 접붙임을 받아 그분에게서 모험의 수액을 받아들여야 한다. 그렇게 자신을 포기하기 전에는 그것이 어둠 속에서 떨어지지 않는 두려운 발걸음을 내디뎌야 하는 것처럼 보인다. 그러나 일단 발걸음을 내딛기만 하면, 그것은 가장 간단하고 확실한 모험처럼 느껴진다. 나의 여성 환자가 자신이 하나님께 반항한 이야기를 편지로 써 왔다. 그녀는 '언제나 최종적인 결정권을 쥐신 분'이라는 이유로 하나님에게 계속 불만을 품고 있었다. 그러다가 어떤 꿈을 꾸게 되었다. 자신이 낯선 건물의 7층에 있었는데, 내려가려고 보니 계단이 없었다는 것이다. 그런데 갑자기 모퉁이의 승강기가 눈에 띄었고, 별다른 어려움 없이 밑으로 내려올 수 있었다.

이제는 자신의 삶에서 다시 성공을 거두기가 불가능하다고 믿으며 환멸을 느끼는 사람들이 얼마나 많은지 모른다. 뒤가 아닌 앞을 바라보는 사람, 이미 망쳐 버린 일을 되돌릴 수 없듯이 지나간 옛 모험에 머무르려고 하지 않는 사람, 하나님이 새로운 시작을 주실 것을 기다리는 사람에게는 성공이란 언제나 가능한 사건이다. 인간의 타락과 구속 이야기 전체도 모험의 문제에서 재발견된다. 즉 모험이 상실되었다가 구속의 주님에게서 다시 나타난 것이다. 거룩함은 많은 사람이 생각하듯 손에 넣을 수 없는 완벽함이나 흠 없는 생활을 습득하는 것이 아니다. 그것은 예수 그리스도께 깊이 뿌리 박혀서 그분이 뜻하시는 곳으로 인도를 받는다는 의미에서 모험 중의 모험이다.

자신을 하나님께 내어 드린 생활이 모험인 또 다른 이유는, 항상 주의 깊게 하나님의 음성을 듣고 하나님이 보낸 천사를 청종하려고 애쓰기 때문이다. 이것은 수수께끼를 풀고 하나님의 표징(sign)을 찾는 흥미진진한 일이다. 주변 환경과 사건은, 좋은 일뿐 아니라 나쁜 일도, 짜증나는 일뿐 아니라 기분 좋은 일도 모두 새로운 의미를 띤다. 모든 것을 하나님이 우리에게 해주시는 말씀으로 살펴보아야 한다. 하나님이 이 일을 통해 내게 무엇을 알려 주려 하시는가? 저 일을 통해서는 나를 어디로 이끌어 가시는가?

하나님의 표징이라는 개념은 성경 전체를 관통하고 있다. 창조는 하나님의 위대함과 사랑의 표징이다. 질병, 치유, 전쟁, 기근, 풍작, 가뭄, 비, 이 모든 것이 다 표징이다. 예수님도 자신을 반대하는 사람들에게 날씨의 표징은 분별하면서도 하나님의 표징은 깨닫지 못한다고 꾸짖으셨다. 무지개는 '언약의 증거'(창 9:12-13)다. 물론 이것은 과학적 연구로 알 수 있는 물리적인 현상이다. 그러나 모든 현상은 동시에 표징이다. 현상으로서의 현상은 맹목적이며 의미가 없지만, 표징으로서의 현상은 하나님의 모험을 말해 준다.

그러므로 존재하는 모든 것과 발생하는 모든 일은 이중의 측면을 지닌다. 즉, 사실로서 객관적인 연구의 대상이 되며, 여기에서 하나님의 모험을 해독해 낼 수 있다. 그래서 성경이 구체적인 책이 되는 것이다. 성경은 일반적인 이론을 다루는 것이 아니라 구체적인 사건을 이야기한다. 하나님의 모험, 하나님의 그 커다란 모험이 인간의 모든 모험과 사건(극히 작은 것이라도)에 작용하고 있다. 성경의 놀라운 점은 창조, 노아의 홍수, 출애굽, 예수 그리스도의 부활 등 큼지막한 사건을 하나님의 표징으로서 제시할 뿐만 아니라, 지극히 사소한 일에도 하나님이 활동하고 계심을 보여 주고 있다는 것이다. 따라서 우리는 하나님의 학교에서 잠시도 한눈을 팔 수 없다.

이런 관점에서 성경을 다시 읽어 보라. 성경의 등장 인물들이 하나님의 인도를 받기 위해 여러 가지 방법으로 주의를 기울여 하나님의 표징을 찾고 있다. 기드온은 놀란 가운데서도 한 가지 표징으로 만족하지 않고 확증을 구했다(삿 6:11-23). 예레미야는 토기장이가 작업장에서 일을 하고 있는 것을 보았고(렘 18:1-12), 예수님은 씨 뿌리는 자를 보셨다(눅 8:5-8). 다윗은 자신의 아픈 아이를 지켜보았고(삼하 12:16), 목자들은 말 구유로 찾아갔으며(눅 2:12), 사도 바울은 꿈에서 한 유럽인이 자기에게 마게도냐로 와 주기를 청하는 것을 보았다(행 16:9). 모든 꿈은 해독해야 할 표징이며, 모든 실패는 이해해야 할 표징이며, 모든 만남은 분별해야 할 표징이다. 얼마나 큰 모험인가!

그렇다면 어째서 많은 그리스도의 삶이, 모든 교파의 신도들의 삶이 그렇게 따분하고 내향적이며 모험 정신이 빠진 것처럼 보이는가? 또한 어째서 그토록 단조롭고 답답하게 보이는가? 어째서 그들이 저만큼 떨어진, 추상적이고 먼 세상에서 사는 것처럼 보일 때가 많은가? 격식을 갖추어 교회에 출석하는 것은 형식에 얽매인 삶에서, 인이 박힌 습관과 자동화된 규칙 준수에서 그들을 흔들어 깨우는 데 아무런 도움이 되지 않는다. 세상은 이들을 일컬어 혼자만 잘난 체하고 편협하다고 하며, 생기 없는 사람으로, 삶의 이방인으로 불쌍히 여긴다.

이들에게 일반 사람들이 큰 관심을 갖는 문제에 대해 말해 보라. 축구, 최근에 유행하는 소설, 유명 영화 배우, 대중 가수, 경제, 정치, 추상 미술, 공연, 음식, 패션에 대해 말해 보라. 이들은 관심이 없다. 이들이 살아 있다는 표시가 날 때는 철학이나 심리학, 특히 신학에 관해 이야기할 때뿐이다. 이들이 읽는 것은 오직 심각한 종교 서적뿐이며 오늘날의 시급한 문제에 대해서는 심각한 무식을 드러낸다. 이들은 전 세계에 신앙을 전파하고자 하지만, 자신만의 언어로 말하고 세상의 언어를 이해하지 못하기 때문에 세상과 만나지 못한다. 이들은 자기 일에서는 꼼꼼하다 못해 까다롭기까지 하지만 일하는 분위기는 무겁기만 하다. 이들은 웃음도 없고 농담도 없다. 이들은 동료의 대화를 무익한 것으로 여기는 듯한 느낌을 주며, 깊이 들어가 보면 자기 일에도 관심이 없는 듯하다. 이들에게는 일이 모험이 아닌 의무에 불과한 것이다.

18 분별의 근본

대부분의 그리스도인에게 모험 정신이 부족한 이유는 무엇인가? 나는 그리스도인이나 불신자를 막론하고 모두가 영적인 가치를 물질적인 가치와 대립되는 것으로 보기 때문이라고 생각한다. 우리는 영적인 생활을 '현실 생활'과 대립되는 것으로, 하늘을 땅과 대립되는 것으로 본다. 신자는 '가치 있는' 것이 무엇인지를 자문한다는 이유로, 그리고 하나님만이 진정한 가치의 유일한 근거가 된다는 사실을 깨달았다는 이유로 신앙에 관한 것 외에는 더 이상 관심을 기울이지 않는다. 땅에는 등을 돌리고 오직 하늘만을 바라보는 것이다.

이런 태도는 일종의 도피로 볼 수 있다. 이들의 신앙은 뜻대로 되지 않는 삶으로부터 도망치는 도피처이며, 이들의 경건은 일상 생활의 실패에 대한 위안인 것 같다. 이들은 현실적인 삶의 문제에 직면해서 해결하려는 노력을 포기하고 추상적인 세계에 빠져 있다. 이들은 직무 태만을 그리스도인의 자기 부인으로 오해한다. 과잉 보상(super-compensation)이라는 심리 현상이 자주 거론된다. 하지만 반드시 이런 사람들에게만 관련된 것은 아니다. 훌륭한 삶을 살아갈 능력과 자질을 갖춘 지적인 사람들도 좋은 뜻이긴 하지만 현실에 등을 돌린다. 그렇게 하는 것이 하나님을 더욱 신실하게 섬기는 것이라고 믿기 때문이다.

나는 지금 수도원에 들어가는 수도사에 대해 말하는 것이 아니다. 그것은 특별한 소명의 결과다. 수도원의 엄격한 규칙과 훈련은 환상이 아닌 엄연한 현실이다. 어쨌든 각 교단은 사람들이 잘못된 소명 의식으로 수도원에 들어오는 것을 막기 위해 언제나 경계하고 있다. 내가 염려하는 것은 참으로 많은 사람들이 비극적인 오해에 희생된다는 점이다. 이들은 세상사에 관심을 갖지 않는다. 영적인 진리에 눈을 떴기 때문이다. 물론 마땅한 일이지만, 영적인 진리가 세상에서 구현되지 않고 추상적으로 존재할 수 있다고 생각하는 것은 문제다. 이들은 자신이 가장 가치 있는 모험에 몸담고 있다고 생각하지만, 이들의 삶은 이제 더 이상 모험이 아니다. 진정한 모험이라면 구체적으로 나타나야 하기 때문이다.

물론 이들은 하늘과 땅의 근본적인 구별을 뒷받침하는 성경 구절을 잘 알고 있다. 사도 바울은 "이 세대를 본받지" 말라고 하면서(롬 12:2), "이 세상의 형적(形迹)은 지나가므로"(고

전 7:31) 세상 일에서 분리되라고 권고한다. 사도 베드로는 우리가 세상에서 "나그네와 행인(유랑자)"이라고 하고(벧전 2:11), 예수님도 값진 진주의 비유를 들면서, 상인이 자기의 소유를 다 처분해 그 진주를 샀다고 하셨다(마 13:45-46).

그러나 이 성경 구절들을 포함해 유사한 구절들을 해석할 때 크게 오해하는 경우를 많이 본다. 물론 매우 값진 진주는 이 세상 무엇보다도 귀중한 신앙을 나타낸다. 그러나 신앙은 우리로 하여금 세상을 외면하게 만들지 않는다. 신앙은 오히려 우리가 세상에 관심을 가질 것을 요구한다. 하나님이 세상을 창조하셨고 세상의 모험에 관여하시며 세상을 사랑하시고 세상에 관심을 기울이고 계시기 때문이다. 물론 하나님은 모든 가치의 출처가 되시고, 사물과 생물과 세상과 거기서 일어나는 모든 사건에 가치를 부여하시는 분이다. 성경은 "태초에 하나님이 천지를 창조하시니라"(창 1:1)는 말로 시작한다. 하나님은 영적인 세계뿐 아니라 땅도 창조하셨다. 하나님의 모험은 땅에서도 펼쳐지며, 그분은 우리의 모험 본능을 통해 우리를 그분의 모험에 연합시키신다.

많은 기독교 교파는 영적인 것과 물질적인 것을 민감하게 구분한다. 나는 그런 구분이 오해에서 비롯된 것이라고 생각하기는 해도, 그 열정적인 신앙은 존경하고 있다. 이들은 대부분 선교의 열정과 모험의 정신으로 충만해 있으며, 아주 활발하게 움직이는 진취적인 공동체다. 이 곳에서는 신앙을 위해 실제적이고 엄격한 희생을 요구한다. 이 세대를 본받지 말라는 말씀이 이들에게는 연극이나 영화, 춤, 술, 담배, 보석, 값비싼 옷을 피하는 것을 의미한다. 또 어떤 이들은 모세의 율법에 복종하여 돼지고기를 먹지 않고, 안식일이라는 이유로 토요일에는 일을 하지 않는다. 이 모든 것은 참된 가치가 있다. 이 모든 것이 이들에게는 하나님에 대한 신앙과 사랑과 헌신의 표시이기 때문이다. 이는 많은 사람이 노예처럼 묶여 있는 그 모든 하찮고 세속적인 쾌락보다 하나님과 나누는 교제가 더 소중하다는 것을 증명해 준다.

그러나 의사도 자기 아이를 치료해야 할 경우가 있다. 이때 아이의 처지는 부모의 처지와 사뭇 다르다. 부모가 매우 값진 진주를 얻기 위해 기꺼이 희생을 무릅쓴 것이 자녀에게는 금기요 금지이며 뿌리칠 수 없는 유혹이자 근심에 빠뜨리는 죄가 될 수 있다. 그래서 부모는 굴레로부터 자유로울 수 있지만 그것으로 자녀에게 굴레를 씌울 수도 있는 것이다. 다행히도 어떤 부모는 경건하고 엄격하고 청교도적이기까지 하면서도 자녀에게 많은 자유를 주어서, 자녀가 금기로 인한 불안이 아닌 하나님에 대한 사랑에서 스스로 생의 원칙을 세울 수 있도록 해준다.

예수님과 바리새인들 사이에도 이와 같은 논란이 일어나서 비극적인 결말을 낳게 되었다. 바리새인들은 모범적인 행실로 다른 사람들과 구별되려고 율법을 열심히 준수했기에 예수님의 행동을 보고 분개했다. 예수님은 안식일에 병자를 고치는가 하면 미천한 사람들과 함께 다녔고 창기나 뻔뻔스럽게 백성을 착취하는 세리와 함께 먹고 마셨기 때문이다. 예수님은 혼인 잔치에 참여하여 물을 포도주로, 그것도 최고급 포도주로(그 경건치 못한 술로!) 변화시켜 하객을 대접하게 하셨다 (요 2:1-10).

성경 전체는 하늘과 땅의 대립과는 정반대로 양자의 통일을 가르치고 있다. 성경적인 관점에서는 신성과 세속이라는 구별된 두 세계가 있는 것이 아니라, 모든 것이 성스럽다. 하나님의 손길은 추상적인 사상으로 나타나는 것이 아니라 자연과 역사와 인간의 모든 모험에서 나타난다. 하나님은 모든 것에 관심을 갖고 계신다. 그분과 접촉하면, 극히 사소하게 보이는 것에 대해서도 관심이 되살아나는 것을 경험하게 된다.

예수님은 시몬 베드로에게 배와 그물을 버리라고 말씀하셨다. "이제 후로는 네가 사람을 취하리라"(눅 5:10). 그러나 고기잡이라는 베드로의 세속적인 일에 관심을 보이시고 고기를 많이 잡을 수 있는 길을 알려 주시기도 했다. 이제 그분은 베드로를 사람을 낚는 어부로 부르시지만, 이것은 고기를 낚는 일에 관심이 없어서가 아니다. 실은 고기를 낚는 것은 하나의 모험으로서 흥미로운 일이었으며, 그것은 예수님이 앞으로 사도 베드로에게 맡기실 모든 영적이고 교회적인 사역을 모험으로서 예시했다. 세상이 두 가지가 아닌 한 가지라는 것, 세상에서 손을 떼는 것이 아니라 세상에 참여해야 한다는 것, 세상을 비웃는 것이 아니라 세상에 관심을 가지라는 것, 이것이 성경 전체가 가르치는 바다.

그러나 우리는 하나님이 합쳐 놓으신 것을 계속해서 나누고 있다. 성찬식의 의미가 하루 종일 그 날의 모험에 스며든다면 매일 아침 성찬식에 참여해도 좋다. 우리는 하나님께 바치는 시간과 일상 생활에 바치는 시간을 구별하여 생각한다. 일반적으로 사람은 두 부류로 나뉜다. 신앙에 지나친 관심을 보이는 나머지 세속적인 일에는 초연한 사람과, 삶의 모험에 지나치게 관심을 쏟는 나머지 하나님은 쳐다보지 않는 사람이다. 물론 현실을 지나치게 단순화한 말이지만, 내가 의미하는 것은 두 가지 견해를 대표하는 사람들과는 대화를 나누기가 지극히 어렵다는 것이다. 종교를 믿는 사람들은 다른 사람으로 하여금 자기 종교에 관심을 갖게 만들고 싶어한다. 그러나 다른 사람의 관심사에 먼저 관심을 기울이는 것이 종교인이 할 일이다. 이것이 사랑이다.

결혼 생활에서 한쪽 배우자가 앞의 두 부류에 속하는 경우가 있다. 예를 들면 내가 아는 한 여성은 훌륭한 목회자로 인해 신앙을 가지게 되었고, 열정을 다해 교회를 섬기고 아낌없이 자신을 바쳤다. 이제 그녀에게 모험이 시작된 것이다. 그녀는 이 목회자의 설교를 빠짐없이 듣고, 그가 쓴 글이라면 모두 읽고, 그의 생각을 철저하게 이해하여 사람을 만날 때마다 열심히 설명해 주었다. 이런 활동에 힘을 너무 쏟은 나머지 다른 일에는 거의 시간을 내지 않았다. 남편과 아이들뿐만 아니라 집안일에도 조금 게을러졌다. 모든 종교 집회를 따라다니고, 관련된 책을 많이 읽고, 전문가가 되어 가면서 종교에 점점 더 흥미를 느끼게 되었다.

이제 남편을 전도하고 싶어졌다. 영적인 모험을 남편과 함께 할 수 있다면 얼마나 좋겠는가! 교회와 집회에 같이 다니자고 남편을 조르지만 소용이 없다. 남편에게 신앙이 있는지 없는지도 모른다. 남편은 아내가 종교에 대해 말하기 시작하면 대꾸조차 하지 않는다. 그녀는 책이 눈에 띄도록 탁자 위에 올려 놓았다. 남편이 펼쳐 보기나 했을까? 남편은 아마 이 덫을 눈치 챈 듯했다. 적어도 작전상의 행동인 것을 짐작하고 있었다. 남편은 탐정 소설만 읽는 사람이다. 골치 아픈 일상 생활에서 벗어나 가볍게 기분 전환을 할 수 있다는 이유에서다.

남편은 사업가다. 그의 생활은 아주 구체적이고 흥미진진한 모험이다. 그는 특별한 책임을 맡은 위치에 있기에 하루 종일 긴급한 문제를 다룬다. 퇴근 후에도 계속 회사 일을 생각하는데, 아내는 남편의 생각을 다른 방향, 즉 종교 문제로 끌고 가려고 한다. 남편은 종교 문제에 대해 아는 바가 거의 없지만 아내는 전문가다. 이런 불공평한 시합에서 남편이 좋은 성적을 거둘 수는 없을 것이다. 그러나 남편은 자신의 이런 염려를 아내에게 털어놓지 않는다. 아내가 한쪽 귀로만 들을 것이 뻔하기 때문이다.

상황이 그렇게 계속되는 동안, 이 부부는 점점 더 서로에게 낯선 사람이 되어 간다. 두 사람을 결합시켜야 하는 신앙이 두 사람을 떼어 놓고 있다. 아내는 그것이 남편의 잘못이며, 남편이 자기의 길을 따라오기만 한다면, 같이 기도라도 한다면 두 사람이 신앙으로 연합할 수 있을 것이라고 생각한다. 남편은 남편대로 아내를 기쁘게 해줄 선물을 고르기 위해 고민한다. 신앙 서적은 어떨까? 진심에서 우러난 선물로 여기지 않을 것 같다. 예쁜 잠옷은 어떨까? 아내가 잠옷 선물을 고맙게 여길 것 같지 않다. 아내는 외모를 꾸미는 데는 조금 무관심한 것 같다. 사업가의 아내라면 좀더 근사하게 입어야 하는데 사업상 친구를 집으로 초대할 때면 그는 마음이 편치 않다. 아내는 머리도 매만지지 않고 자기가 바라는 대로 옷을 차려 입지도 않는다. 교회에서 늘 이야기하는 사랑이 이토록 복잡하고 추상적이란 말인가? 남편을 기쁘게 해주기 위해, 남편에게 좀더 아낌없이 자신을 줌으로써 그 사랑을 표현할 수는 없을까?

이 부부는 아이들 문제만 빼놓고는 부부 싸움을 하지 않는다. 남편은 아내가 아이들에게 지나치게 관대하다고 생각한다. 그러나 아내는 심리학 책을 많이 읽어 권위 있는 이론을 마음껏 끌어 댈 수 있으므로, 남편은 대립을 피하기 위해 입씨름을 포기해 버렸다. 남편은 가끔 아내에게 조언을 하고 싶지만 아내가 너무 많은 모임에 참석하느라 지친 것 같다. 아내는 자신이 속한 '교구'의 의견 차이를 극도로 걱정하는 것 같다. 남편은 그런 종류의 대립은 알 만큼 알고 있다. 자신이 속한 이사회나 공장에서 대립하는 경우가 많기 때문이다. 그러나 아내는 그가 교회에 다니지 않기 때문에 교회 안의 대립되는 문제에 대해 전혀 도움이 되지 않는다고 생각한다. 어쨌거나 남편도 공장 경영에 대해 아내의 의견을 묻는 경우가 없으니 말이다.

이 두 사람은 각각 다른 모험을 하며 살고 있다. 두 모험 사이에는 의사 소통의 통로가 없다. 각자 친구와 취미가 다르기 때문이다. 두 사람 다 깨닫지 못하고 있는 것은 두 모험이 실은 같은 모험이라는 것이다. 아내를 교회로 불러 하나님을 알게 하시고 섬기게 하신 이와, 남편의 마음에 모험에 대한 사랑을 일깨워 사업가로서 모험을 표출하도록 하신 이는 같은 하나님이기 때문이다. 하나님은 교회뿐 아니라 공장, 그 어디에도 계시지 않는가? 하나님은 모든 인간과 그들의 모든 일에 똑같이 관심을 기울이시지 않는가? 하나님 자신의 모험이 모든 인간의 모험에서 차별 없이 전개되고 있지 않는가?

우리는 모험이라는 문제를 따라가면 어디에 도달하게 되는지 알게 되었다. 즉, 우리가 교회 안으로만 한정하려 했던 하나님의 위대함이 재발견되고, 삶의 다양한 영역 주위에 세워진 장벽들, 말하자면 하나님이 한 영역에서 다른 영역으로 마음대로 옮겨 다니시는 것을 막는 장벽들이 무너지며, 신앙과 직업, 종교와 생활이 연합된다. 앞에서 언급한 아내는 남편이 신앙적인 문제에 관심을 갖지 않기 때문에 하나님을 그의 삶에서 밀어 낸다고 비난했다. 그러나 아내도 자신이 생각하는 남편과 크게 다르지 않다. 아내 역시 종교 집회에서만 하나님을 찾고, 실제 생활에서는 하나님이 발을 붙이지 못하게 막고 있는 것이다.

겉으로야 어떻게 보이든, 두 사람 사이의 장벽은 각자의 마음속에 철저히 자리잡고 있다. 신앙적인 아내의 마음속도 남편의 마음과 마찬가지다. 여기서 다시 한 번 융의 이론을 적용할 수 있다. 인간이 어떤 기능을 발휘하려면 다른 기능을 억제해야만 한다. 그 결과 인간은 빈곤해지고, 분열되며, 화석화된다. 인간이 통합된 삶을 향한 여정을 계속하려면 숨겨진 재능을 드러내며, 무의식 속에 억압된 것을 다시 한 번 의식해야 한다. 이것은 인간이 속한 영적인 세계와 세속적인 세계에 적용된다. 우리가 앞에서 말한 사업가는 자신의 일에 열정적으로 관심을 기울였지만 종교에 대한 생각은 억제하고 있었다. 물론 아내의 태도가 여기에 일조했다는 점을 말해야겠다. 아내는 종교 생활에서 영적인 부요함을 누리면서도, 의식에서 세속적인 관심사를 몰아내고 인격을 빈곤하게 만들었기 때문이다.

따라서 뒤르케임 교수가 말한 바와 같이, 온전한 인간이 되기 위해서는 우리 자신 안에서 이 두 세계의 화해를 꾀해야만 한다. 이 조화로운 풍성함이야말로 하나님이 의도하시는 인격이자 인간인 것이다. 인격 의학은 인간이 이 풍성함을 얻고 인격을 갖추도록 도우려고 한다. 인격 의학은 이른바 영적인 발달을 강조하느라고 인간의 신체적인 건강과 심리적인 건강의 중요성, 인간이 세상에서 제자리를 찾고 세상에서 모험을 하고 가족과 사회와 직업상 관계를 맺는 일의 중요성을 간과하지 않는다. 영적인 발달은 나머지 모든 영역을 포함하지 않는다면 아무것도 아니기 때문이다.

두 세계의 화해. 신앙의 현실에 눈뜨지 못했던 사람에게 이것은 모든 것에 의미를 부여해 주는 삶의 또 다른 측면, 아주 중요한 측면을 발견하는 것을 뜻한다. 그러나 신앙을 가진 사람에게는 이것이 블룸하르트(Blumhart)가 말한 바와 같이 일종의 두 번째 회심이자 현실로의 복귀이고, 형언할 수 없는 추상의 영역에서 세속적이고도 평범한 생활이라는 실제적인 모험으로 하강하는 것이며, 신앙과 관련이 없다고 생각하던 과학이나 기술, 경제, 예술, 정치 등에 새로이 관심을 회복하는 것이다. 그러므로 필요한 것은 대립이 아닌 종합이다.

나는 심리학을 신앙과 대립되는 것으로 보는 사람이 매우 많고, 심리학을 불신하는 그리스도인들이 많으며, 종교를 불신하는 심리학자가 많은 사실이 매우 놀랍다. 그래서 환자가 나를 기독교 심리학자로 보고 내게 '기독교적인 심리 치료'를 바라고 있다는 말을 할 때마다 당혹스럽다. 환자는 극히 기술적인 치료를 피하려 하지만, 그 환자야말로 이런 치료를 통해 가장 큰 도움을 받을 수 있는 경우가 많다. 기독교적인 심리 치료와 그렇지 않은 심리 치료는 하나밖에 없다. 의학 역시 기독교 의학과 비기독교 의학이 있는 것이 아니라 한 가지 의학이 있을 뿐이다. 샤를르 노데(Charles H. Nodet) 박사는 사실상 하나인 이 두 가지 모험, 즉 인간의 심리적 발달이라는 모험과 인간을 풍족함으로 인도하는 복음의 모험을 훌륭한 필치로 묘사하고 있다.[1]

이것은 다른 분야나 직업—환자를 치료하는 의사든, 책을 집필하는 아마추어 작가든, 과자를 굽는 사람이든—에서도 마찬가지다. 하나님의 계획은 이런 것을 다 포함하며, 인간의 다른 모든 행동과 기타 모든 것을 포함한다. 하나님만이 사물에 (예컨대 우리의 직업에) 가치를 부여하신다는 것을 안다면, 우리는 직업에 대한 편견을 버리고 더 이상 어떤 직업을 다른 직업보다 더 가치 있는 것으로 여기지 않게 될 것이다.

우리의 직업을 하나님이 우리에게 맡기신 임무로 보고 그런 마음으로 일에 임하며, 하나님의 인도를 받도록 자신을 내어 드리는 것이야말로 가치 있는 일이다. 또한 우리의 직업을 다른 활동과 마찬가지로 하나님의 지도를 받는 모험으로 보는 것도 가치 있는 일이다. 종교계는 종종 '사명'이라는 것을 목회 사역이나 의료, 교육 분야에만 국한한다. 이러한 경향은 우리가 마음속으로 영적인 일과 세속적인 일을 구분하고 있다는 것을 보여 준다.

하나님의 계획을 완수하기 위해서는 사제나 주교, 목사, 선교사만 필요한 것이 아니라, 기술자와 화학자, 정원 관리인이나 청소부, 재봉사, 요리사, 상인, 의사, 철학자, 판사, 속기사 등도 있어야 한다. 사도 야고보는 이렇게 말한다. "내 형제들아 영광의 주 곧 우리 주 예수 그리스도를 믿는 믿음을 너희가 받았으니 사람을 외모로 취하지 말라"(약 2:1). 사명을 받았다는 것은 모든 일을 사명의 정신으로 하며 하나님과 함께하는 모험으로 본다는 의미다. "모든 수고에는 이익이"(잠 14:23) 있으며, 칼빈이 예리하게 말했듯이, "우리가 사명을 감당하는 것이라면, 아무리 저급하거나 초라한 일이라 할지라도 하나님

앞에서 빛나지 않거나 귀중하지 않은 것은 없다.…모든 사람은…어떤 곳에 있건 자신의 처지를 하나님이 맡겨 주신 장소라고 생각해야 한다."

나는 예배에 참석하거나 성경을 읽거나 기도하는 동안에만, 또는 책을 쓰면서 하나님에 대해 논하거나 환자나 친구와 인생의 의미에 대해 논하는 그 짧은 시간에만 하나님을 섬기는 것이 아니다. 환자에게 주사를 놓거나 종기를 째거나 처방전을 쓰거나 어떤 지시를 할 때도 나는 여전히 하나님을 섬기고 있다. 그뿐 아니라, 신문을 읽거나 여행을 하거나 농담에 웃음을 터뜨리거나 납땜으로 전기선을 연결할 때도 하나님을 섬기고 있다. 나는 모든 일에 관심을 기울임으로써 하나님을 섬긴다. 하나님도 모든 일에 관심을 기울이시기 때문이다. 하나님이 만물을 창조하셨고, 나를 창조계에 두심으로써 나로 여기에 완전히 참여하도록 하셨기 때문이다. 윌리엄 템플(William Temple) 대주교는 이렇게 말했다. "하나님이 단지 신앙에만, 아니면 주로 신앙에만 관심을 기울이신다고 생각하는 것은 커다란 실수다."

전도서의 전도자는 위대한 학자로서, 만물이 본질상 헛된 것임을 비할 데 없는 표현으로 알려 준다. 그러나 전도자는 만물을 하나님과 연계하면서 그 가치를 재확립하고 있다. "하나님이 너의 하는 일을 벌써 기쁘게 받으셨음이니라"(전 9:7). 몸과 마음을 다 바친다면 어떤 직종이든 재미있는 일이 된다. 모든 환자들의 직업에 관심이 가는 것을 보면 나는 어떤 직업이든 기쁘게 할 수 있을 것 같다. 나는 기술자와는 전기에 대해서 즐거이 이야기를 나누고, 재봉사와는 재단에 관해서, 교사와는 교육에 관해서, 법률가와는 법에 대해서, 주부와는 요리에 대해서 즐겁게 대화를 나눈다. 직업마다 예수님이 우리에게 가르치셨듯이 비유로 가득하다. 어떤 양돈업자가 자기 일에 대해 열정적으로 이야기하는 바람에 나는 그 이야기에 빠져들어서 내 일에 대한 교훈을 얻기도 했다. 앙드레 사라동 박사도 자신이 치료하고 있던 넝마 장수가 자기 직업에 관해 이야기하는 것을 들으면서 이와 같은 경험을 하게 되었다고 한다. 취리히의 알퐁스 메데 박사 역시 사자 조련사인 트루브카(Trubka)의 책[2]을 읽고 나서, 사자 조련사와 심리 치료사가 사랑을 필요로 한다는 점에서 매우 닮았다는 것을 깨닫게 되었다고 말했다.

하나님을 사랑하고 인간을 사랑하고 동물을 사랑한다는 것은 세상과 인생, 그리고 어떤 일이든 자신의 일을 사랑한다는 뜻이다. 하나님은 모든 일에, 모든 직업에 관심을 기울이고 계신다. 성경에서 어부, 상인, 농부, 금세공장이 등 일꾼이 맡고 있는 역할을 살펴보라. 예수님도 요셉의 작업장에서 일하셨다. 아롱(Aron)에 따르면, 주후 1세기 말까지만 해도 예수님이 만드신 쟁기를 볼 수 있었다고 한다.[3] 하나님의 계획은 왕이나 선지자, 사도를 통해서만 이루어지는 것이 아니다. 기생 라합도 자신의 역할을 감당했고(수 6:17), 나아만의 여종도 그러했으며(왕하 5:2), 세리(눅 19:2)와 유럽인 중에서 복음을 최초로 받아들인 자색 옷감 장사 루디아가 그랬다(행 16:14).

"그는 양털과 삼을 구하여 부지런히 손으로 일하며…밭을 간품하여 사며 그 손으로 번 것을 가지고 포도원을 심으며"(잠 31:13-16)라며 일하는 훌륭한 아내를 칭송하는 말씀을 읽어 보라. "우리는 하나님의 동역자들이요 너희는 하나님의 밭이요 하나님의 집이니라"(고전 3:9)는 사도 바울의 말을 보라. 이 모든 것에 비추어 볼 때, 우리에게는 성경 말씀을 오직 영적인 활동에만 국한하여 적용할 권리가 없다. 오히려 그것을 우리의 모든 생활에 확장해서 적용해야 한다. 예수님이 말씀하셨듯이 하나님의 밭은 '세상'(마 13:38), 즉 모든 세상이기 때문이다.

이러한 관점에서 우리의 모든 생애, 모든 활동, 모든 생각, 모든 감정, 즐겁고 고달픈 모든 경험을 가치 있는 모험으로 볼 수 있다. 그렇게 되면 우리가 하는 모든 일에 마음을 쏟을 수 있게 된다. 이것은 그 일에서 하나님을 제해 버린다는 뜻이 아니고, 매사에 사물과 사람과 문제를 하나님의 관점에서 바라보며 그 일을 하나님의 뜻대로 행하려는 것을 의미한다. 물론 쉬운 일은 아닐 것이나, 그래서 더욱 이 일이 커다란 모험이 되는 것이다. 우리는 모두 잘못 행할 위험이 있기에 이 일이 모험이 되는 것이다. 이사야 선지자는 언제나 회중에게 눈을 열라고, 하나님이 역사에 개입하시며 사건을 계획대로 움직이신다는 것을 깨달으라고 촉구하고 있다. 또한 이사야 선지자는 하나님의 뜻을 분별하는 것이 얼마나 어려운지도 잘 알았다. "여호와의 말씀에 내 생각은 너희 생각과 다르며 내 길은 너희 길과 달라서"(사 55:8).

19 묵상의 필요성

하나님의 길과 우리의 삶에 대한 그분의 뜻을 어떻게 발견할 수 있을까? 영적인 진리와 실제적인 현실을 어떻게 결합시킬 수 있을까? 우리 시야를 넓히고 우리 삶을 이루는 것에 대한 시각을 교정해서 어떻게 하나님의 시각으로 바라볼 수 있을까? 물론 하나님께 도와 달라고 기도하고, 성경을 공부하며, 교회와 신학의 가르침에 관심을 기울여야 하지만 여기에서 그쳐서는 안 된다. 신학에만 마음을 쓰게 되면 앞 장에서 본 종교적인 아내처럼 구체적인 생활에 대한 관심을 잃게 될 위험이 있기 때문이다. 훌륭하고 학식 있는 신학자로서 정통적인 교리를 고수하며 열정적이고 경건하면서도, 종교적인 생활과 실제적인 생활 사이에 꼭 있어야 할 다리를 마련하지 못해서 결과적으로 크게 고통을 당할 가능성이 있는 사람이 있다.

내가 경험한 바로는 묵상을 글로 쓰는 것이 영적인 세계와 세속적인 세계를 이어 주는 데 큰 도움이 된다. 물론 글로 적어 가며 묵상하는 것이 필요 불가결한 방법이라거나 누구에게나 적용되는 것이라고 말하고 싶지는 않다. 어떤 사람, 즉 글로 써야 한다는 의무감 때문에 묵상을 방해받는 사람에게는 별로 맞지 않는 방법일 것이다. 사람마다 차이가 있고 하나님은 어느 한 가지 방법으로 국한되는 분이 아니시다. 예를 들면 묵상하면서 평범한 내용만 잔뜩 적고 난 뒤에, 앞서 말한 프랑스 여성이 소녀 시절 다리 한가운데서 그랬던 것처럼 운전대 앞이나 승강기 안에서 훨씬 더 훌륭한 생각이 불현듯 스칠 때가 있으며, 이것이 하나님으로부터 왔다고 느낄 때가 있다. 다시 말하지만, 나는 갑작스런 영감과 묵상에서 구하는 영감을 대조적인 것으로 보고 싶지 않다. 우리가 묵상하는 데 시간을 들인다는 사실은, 하나님께 귀기울이고자 하는 우리의 굳은 의지와 하나님의 인도에 우리가 가치를 부여하는 정도를 나타내는 표지다. 우리가 바라는 그 순간에 하나님이 인도하시지 않는다 해도, 또한 아주 뜻밖의 형태로 하나님이 인도하신다 해도 마찬가지다. 하나님의 인도는 우리가 알지 못하는 사이에, 나중에야 그 의미를 깨닫게 되는 사건을 통해서 주어질 수 있다.

많은 그리스도인에게 기도는 그저 독백에 불과하다. 하나님 앞에 자신의 소망과 사랑과 믿음을 내어 놓지만, 자기만 할 말을 다하고 하나님의 대답을 듣지는 않는다. 하박국 선지자가 말했듯이 묵상은 무엇보다도 하나님 앞에서 입을 다무는 데서 이루어진다. "온 천하는 그 앞에서 잠잠할지니라"(합 2:20). 곰곰이 생각하는 성격을 가진 사람에게 이런 침묵은 무엇보다도 경배이자 영적인 친교이며 영혼의 고양과 합치다. 글로 적으며 묵상하는 것은 기도나 경배의 자리를 차지하는 것이 아니며, 영적인 생활의 풍부함을 세속적인 생활로 통합하는 데 실제적인 도움을 준다.

글로 적는 묵상은 꾸밈 없이 수수한 자세로 할 때 이 목적을 더욱 잘 달성한다. 어떤 사람은 일기에 오직 고상한 생각만을, 말하자면 파스칼의 「팡세」(*Pensées*, 믿음사 역간)에 버금가는 것을 쓰고자 한다. 또 어떤 사람은 의심의 여지없이 하나님께로부터 온 생각이나 명령만을 기록하려고 한다. 이렇게 되면 부자연스럽고 판별하려는 태도가 생기기 때문에 묵상에 방해가 된다. 물론 머리에 떠오르는 생각에는 평소에 즐겨 하는 일에 대한 생각, 이성이나 감정 혹은 단순한 상식이나 경험으로 촉발된 생각, 어떤 대화에 대한 기억, 성경에서 읽은 내용 등이 들어 있다. 이성과 상식이 신앙과 대립되는 것은 이것들이 자율적인 것이 되어 하나님의 주권 밖에 있으려고 할 때뿐이다. 이성과 상식은 묵상 가운데 하나님에게 바쳐질 때 귀중한 것이 된다. 예를 들어 "이 세대의 아들들이 자기 시대에 있어서는 빛의 아들들보다 더 지혜로움이니라"(눅 16:8) 또는 "망대를 세우고자 할진대…먼저 앉아 그 비용을 예산하지 아니하겠느냐"(눅 14:28)는 예수님의 말씀을 생각해 보라. 당연한 일이지만 나는 묵상 도중에 무의식적인 콤플렉스뿐 아니라 도덕적인 관념과 열망과 야망, 일상적인 후회가 모두 떠오르며, 사탄의 음성이 들릴 때도 있다.

그러나 이렇게 해서 두 세계를 연결하는 다리가 건설되는 것이다. 나는 굳건하게 하나님 앞에 서서, 이 모든 것을 생각하며, 가능한 한 하나님이 내 생각과 마음을 인도해 주시기를 간구한다. 글로 적게 되면 이것이 더욱 생생해지며, 글로 쓰지 않으면 내가 묵상하는 것이 흐릿하고 희미해지기 쉽다. 생각을 글로 적으려 하면 이 생각을 명확하고 정확하게 구체화시킬 수밖에 없으며, 이를 실행하려는 굳은 마음이 들게 된다. 내가 기록하는 내용은 신앙적인 문제에만 국한되는 것이 아니라 일상 생활의 모든 문제와 관련된다. 기록은 하루의 시간 계획을 세우는 것에 그칠 때도 많지만, 그러면서도 하루를 하나님의 뜻에 맞추어 계획하려고 의식적으로 노력하며, 하나님이 보시기에 어떤 일이 가장 중요한가를 더욱 명확하게 분별하려고 애쓴다. 얼마나 많은 사람들이 자신의 시간 사용 방식을 꺼림칙하게 여기는지 생각해 보라. 이들은 마치 홍수에 밀려가듯 자신을 방임하여 부차적인 일에 휩쓸리고 잠겨 버린다. 때로는 이를 환영하기도 하는데, 더 어려운 일을 미루는 방편이 되기 때문이다. 또한 이들은 마땅히 물리쳐야 할 일을 거절할 용기가 없어서 너무 많은 일을 하기도 한다.

나는 묵상을 많이 경험한 한 프랑스 친구와 함께 처음으로 이런 유의 묵상을 했다. 그가 자동차 냉각기 뚜껑을 꼭 닫아

둘 것을 기록하는 모습을 보고 놀랐던 기억이 난다. 나는 여전히 앞에서 말한 거룩한 것과 속된 것을 구분하고 있었다. 이런 유형의 묵상은 이 구분을 극복하고자 시도하는 것이다. 모든 '실수 행위'에는 깊은 의미가 담겨 있다는 프로이트의 가르침을 따라, 우리는 어떤 망각도 전적으로 우발적이고 사소한 것으로 볼 수 없게 되었다. 망각은 자아를 발견하는 유용한 도구가 되었다. 지금까지 자주 발생하는 일이지만, 나는 묵상 덕분에 냉장고 뚜껑 닫는 것을 잊어버리는 것보다 훨씬 더 중대한 망각을 바로잡을 수 있었다.

묵상은 우리가 다른 세상 종교로 탈출하지 않도록 막아 주고 이 세상에 단단히 발을 붙이게 해준다. 묵상은 이 세상에서 우리의 사명을 깨닫게 해주는 것이요, 우리가 모험을 수행해 나갈 때 하나님이 무엇을 바라시는지를 깨닫게 해주는 것이다. 주위에서 외롭고 '잊혀진' 사람들의 감정을 생각해 보라. 그 사람이 당신의 아내나 자녀가 될 수도 있다. 환자들은 알고 있어야 할 것이 무엇인지를 잘 알고 있다. 의사가 환자와 약속한 진료 시간이나 환자의 이름을 잊어버렸다면, 그것은 환자를 잊어버린 것과 같은 의미다. 환자는 자신의 문제를 의사에게 가져왔고, 의사는 환자에 대해 깊은 동정을 느낀다. 그러나 환자들은 삶에서 겪는 투쟁이란 인정사정 없는 것이며, 자칫 주의를 기울이지 않으면 모든 것을 삼키고 휩쓸어 버린다는 것을 이미 알고 있다. 그러나 하나님은 아무것도 잊어버리지 않으실 뿐만 아니라, 우리가 묵상할 때 특정한 사람을 생각나게 하시는 경우도 적지 않다. 이런 관점에서 보면 묵상은 중보의 성실성을 배우는 일종의 학교다.

얼마나 많은 사람이 자기 자신에 대해 마음의 문을 닫고 자신의 편견과 기계적인 사고 방식에 갇혀 있는지 생각해 보라. 묵상은 열린 태도다. 묵상은 하나님과 세속적인 생활이라는 두 방향에 대해 열려 있다. 묵상은 기다림, 세심하고 신뢰하는 기다림의 자세다. 묵상에서 받은 단 한마디 말이 한 사람의 전 생애를 변화시켜 커다란 모험으로 만들 수 있다. 반대로, 목적도 없고 지향하는 바도 없이 자신을 흘러 가는 조류에 떠내려가도록 내버려두는 사람이 있다. 묵상은 이런 사람의 삶에 질서를 부여해 주고, 주축과 구조, 준거점, 나아갈 목표를 제시해 준다. 묵상이 없다면 내실 있는 모험도 할 수 없다.

한 젊은 여성이 어린 시절에 겪은 심한 어려움의 후유증으로 고통받다가 치료하러 온 적이 있다. 그녀는 내 말을 듣고 묵상의 방법을 사용하기 시작했다. 그래서 문제를 해결하는 데 필요한 초기 단계를 수월하게 통과했다. 그러다가 이 여성은 곧 묵상을 그만두었다. 너무나 유치한 방법으로 묵상했기 때문이다. 문제는 이 여성이 하나님께 귀기울이는 것이 아니라 내 말을 되새기고 내가 자기에게 기대한다고 짐작되는 생각을 기록한 것이었다.

나는 그녀가 천천히 성숙해 가는 것을 지켜보았다. 묵상을 다시 해 보라고 권하지도 않았다. 묵상은 자발적일 때에만 가치가 있기 때문이다. 그런데 스무 해도 더 지난 지금, 그 여성이 갑자기 외국에서 편지를 보내 묵상을 열심히 기록하고 있다고 전해 왔다. 그녀는 즉각 모험에 빠져들었고, 새로운 생각으로 마음이 충만하다. 이제 이 여성은, 전부터 내가 생각했으면서도 제시해 주지 못했던 행동을 자발적으로 하고 있으며, 자신감이 넘치고 있다. 성숙한 것이다. 모험의 촉발에서 중요한 것은, 외적인 환경보다 마음 상태, 즉 묵상 가운데 알게 된 하나님의 계획을 기꺼이 따르고자 하는 자세다.

이와 관련하여 나는 언제나 에덴 동산 나무 사이에 숨어 있던 아담이 생각난다. 하나님은 이렇게 부르셨다. "네가 어디 있느냐"(창 3:9). 하나님은 끊임없이 우리를 부르고 계신다. 우리는 어디에 있는가? 우리는 잔치에 초대받은 사람의 비유에서처럼(눅 14:16-24) 가정이나 직업상의 책임을 하나님의 부르심을 회피하는 핑계거리로 사용하고 있는 것은 아닌가? 우리는 하나님에게 모든 것, 모든 삶을 드렸는가? 하나님은 우리의 일, 가정과 사회에 대한 태도, 환자나 동료, 친구, 상사, 또는 경쟁자와의 관계를 어떻게 생각하시는가?

물론 하나님은 어느 때라도, 우리가 꽃이 만발한 수풀 속에 숨어 있더라도 우리에게 말씀하실 수 있다. 그러나 우리가 진정으로 하나님의 음성을 청종하고자 한다면 특별히 얼마 간의 시간을 떼어놓아야 한다. 현대의 생활은 혼잡하고 복잡하기 때문에 묵상하기 좋은 환경이 아니다. 바로 엊그제 어느 젊은 여성이 내게 "여자는 결혼하면 저작권이 말소된 작품처럼 되는 것 같아요. 가족, 사회 어디에나 속하지만 사생활은 없어지지요"라고 말했다. 그러면서 자기의 사생활의 보루는 욕실이라고 덧붙였다. 욕실이라고 안 될 이유가 어디 있으랴? 나는 사람들이 나를 못 알아보는 식당에서 묵상하는 것이 가능하다는 사실을 알게 되었다. 이런 곳에서는 전화로 방해받을 우려가 없고, 내가 참여하고 싶어하는 바쁘고 활기찬 세상이 있다. 어떤 때는 휴가 기간에 먼 길을 떠나거나 이곳 저곳의 박물관을 바쁘게 돌아다니는 대신, 들판이나 숲이나 수도원의 고요한 분위기에서 묵상할 수도 있을 것이다. 사람은 바쁘면 바쁠수록 책임감에 더 눌리게 되는데, 그럴수록 하나님과의 만남을 새롭게 하는 묵상의 시간이 더 필요하다.

나는 묵상이 심리학적 가치가 크다는 것을 알게 되었다. 묵상은 신실성을 배우는 학교이기에 심리 치료와 밀접한 관계가 있다. 나는 환자가 나와 함께 잠깐 묵상을 하는 가운데 자신의 삶에 대한 통찰을 기록하는 것을 자주 보았다. 나는 여러 차례의 심리 치료 끝에 환자가 그런 통찰에 이를 수 있도록 도와준 것에 뿌듯함을 느낀다. 묵상의 심오한 분위기에서 우리의 감정, 욕망, 공포, 정서의 실제적이고 숨겨진 동기를 알 수 있다. 환자가 자아를 더 쉽게 성찰할 수 있도록 심리 치료사가 가끔 질문을 던지는 것처럼, 하나님도 침묵의 묵상 중에 우리에게 질문하실 때가 있다. 나는 이 두 가지 활동을 서로 대립되는 것으로 놓고 있는 것이 아니다. 이 둘은 서로를 훌륭하게 보충해 줄 수 있다. 심리학적인 기술은 자아를 올바르게 평가하는 고통스런 자각에 방해가 되는 '검열'을 돌파할 수 있다. 그리고 이러한 인식은 하나님과의 대화에서 새로운 장을 열어 줄 수 있다.

묵상의 또 다른 심리학적 가치는 이것이 자신감을, 그것도 적절한 자신감을 배우는 학교라는 것이다. 자기 주장을 언제나 너무 쉽게 내세우는 사람이 있다. 자신의 주장과 뜻을 다른 사람에게 거침없이, 자신도 모르게 전제적으로, 이기적으로 강요하는 것이다. 그러나 이들도 묵상을 통해 이런 성격을 알게 되고 다른 사람에게 양보하는 법을 배우게 된다. 그러나 이와 반대로 자신이 옳은 때에도 자기 주장을 내세우기 어려워하는 사람도 있다. 이들은 좋은 생각은 많이 하지만 말로 옮기기를 어려워하고, 부당하게 다른 사람에게 휘둘린 나머지 원망을 품고 아무 말도 하지 않는다. 이들은 남들이 함부로 대해도 가만히 있는다. 이런 소극성으로 인해 심리 치료를 받으러 오는 사람도 많다. 이들에게 자신의 의견을 주장해야 한다고 말하는 것은 소용이 없다. 의견을 내세우더라도 방법이 서툴러 일을 그르칠 가능성이 크기 때문이다.

그러나 이들은 묵상하는 가운데 어떤 상황에서는 자신의 의견을 고수했어야 하는데도 포기해 버리고 말았다는 것을 알게 된다. 앞으로 어떤 행동 방침을 택해야 할지, 누구를 만나서 솔직하고 용기 있는 대화를 나누어야 할지도 알게 될 것이다. 이것을 미룬다면 이 일을 할 때까지 매일 생각날 것이다. 뿐만 아니라, 묵상을 통해 앞으로 취해야 하는 행동 방침에 대해 준비할 수 있게 될 것이다. 어떤 말을 하는 것이 무분별한 것이고 어떤 말을 안 하는 것이 잘못된 것인지 하나님에게 여쭈어 볼 수 있다. 이렇게 해서 이들은 자기의 소심함을 극복할 수 있고, 침착하고 자신감 있는 말로 남의 관심을 끌 수 있으며, 남의 말을 주의 깊게 듣고 이해할 수 있게 된다. 나의 환자 가운데 많은 사람이 이렇게 상담을 준비하고 있으며, 그럴 때 그 상담이 훨씬 더 잘 이루어지는 것을 늘 깨닫는다. 정말 중요한 문제로 바로 들어갈 수 있기 때문이다. 환자들이 묵상으로 준비하지 않았다면 그 문제들을 잘 꺼내 놓지 않으려 했을 것이다.

어떤 환자는 상담을 하는 도중 잠시 이야기를 멈추자고 제안한다. 그렇게 해서 흔들린 마음을 진정시키고 생각을 정리하거나 하나님께 귀기울이려는 것이다. 그러면 나는 그와 함께 묵상을 한다. 그러면 우리 두 사람 사이에 아주 유익한 관계가 맺어진다. 또한 상담 중에 갑자기 침묵으로 빠져드는 경우도 있다. 환자는 대화를 나누다가 어떤 일련의 생각 속으로 빠져들기도 한다. 이런 침묵은 존중해 주어야 한다. 중요한 시간이 진행되고 있음을 알려 주기 때문이다. 그 때 나는 침묵하고, 하나님은 그 환자에게 직접 말씀하신다. 나는 나대로 하나님이 내게 하시는 말씀을 듣기 위해 묵상한다.

그러나 우리는 묵상을 중요한 생각을 추적하는 것으로 간주하여 지나치게 논리적으로 분석하지 않아야 한다. 침묵은 그 자체로 가치가 있기 때문이다. 침묵은 일반적으로 생각하는 것보다 훨씬 더 효율적인 가치가 있다. 물론 이것은 침묵의 질에 달려 있다. 어떤 침묵은 불편함과 주저함, 토막 난 생각이 들어차 고통스럽다. 어떤 침묵은 소원하며 차갑고 알맹이가 없다. 그러나 오래 지속되는 침묵은, 특히 두 사람이 모두 하나님 앞에 있다고 느낄 때에는 인격적인 의사 전달과 진정한 교제의 가장 고상한 형태가 될 수 있다. 그렇게 되면 '침묵 요법'이라는 것도 있을 수 있다.

환자가 묵상을 하면 할수록 그는 더욱더 하나님께 의지하고 의사인 내게는 점점 덜 의지하게 된다. 그래서 나는 이런 비지시적인 태도를 엄격하게 지킴으로써 환자가 나의 도움에 의지하지 않고 하나님의 인도를 직접 구할 수 있도록 돕는다. 하나님은 환자가 필요로 하는 것을 나보다 훨씬 더 잘 아신다. 예를 들어, 특정한 직업을 정할 수 없었던 한 여성의 경우를 생각해 보자. 이 여성은 여러 가지 임시직만 맡았다. 나는 자연히 이것이 심리적인 장애의 사례, 도피의 사례라고 생각할 것이다. 그러면 말로 표현은 안 하더라도 마음속에 있는 이런 생각으로 인해 이 여성과 나 사이에 장벽이 생길 것이다. 그러나 내가 이를 확신할 수 있을 정도로 이 여성에 대해 잘 알고 있는가? 내가 어떻게 이 여성에 대한 하나님의 뜻이 떠돌아다니는 자유로운 삶이 아니라고 확신할 수 있단 말인가? 한편에서는 한 직장에 자신을 묻고 그 직장을 잃게 될까 봐 끊임없이 불안해하며 살아가는 사람이 많은데도 말이다. 하나님의 자리를 차지하는 것은 내가 할 일이 아니다. 하나님이 직접 이 여성에게 말씀하실 것이다. 나는 이런 사실을 묵상을 통해서 분명히 알게 되며, 이렇게 해서 이전의 모든 고정 관념에서 벗어난다.

프로이트 학파는 인간이 성인(成人)이 되고 자기 주장을 하며 스스로 책임을 지는 것을 이상으로 삼는다. 융 학파는 인간이 자신의 전체성을 이룩하고 이를 받아들이는 것을 이상으로 삼는다. 아들러(Adler) 학파는 인간이 현실적으로 자신의 한계를 받아들이는 것을 이상으로 삼는다. 그런데 묵상은 이 모두를 획득하는 데 큰 도움을 준다. 묵상은 심리학적 방법과 잘 어울린다. 예컨대 환자가 자기의 꿈 이야기를 하면 나는 그 꿈의 의미를 파악하기 위해 기분 상하지 않게 그의 관념의 연합에 대해 물어 볼 수 있다. 그러나 그 환자가 혼자 묵상을 하거나 내게 함께 묵상을 하자고 제의한다면, 우리는 함께 침묵을 지키며 하나님이 그 꿈을 통하여 우리 두 사람에게 무엇을 말씀하시는지를 알려 달라고 구할 수 있다. 이것은 아주 성경적이다. 묵상을 하면서 필적의 분석이나 로르샤하 검사[스위스의 심리학자 헤르만 로르샤하(Hermann Rorschach)가 시작한 성격 검사 방법으로, 잉크의 얼룩 무늬를 해석하게 하여 사람의 성격을 분석한다—역주]를 통해서도 하나님이 우리에게 무엇을 말씀하시는지 알아차릴 수 있다.

그러나 묵상은 심리학을 넘어서는 것이다. 묵상은 인격을 각성시키고 성숙시키는 강력한 도구가 된다. 정신 분석학자는 그들이 말하는 자아 형성이 불충분한 환자를 대하면 무력해지고 만다. 반면에 묵상은 이런 문제를 해결하는 데도 도움을 줄 때가 있다. 인격은 자아 그 이상이다. 인격은 영적인 실체로서, 개인적인 신념을 지녀야 하며, 하나님과 인생과 사건과 다른 사람에 대한 태도를 결정해야 한다. 그리고 끝으로 자기의 직업, 이 세상에서 자기가 받은 사명을 분별해야 한다. 나는 다른 곳에서 리샤르 지벡(Richard Siebeck) 교수의 말을 아주 적절하게 인용한 적이 있다. "사명이 인간을 만든다." 그러나 그 역(逆) 명제 역시 사실이다. 즉, 사명이 무엇인가를 알기 위해서는 우선 하나님과 머리를 맞대고 대화함으로써 한 인간이 될 필요가 있다. 이것이 바로 묵상의 역할이다.

직업을 바꾸는 일에 따르는 문제는 중요하면서도 극히 미묘하다. 이 문제에 대해 조언을 구하는 사람이 많지만, 나는 언제나 대답하는 데 어려움을 느낀다. 예를 들어, 어떤 사람이 일이 마음에 들지도 않고 만족감도 느끼지 못하며 자기에게 도움이 된다는 생각도 들지 않아 그만두려고 한다. 이것은 난관이나 곤란—자기 임무를 해 내려는 사람이면 누구나 꿋꿋하게 참아 내야 하는—으로부터 도망치고자 하는 유혹에 불과한가? 아니면 하나님이 말씀하고 계신가? 즉 적절한 선택을 하기에는 충분히 성숙하지 못한 시기에 부모의 명령으로 잘못 시작한 직업을 용감하게 포기하라는 하나님의 명령인가? 직업을 그만두면 위험 부담이 따를 것이다. 이것은 대담한 신앙을 유지하기 위해 치러야 할 적절한 대가인가? 아니면 그가 자신의 가족에 대해 마땅히 져야 할 책임을 다하지 못하는 것인가? 도대체 내가 어떻게 알 수 있는가?

나는 정신 분석 방법을 동원해서 그 자신의 깊은 동기를 더욱 명확하게 보도록 도와줄 수 있다. 그는 확신 가운데 결정을 내려야만 한다. 다만 나는 그에게 우애와 개방성과 성실성, 묵상의 환경을 제공하여 그가 하나님으로부터 오는 영감을 찾도록 도와줄 수 있을 뿐이다.

한번은 거의 동시에 다음과 같은 두 사람을 대한 적이 있다. 한 사람은 목회 사역을 그만둔 신학자로, 오로지 부모를 기쁘게 하기 위해서 처음부터 목회 사역을 시작했던 사람이었고, 다른 한 사람은 공장 일을 그만둔 직공으로, 오직 생계를 위해 공장에 들어갔다가 나중에 목회자가 된 사람이었다.

묵상은 인격의 형성보다 더 깊이 있는 것이다. 묵상은 하나님과 더욱 친밀해지는 길이다. 기도와 예배, 성찬식도 이런 깊은 친밀감을 조성하지만, 묵상이야말로 이 친밀감을 삶의 전 범위로 확장시키며 현실적인 삶의 모든 문제를 녹여 버린다. 묵상은 우리의 마음과 영적인 삶뿐만 아니라 일상의 일과 모든 활동, 인생의 모든 모험을 하나님께 여는 수단이 된다. 묵상은 끊임없이 하나님을 모셔 들이고, 모든 것에 관해 하나님의 영감을 묻고 구하는 방편이다.

하나님이 우리가 하는 모든 일에 관심을 기울이고 계시다는 것을 깨닫는 순간, 우리는 이 모든 것을 하나님에게 가져갈 수 있다. 물론 신앙적인 문제에 대해서 그분과 말할 수 있고, 도덕적인 문제에 관해서도 선과 악의 위치를 아시는 유일한 그분과 대화할 수 있다. 과학의 문제 역시 과학자와 이야기하듯 대화를 나눌 수 있고, 직업상의 문제에 대해서는 동료와 이야기하듯, 가정의 문제에 대해서는 아버지와, 기계적인 기술의 문제에 대해서는 전문가와, 철학에 대해서는 교수와, 법에 관해서는 법학자와, 그림에 관해서는 미술가와, 도시 계획에 관해서는 건축가와, 재정 문제에 관해서는 경제학자와 이야기하듯 하나님과 대화할 수 있다.

내가 언제나 어느 주제에 대해서도 가깝고 친근하게 대화를 나눌 수 있는 동반자는 예수 그리스도시다. 내가 지금까지 말한 것은 모든 사람에게 해당되는 이야기다. 사람마다 모험의 본능이 있어서 가치 있는, 또는 가치 없는 일에 이끌려 다니기 때문이다. 더구나 하나님은 성경 전체가 주장하는 바와 같이 그리스도인뿐 아니라 불신자도 인도하실 수 있다. 하나님의 계획은 하나님을 알고 사랑하는 사람의 순종을 통해서만 이루어지는 것이 아니라 하나님을 모르는 사람, 심지어는 하나님을 거역하는 사람을 통해서도 이루어진다. 예수 그리스도는 그리스도인의 눈으로 보면 하나님으로서, 육신을 입고 역사에 들어오셨고, 우리와 더 가까워지기 위해서 인성(人性)을 지니셨으며, 우리의 모든 고통과 곤비와 어려움을 아시는 분이다. 그러나 다른 종교를 믿는 사람이나 불가지론자들도 예수님을 묵상하면 같은 은혜를 입을 수 있다. 인간과 하나님의 화해는 하나님에 의해 이루어졌다. 그리스도인으로서 우리의 특권은 그것을 알고 선포하는 것뿐이다.

어느 누구나 자기 삶의 모든 문제에 관해서 하나님의 도움을 구할 수 있다. 하나님이 모든 기도에 응답해 주시는 것은 아니며 우리 역시 하나님의 뜻을 곡해할 때가 많지만, 그럼에도 하나님은 우리에게 정확하고 구체적인 지시(전문가적인 지시라고 할 수도 있으리라)를 내려 주실 수 있다. 그리스도인이나 불신자 모두 경험했듯이 나 역시 이런 것을 여러 번 경험하였다. 성경은 여기에 대한 예화로 가득하다. 하나님의 지시를 받고 방주를 지은 노아(창 6:22)와 성전을 지은 솔로몬(왕상 6장) 이야기, 여호와께서 엘리야를 사르밧의 과부 집으로 보내시고(왕상 17:9) 또 다른 때에는 박해자인 아합에게 보내신(왕상 18:1) 일을 비롯해서, 빌립이 광야로 내려가라는 명령을 받고 거기서 복음을 받아들이는 첫 번째 아프리카인을 만나게 되는 일이나(행 8:26-40), 안디옥 교회가 성령의 분명한 명령에 의해 바나바와 사울에게 선교의 사명을 내려 보내는 일(행 13:2) 등 무척 다양하다.

우리는 과학과 기술의 진보에 등을 돌려서는 안 된다. 이것 역시 하나님이 우리에게 주신 것이다. 그러나 우리가 잘 아는 바와 같이 과학과 기술에는 자체의 한계가 있으며 해결하지 못하는 문제가 많다. 또한 이는 중립적인 도구로서 선과 악 모두를 위해 사용될 수 있으며, 재앙을 불러올 수도 있고 도움을 줄 수도 있다. 과학자가 되는 것만으로는 충분하지 못하다. 중요한 것은 과학을 어떻게 이용하느냐 하는 것이다. 리용의 브뤼나(Brunat) 박사는 이렇게 말했다. "나는 나 자신을 과학의 종으로 보곤 했다. 지금은 내가 하나님을 섬기고 있으며, 과학은 그 목적을 위한 종임을 깨닫는다."

하나님은 과학과 경험과 이성, 또 우리에게 맡겨 주신 모든 달란트(마 25:14-30)를 어떻게 사용할 것인가를 알려 주실 수 있다. 나는 외과 의사에게 시편 90편의 기도를 알려 준다. "우리 손의 행사를 견고케 하소서"(시 90:17). 모든 과학자는 과학의 진보가 과학자의 합리적인 이성뿐 아니라 직관과 창조적인 상상력에 달려 있다는 것을 알고 있다. 우리는 하나님이 이들을 인도하시고 새롭고 창의력이 풍부한 생각을 그 마음에 불어넣어 주시기를 구할 수 있다.

20 일의 모험

우리는 과학과 기술과 문명의 진보를 생각하며 자긍심을 느낄 때가 있다. 그러나 주의 깊게 생각해 보면, 오히려 창조적인 상상력이 부족해서 인류가 곤란을 겪고 있음을 알 수 있다. 새로운 사상은 정말 찾아보기 어렵다. 수학, 미술, 정치, 산업, 그 어느 영역에서나 새로운 사상이 나타나기만 하면, 곧바로 모험의 성격인 강력한 역동성을 힘입어 보수적인 반발을 이겨내면서 인간의 모험에서 유익한 시대를 연다. 그리고 사회적인 개혁이 이루어지면 사람들이 "왜 이전에는 이것을 생각한 사람이 없었던가"라고 묻는다. 어째서 노예 제도가 폐지되기 위해 링컨을 기다려야 했고, 지구의 자전을 관찰하기 위해 갈릴레오를, 사과가 땅에 떨어지는 이유를 발견하기 위해 뉴턴을, 거대한 노동자 계급이 궁핍과 경제적 착취 가운데 산다는 것을 알기 위해 마르크스를 기다려야 했단 말인가?

대부분의 사람들은 평생 좁은 전문 분야 안에 살면서, 그 분야와 삶의 다른 영역의 관계에는 거의 눈을 돌리지 못한다. 이들은 자신의 작은 분야에서 정직하게 일하지만, 이전에 배운 것 외에는 다른 것을 상상하지 못하고 계속 보아 온 것 외에는 보지 못하고, 이미 설명을 들어 알고 있는 것 외에는 이해하지 못하며, 자신이 공부한 범위 밖에 있는 것에 대해서는 자문해 보는 법이 없다. 이들은 자기 일을 잘 알고 세심하고도 양심적으로 일하지만, 자기 분야에서 우수하고 전문 기술이 완벽하다는 이유 때문에 조금도 그 일을 모험이라고 느끼지 못한다. 그래서 전 세계의 기아와 같은 거대하고 복잡한 문제는 아무도 책임감을 느끼지 않는 임자 없는 땅과 같이 되는 것이다.

사람들은 대부분 관습과 전통의 지배를 받는 사회에 살고 있다. 늘 같은 신문을 읽고, 같은 사람들과 교제하며, 같은 주제에 관해 이야기를 나눈다. 우리가 법률가든 의사나 요리사, 기술자든 자기 직업에 대해서 전문적인 능력을 갖추는 것만으로는 충분치 않다. 활발한 정신과 주의 깊은 머리가 이를 보충해 주어야 한다. 자기가 한 말을 잊어버린다는 것이 얼마나 엄청난 결과를 초래하는지는 누구나 다 알고 있다. "몰랐는데! 잊어버렸어!" 이는 어떤 일이든 실수한 사람이 가장 쉽게 내뱉는 핑계다. 의학에서 오진은 무지보다는 무엇을 깜빡 잊는 데서 더 많이 생긴다. 다른 진단의 가능성을 미처 생각하지 못한다거나, 아직 밝혀지지 않은 발병의 원인을 찾아낼 수도 있었던 임상 실험이나 실험실 검사를 빠뜨려서 생기는 것이다. 물론 우리는 어느 정도 의식적이고 자발적으로 깜빡 잊기도 한다는 것을 모두 시인할 것이다. 전에 한 독일계 스위스인이 이런 말을 했다. "저는 예수님과 함께 바닥을 쓸기 때문에 깔개 밑을 쓰는 걸 잊어버리는 일이 없지요." 그렇다면 묵상의 필요성은 얼마나 큰가! 사람들이 묵상을 거의 하지 않는다는 것, 묵상을 가장 많이 하는 사람들(종교인들)조차 주로 신앙적이거나 도덕적인 사항밖에는 묵상하지 않는다는 것은 참으로 안타까운 일이다.

우리는 모두 직장 생활과 영적 생활 사이에서 이처럼 해로운 구분을 하고 있는 것이다. 사실 이 두 가지 생활을 결합하는 것이 양자의 영역에서 모험의 성격을 회복하는 것이며, 더 나아가 양자를 둘이 아닌 하나의 커다란 모험으로 만드는 길이다. 즉, 성령께서 구체적인 현실에서 함께하시는 모험이 되는 것이다. 몇 백 년 동안 교회의 가르침은 과학의 전진을 가로막았다. 과학이 발전하기 위해서는 교회의 속박으로부터 풀려나야 했다. 그러나 이제 과학은 너무 풀려난 나머지, 교회와 과학의 두 영역이 서로에게 해로울 정도로 철저하게 분리되었다. 우리는 대학에서 전공 과목을 배우지만 여기에 종교의 자리는 없다. 하나님이 도덕과 종교의 영역으로 쫓겨남으로 말미암아 그리스도인 의사와 비그리스도인 의사가 대형 강의실에서 똑같이 배운 의술을 행한다.

나는 영국에 있으면서 몇 주 간 묵상을 한 끝에 이 사실을 깨닫게 되었다. 나는 그 날 네덜란드 퀸 병원의 의사인 디오데릭 도이어(Dioderiek Doyer) 박사와 함께 오후 시간 내내 강에서 작은 배를 타고 즐거운 시간을 보냈다. 그러다가 갑자기 흥미진진한 내 영적인 모험과, 평범하기 그지없는 의사로서의 생활이 비극적으로 대조되는 것을 깨달았다. 물론 나는 그리스도인의 덕성인 자비, 정직, 성실성 등을 내 일에 적용하려고 애쓰고 있었다. 그러나 이런 덕성은 그리스도인만 지니고 있는 것은 아니다. 믿지 않는 많은 동료가 극히 높은 수준의 덕성을 지니고 있다. 나는 이런 도덕적인 덕성을 기르는 것과는 별개로, 환자를 치유하는 의학 분야에서 하나님이 아닌, 의대에서 배웠던 과학적이고 기술적인 훈련에서 영감을 구했다.

과학이 아무리 가치 있는 것이라 해도 그것은 객관적인 현실의 일면만을 다룰 수 있을 뿐이다. 환자에 대해서는 우리가 일반적으로 배운 것 외에도 훨씬 더 많은 것을 관찰해 보아야 한다. 개인적인 모든 문제, 다른 사람과의 갈등, 반항, 후회, 도덕적 상처, 두려움, 인생에 대한 부정적인 태도 등 모든 것을 살펴보아야 하는 것이다. 환자가 이런 일에 대해(이런 일의 중요성은 과학이 가르쳐 준 적이 없다) 하고 싶어하는 말을 우리가 세심하게 듣고 눈을 뜨면, 특히 이런 문제에 대해서 묵상하면, 우리는 개인적인 문제가 질병의 발병과 진행에 얼마나 큰 역할을 하는가를 즉각 알게 된다. 일반인들이 의사보다 이를 더 잘 알기도 한다. 어느 장례식에서 누군가가 이렇게 속삭인다. "이럴 수밖에 더 있겠소? 병원 치료야 최고로 잘 받았지만, 이 친구는 이혼한 다음부터 자포자기하고 살았는 걸."

나는 이미 몇 해 전부터 환자의 이야기를 귀기울여 듣고 더 많은 시간을 들여 그들의 도덕적인 문제에 관심을 기울였다. 이 때는 과학자로서 활동하고 있는 것이 아니다. "저녁에 다시 와서 거실에서 인간 대 인간으로 이야기합시다." 나는 발렝(Balint) 박사가 나중에 '연장한 면담'[1] 이라 부른 것을 행동에 옮기고 있었다. 이런 면담에서는 의사가 질문을 던지지 않음으로써 환자가 자발적으로 속을 털어놓을 기회를 준다. 그러나 이렇게 해서 나는 아주 대조되는 두 가지 삶, 즉 낮에는 종래의 과학적인 의료를 베풀고 저녁에는 거실에서 의료를 베푸는 삶을 살게 되었다. 이것은 과학의 영역과 도덕의 영역이라는 우리가 앞서 말한 구분을 명백하게 드러내 주었다.

어쨌거나 나는 이 두 가지 삶을 연합해야 하며, 내 일의 밖이 아니라 안에서 신앙의 모험을 추구해야 한다고 느꼈다. 거실에서 나누는 대화가 개인적인 문제를 푸는 데 도움을 주면서, 약이나 식이 요법, 수술용 칼만큼이나 환자에게 좋은 효과를 명백하게 나타냈기 때문이었다.

미국에서 유래한 '심신 의학'(psychosomatic medicine)은 이제 유럽에 뿌리를 내렸으며, 질병(정신적인 병뿐 아니라 신체적인 질병에서도)의 발생에서 감정이 차지하는 역할이 얼마나 큰가를 보여 주었다. 이것은 인격 의학으로 향하는 첫 번째 중요한 발걸음이다. 인격 의학은 더 나아가, 인간의 영적인 태도가 건강에 영향을 미친다고 인식한다. 그러나 여기서 새로운 문제가 제기된다. 즉, 인간의 영적인 상태가 변함에 따라 육체적인 치유가 일어나는 것이 사실이라면, 크게 다른 이 두 현상은 어떤 관계에 있는가? 이런 질문에 대한 답변을 줄 수 있는 사람은 과학자, 곧 자연 과학이라는 좁은 한계를 넘어 의학의 경계를 확장시키려 하고, 인간의 과학—인간을 인간 존재의 전체성에 비추어 보는—을 전개하겠다고 결단한 과학자뿐이다. 의학에서는 이런 발전이 이미 시작되었다. 나는 지난 몇 해 동안 의대 교수들이 취임 강의를 하면서 인격 의학을 강력하게 지지하는 것을 기쁜 마음으로 지켜보았다.

내가 지금까지 의학에 관해 말한 것은 의학이 내 영역이고 내 모험이기 때문이다. 그러나 분명히 이와 유사한 문제가 우리의 과학적이고 기술적인 문명의 모든 학문 분야와 직업에서 발생하고 있다. 사방에서 동일한 위험, 곧 비인간화의 위험, 인간적인 측면이 뒷전으로 밀려나는 위험, 인간이 자기가 발명해 놓은 비인간적인 기술의 노예가 되는 위험에 대한 경보가 발효되고 있다. 삶의 전 영역에서 도덕적 판단의 지배를 받지 않고 우리의 가장 인간적인 측면을 억누르는 기술의 요구가 승리하는 것을 목격하고 있다.

예를 들어 사업가가 부딪치는 모든 양심의 문제를 생각해 보라. 그것을 해결하는 데 얼마나 큰 외로움을 느낄 것인가? 그는 활동적인 교인이며 종교적인 대화와 설교를 귀기울여 듣는 사람일 수 있다. 그러나 여기에서 얻는 것은 일반적인 원칙

일 뿐, 그가 씨름하고 있는 문제를 조명하는 데는 거의 도움을 얻지 못한다. 얼마 전에 프랑스 학술원의 회원이 된 루이 아르망(Louis Armand)의 「미래에 대한 옹호」(*Plaidoyer pour l'Avenir*)[2]와 같은 책을 읽어 보라. 이 책은 우리가 "역사상 전례가 없는" 변화무쌍한 시대를 살고 있다는 것과, 사상 처음으로 "풍요의 가능성"을 제시해 준 "산업 혁명의 두 번째 단계"에서 산더미 같은 문제가 발생했다는 것을 보여 주고 있다.

새롭고 중요할 뿐 아니라 우리 문명의 미래가 걸려 있는 이 모든 질문을 앞에 두고 아르망은 우리에게 "머리를 쥐어짜라"고 권유한다. 머리를 쥐어짜는 것, 이것이 바로 묵상이다. 이것은 그저 입씨름의 문제가 아니다. 우리는 생각을 해야 한다. 참신하고 유익한 생각을 구해야 하며, 무엇보다 인간이 가장 온전한 인간이 될 수 있는 위치, 즉 하나님 앞으로 나아가야 한다.

동료 의사 가운데 한 사람인 파리의 그로스(Gros) 박사는 경제와 산업뿐 아니라 정치와 심지어 종교에 이르기까지 가장 무거운 책무를 짊어진 세계의 위대한 지도자들에게 묵상할 시간이 얼마나 부족한가를 지적한 적이 있다.[3] 이들은 일에 시달리고 과로한다. 끊임없이 시급한 조치를 강구해야 하는 상황에 부딪친다. 그로스 박사는 이들의 '반성의 교사'가 되었다. 그를 '묵상의 교사'라 할 수도 있겠다. 박사는 많은 시간을 묵상하는 데 보내기 때문이다. 묵상은 가치 있는 모험이다. 즉 우리 시대의 문제에 대해 하나님의 영감을 받아 대답을 찾으려는 모험이다.

우리는 그저 성경을 펴고 하나님이 어떻게 인간의 현세적인 삶과 노동의 고통과 경제적인 어려움의 고통에 관심을 가지시는가를 보기만 하면 된다. 모세의 율법에는 약자를 강자의 횡포에서 보호하고 가난한 자를 부자의 횡포에서 보호하는 것을 보편적인 취지로 하는 교훈이 가득하다. 모세의 율법은 7일 중 하루를 쉴 것을 정하고 있다. "밭 갈 때에나 거둘 때에도 쉴지며"(출 34:21). 이 규례는 동물과 이방인에게도 적용되었다(출 23:12). 지나친 산출이 금지되었고(출 23:11; 신 22:9), 토지를 영영히 팔지 못하였다(레 25:23). 희년마다 땅이 재분배되도록 규정하였고(레 25:28), 제 7년에는 종을 자유롭게(선물까지 주면서) 해주어야 했으며(신 15:13), 이삭을 줍는 사람을 위해 곡물을 남겨 두어야 했다(레 19:9-10). 심지어 50세부터 공직에서 은퇴할 것까지 규정되어 있었다(민 8:25). 성경은 지나치게 교만한 확신도 비난하고 있으며(대하 20:35-37). "땅의 상고(상인)들도 그 사치의 세력을 인하여 치부한"(계 18:3) 바벨론도 공박하고 있다. 인간의 노고는 하나님께 반항하는 방향으로 향하면 재앙에 이르게 될 뿐이나(바벨탑, 창 11:1-9), 하나님의 인도를 받으면 복을 받고 열매를 맺는다.

성경 전반에 흐르는 기본 사상 가운데 하나는 세상과 세상의 모든 부가 하나님께 속한다는 것이다. 인간은 소유주가 아니라 청지기로서, 주인의 지시에 따라 일해야 한다. 예수님은 몇몇 비유를 통해서(마 25:14-30; 막 13:34) 여행을 떠난 주인이 돌아와 각 사람에게 청지기 직분을 수행한 내용을 듣는 이야기를 하신다. 우리는 이 세상과 세상에 속한 모든 것, 즉 만물을 맡은 청지기다. "여호와 하나님이 그 사람을 이끌어 에덴 동산에 두사 그것을 다스리며 지키게 하시고"(창 2:15). 이 청지기의 직분은 우리의 직업과 사회 생활에서 발휘된다. 최근 모든 교회가 이 개념의 중요성을 깨닫고 있다. 이것은 '가톨릭 운동'(Catholic Action)이나 '복음주의 학회'(Evangelical Academies)와 같은 평신도 운동의 주제이기도 하다. 이들은 직업에 따라 연합하여 직업상의 문제를 신앙에 비추어 연구한다. 루터교에서는 청지기 직분에 관한 국제 회의를 열기도 했다.

나는 얼마 전에 미국 오리건 주 세일렘의 외과 의사인 동료 앤더슨(Anderson) 박사 내외의 방문을 받았다. 그는 '멍에를 함께 진 사람들'(Yokefellows)이라는 모임을 여럿 만들었다. 서로의 짐을 나누어 지자는 것이 그 모임의 중심 사상이다. 앤더슨 박사 내외는 우리 부부에게 그 조직에서 경험한 생생한 교제에 관해 들려주었다. 회원들은 새로운 삶의 의욕이 샘솟았는데, 그것이 가능한 것은 서로에게 개인적인 문제를 털어놓기만 할 뿐, 대답을 기대하지 않을 뿐더러 모든 신학적인 논쟁을 피하기 때문이라고 한다. 모든 사람은 돈과 시간과 열의의 십일조를 바치기로 약속하였다. 많은 공동체에서 회원에게 수입의 십일조를 요구하지만, 시간과 열의의 십일조는 처음 들어 보는 이야기였다.

우리의 시간과 열의 역시 우리가 청지기로서 맡고 있는 일종의 재산이다. 시간은 많은 사람이 흔히 생각하는 바와 같이 우리 손아귀 안에서 사정 없이, 비참하게 줄어드는 자본이 아니다. 시간은 매시간 하나님의 새로운 선물이다. 시간은 하나님에게 속한 것이며, 우리는 이를 하나님의 뜻에 따라 사용해야 한다. 이것은 실로 작은 문제가 아니며, 많은 묵상이 따라야 한다. 이것은 언제나 새롭게 제기되는 문제인 만큼, 우리는 끊임없이 하나님에게 되돌아가 우리의 계획을 하나님의 인도에 비추어 다시 점검해 보아야 한다. 언제나 시간이 부족하다고 불평하지만 무엇을 잘라 내야 할지, 또 모세와 같이 어떤 임무를 동료에게 위탁해야(출 18:13-27) 할지 전혀 생각하지 않는 사람이 또 얼마나 많은가? 아직도 많은 사람들이 놓친 시간을 보충하려는 헛된 시도를 하면서 시간을 낭비한다.

어떤 사람은 묵상을 하면서 너무 많은 계획을 세워 그것을 실행하지 못하게 될까 봐 묵상하기가 겁난다고 말한다. 내가 보기에는 이와 반대로 묵상의 효과 가운데 하나가 선별하는 것이며, 묵상이 지나친 활동에 대한 좋은 처방인 듯하다. 이것은 예수님의 경우에 분명하다. 하나님의 완전한 인도를 받으셨던 예수님은 안온한 가운데 행하셨으며 자신에게나 남에게 여유를 가지고 대하셨다. 예수님은 누구에 대해서도 시간이 있었다. 몰려드는 무리를 피할 줄도 아셨으며(요 6:15), 이적을 행하는 것도 하나님의 뜻이 아니면 거절하셨다(마 12:38-39).

시간을 적절히 조직하는 것은 모든 의사에게 중요한 문제다. 종종 희생당하는 그들의 가족은 이를 잘 알고 있다. 의사들은 다 좋은 일을 하기 위해 그런 것이라며 스스로를 위로한다. 그러나 이들은 삶을 어떻게 조직해 나갈 것인가에 관해 하나님에게 진지하게 여쭈어 보는 것이 좋을 것이다. 하나님은 우리에게 한 번에 한 가지 이상을 요구하지 않으신다. 남편과 아내가 함께 묵상을 한다면 훨씬 더 유익할 것이다.

아내와 나는 이러한 경험을 많이 해 보았다. 내가 이 글을 쓰고 있는 오늘은 부활 주일의 월요일이다. 나는 '며칠 안 되는 부활절 휴가를 서재에서 책을 쓰면서 보내야 하는가, 나머지 시간은 상담하는 데 다 쓰고 레바논과 그리스에서 강연할 준비도 해야 하는가'라고 조금 꺼림칙하게 생각했다. 우리 부부는 함께 묵상을 했고, 아내는 내가 책을 쓰는 일을 해야 한다고 말했다. 이제 그 시간은 더 이상 아내에게서 훔친 시간이 아니었다. 그것은 아내 덕분에 우리의 공동 사명을 위해 하나님께 바친 시간이 되었다. 그러나 나는 아내의 선의를 이용하지 않도록 주의해야 한다. 그리스도인의 자기 부인(否認)이라는 명목으로 늘 쉽사리 남에게 희생을 요구하는 사람들이 있다. 중요한 것은, 선량한 마음이나 이기적인 욕망이 아니라 하나님의 음성을 청종해야 한다는 것이다.

앙리 망타(Henri Mentha) 박사는 언젠가, 젊은 의사들이 자신들의 희생 덕에 성장한다고 불평하는 나이 든 의사들에 관해 이야기한 적이 있다. 그는 젊은이들에게 인격 의학에 더욱 많은 시간을 투자하며, 환자와 개별적인 시간을 더 많이 보내며, 그들의 개인적인 삶을 이해함으로써 다시 모험의 도상에 설 것을 권유하였다. 가치 있는 모험을 위한 한 가지 비결은 시간을 가장 잘 사용할 수 있는 법에 대해 묵상하는 것이다. 테오 보베(Théo Bovet) 박사는 이 문제에 관해 「시간 관리법」 (*The Art of Finding Time*)[4]이라는 소책자를 냈다. 이 책에서 박사는 '카이로스'(*kairos*), 즉 '하나님의 때'라는 성경의 개념에 대해 언급하고 있다. 우리는 하나님의 뜻을 행해야 할 뿐 아니라 그것을 하나님이 뜻하시는 때에 해야 하며, 하나님의 시간을 기다리는 법을 배워야 한다.

우리의 모든 활동과 생각과 감정을 통해서 하나님의 모험에 들어가고자 애쓰는 것이 바로 삶의 의미라고 믿는다. 하나님이 우리에게 삶을 주셨다면, 우리의 삶이 하나님의 계획에 부합하여 그것을 실현하는 데 보탬이 되기 위해서다. 그래서 우리는 끊임없는 협력을 통해 하나님과 더욱 친밀한 관계를 맺을 수 있게 될 것이다. 여기에는 우리 인생의 커다란 결단뿐만 아니라 아주 사소한 일까지도 포함되며, 이에 대해 우리는 계속 묵상함으로써 하나님의 구체적인 인도를 받을 수 있다. 제2차 세계대전이 발발하자 스위스 연방 정부는 취리히에 사는 내 친구 아놀트 뮈글리 박사에게 스위스의 식량 배급 계획을 맡아 줄 것을 요청했다. 그는 그다지 건강하지 않은 사람이었기에 나는 그의 체력을 걱정했다. 스위스가 유럽의 한복판에 있는 작은 섬과 같이 곧 독일의 막강한 세력에 완전히 둘러싸이게 될 것을 생각하면, 그 임무가 얼마나 힘겨울지 충분히 짐작할 수 있었다.

우리는 함께 묵상을 했다. 그는 일지에 몇 가지 사항을 써 놓고는 그것을 전쟁 기간 내내 애써 지켰다. 그 몇 가지 사항이란 취리히에 있는 자기 집을 떠나서 생활할 것, 베른에서 일하되 매주 금요일까지만 일할 것, 토요일은 혼자 취리히의 집에서 보내며 중요한 문제를 조용히 생각할 것, 일요일은 가족을 위해 사용할 것 등이었다. 전쟁이 끝났을 때 그는 전쟁 초기보다 훨씬 건강해져 있었다. 그 기간 동안 그는 암시장이라는 공공연한 사회악과의 싸움을 효과적으로 치러 냈고, 스위스 국민의 급식 문제를 성공적으로 처리하여 취리히 대학으로부터 명예 의학 박사 학위를 받았다.

그는 자신의 모험과 관련한 한 가지 일화를 이야기해 준 적이 있다. 전쟁이 막바지에 이를 무렵, 그는 국민들이 식량 배급표를 전부 다 이용하지 않고 있다는 것을 알게 되었다. 식욕이 없어서가 아니라 허가된 만큼 음식물을 살 만한 돈이 없었기 때문이다. 그래서 영양가는 균일하지만 가격이 낮은 다른 배급표를 발행할 수 있을지를 위원회에 문의하였다. 그는 동료 한 사람과 함께 시골에 가서 이 문제에 대해 묵상했다. 사흘 뒤에 그는 계획을 세워 돌아왔고, 전문가들은 훌륭한 계획이라고 판단하였다. 며칠 뒤에 국민들은 두 가지 배급표 중에 한 가지를 선택할 수 있게 되었다.

21 삶의 의미

우리는 전문가의 의견과 하나님의 인도를 서로 대립되는 것으로 보지 않도록 주의해야 한다. 최고의 전문가와 묵상을 하는 사람이 별개로 있는 것은 분명 이상적인 모습이 아니다. 그와는 반대로 전문가들이 자신의 전문적인 지식과 더불어 묵상을 통해 깨우침을 얻는 것이 이상적이다. 실제로 지식이 많으면 많을수록 묵상을 더 많이 할 필요가 있고 묵상이 더 유익한 것이 된다. 그 반대 또한 사실이다. 즉, 묵상을 많이 할수록 중요한 문제에 대해 더 많이 알게 되고, 이 문제를 과학적인 연구를 통해서 해결하고자 더 많이 노력하게 된다.

그러므로 과학을 비판할 수 없다. 우리가 공식적인 의학으로부터 어떤 혜택을 입고 있는지 생각해 보라. 인간의 평균 수명은 나의 어린 시절보다 거의 두 배로 늘어났다. 내 나이에 해당하는 사람 가운데 절반이 넘는 사람이 50년 전에는 이 나이까지 살 수 없었을 것이다. 하나님은 생명의 원천이시나, 생명을 지키는 과학의 원천이시기도 하다. 또한 우리가 기술에 의해, 그리고 산업과 화학과 물리학과 동력 생산의 발전으로 인해 얼마나 많은 혜택을 입고 있는지 생각해 보라. 이로 인해 늘어난 인구의 의식주가 해결된다(혹은 좀더 잘 사용했더라면 해결될 수도 있었을 것이다).

그러나 우리는 이 늘어난 삶과 부와 여가로 무엇을 할 것인가? 이것은 진정한 과학자라면 누구나 자문해 보아야 할 문제다. 하나님의 음성을 청종하면 과학을 더 잘 이용할 수 있고, 의학이 더욱 완벽하고 효과적으로 발전하고, 산업이 더 많은 이윤을 낼 수 있을 것인가? 우리 각자가 자기 영역에서 얻는 경험만이 이런 질문에 대답해 줄 수 있다. 쉽다고 할 수는 없지만, 이것은 우리가 하나님의 도우심을 등에 업고 출발하는 위대한 모험이 될 수 있다.

20세기 초에 베르그송이 말했다시피, 우리가 목격하고 있는 과학과 기술의 엄청난 발전에는 이에 상응하는 '정신적인 보충'이 요구된다. 오늘날 많은 의사와 과학자가 우리의 문명이 나아가는 방향에 대해 우려하고 있으며, 이에 관련된 문제의 범위가 너무 넓어 영적인 갱신 없이 과학과 기술만으로는 해결할 수 없으리라는 것도 깨닫고 있다. 미국 의학 협회는 최근 '의학과 종교' 부서를 신설하였다. 구스도르프는 그의 훌륭한 저서에서, 인간 현실의 전체 모습을 고려하지 않는, 지나치게 편협한 실증주의에서 벗어나는 것이 현 시점에서 중요하다는 점을 지적하였다.[1] 마찬가지로 스위스 의사 연맹의 간사인 지라르데(Girardet) 박사는, 의학은 인간적이고 영적인 문제에 훨씬 더 민감하다고 주장한다.[2] 많은 의사들이 기독교를 조금이라도 탐탁치 않게 여긴다면, 이는 종교를 실제적인 생활이나 과학적인 의료, 기술의 진보와 대립되는 것으로 여기는 태도 때문일 것이다. 이들에게 우리가 서로 대립하고 있는 것이 아니라 함께 전진하고 있음을 인식시키고, 이들 역시 과학 연구를 통해서 하나님의 위대한 모험에서 일익을 담당하고 있음을 인식시키는 것이 무엇보다 중요하다.

나는 의학의 영적인 의미에 관해서 책을 쓰고, 동료 한 사람은 실험실에서 연구를 진행하고 있다 하더라도, 우리는 똑같이 하나님 안에 있으며, 하나님이 우리 마음에 넣어 주신 모험의 정신에 자극받으며, 똑같이 하나님의 주권적인 사역의 도구다. 과학, 기술, 상업, 교육, 예술, 산업, 농업, 광업, 그 무엇이든 우리 모두의 일은 세상이라는 하나님의 모험에서 정해진 자리를 차지하고 있다. 우리는 모두 모험의 신령한 기쁨을 함께 나눈다. 이 기쁨은 어떤 유용한 일을 한다는, 세계의 전체적인 목적에 비추어 의미 있는 일을 한다는 기쁨이며 열매를 맺는 기쁨이다. 이것은 예수님이 인생의 의미를 표현하기 위해 자주 사용하신 비유다(요 15:5). 삶은 매일 하나님으로부터 우리에게 흘러 내려오는 수액이다. 우리의 모든 일과 행동, 감정과 생각과 믿음은 그 수액이 우리 안에서 맺는 열매다.

믿음은 우리로 하여금 세상을 외면하게 하는 것이 아니라 오히려 직면하게 한다. 그렇기 때문에 믿음이 우리 안에 세상에 대한 새로운 관심과 구체적인 일상의 현실, 즉 어렵고 힘들고 고통스러울 때도 많지만 그래도 살아 볼 만한 현실에 대한 새로운 관심을 일깨워 준다. 그리고 사는 기쁨, 노력하는 기쁨, 목표를 세우고 애쓰는 기쁨, 손가락 하나를 움직이는 기쁨, 향수 냄새를 맡는 기쁨, 무엇을 보고 듣고 배우고 누군가를 사랑하는 기쁨도 일깨워 준다. 또한 연구와 성공과 공부의 즐거움, 발견, 아니 발견에 대한 희망의 즐거움, 어려운 문제와 씨름하는 즐거움, 몰랐던 것을 새로 알고 이해하게 되는 즐거움, 수수께끼 같은 문제와 그것을 해결하는 즐거움을 준다.

그뿐만이 아니다. 현실과 냉혹하게 대결하는 즐거움(이것이 없다면 모든 것은 희망 섞인 기대에 지나지 않는다), 위험 부담을 무릅쓰는 즐거움, 흥분된 긴장감과 그로 인해 생기는 고양된 활력의 즐거움이 있고, 자손의 출산과 창조의 기쁨, 전혀 예측할 수 없는 미래의 신비에 둘러싸인 새로운 존재를 세상에 낳는 기쁨, 한 순간의 영감이나 길고 끈기 있는 노고에 의해 어떤 독창적인 물건을 만들어 낸 데서 솟아나는 기쁨이 있다. 내가 매순간 하는 행동이 지극히 독특한 것이라는 느낌, 다른 누구도 내가 될 수 없다는 느낌, 내 생애에서 다른 어떤 순간도 이 순간과 똑같을 수 없으리라는 느낌에서 오는 기쁨이 있다. 모든 경험, 모든 행동, 모든 성공에서 기쁨을 느낀다. 이 느낌은 하나님의 형상으로 지음받았다는 것이 바로 이런 의미임을 깨닫는 순간, 하나님이 인간으로 하여금 그분의 일에 협력하도록 하셨으며 우리가 착수하는 모든 일에 함께하심을 깨닫는 순간 일어난다. 우리는 하나님으로부터 살아갈 용기를 얻는다.

그럼에도 불구하고 모든 인간의 모험에는 나름의 한계가 있다. 우선 우리는 피조된 세계의 한계를 넘지 못한다. 우리가 발견하는 모든 것은 이미 존재하고 있는 것이다. 잘 발휘된 상상력이라 하더라도, 그것은 이 세상에서 나온 요소로 이루어져 있다. 게다가 탐구하면 할수록 탐구할 대상이 한이 없음을 느끼며, 새로운 발견이 이루어질 때마다 지식의 지평에는 산더미 같은 물음표가 모습을 드러낸다. 연구를 하면 할수록 우리가 무지하다는 것을 알게 되고, 그래서 소크라테스의 말을 반복할 수밖에 없게 된다. "나는 내가 모른다는 것 외에는 아는 것이 없다." 모든 과학은 단지 인간이 수학 방정식처럼 다룰 수 있는 형식적인 기호의 체계, 일종의 언어에 불과하다. 과학은 사물의 관계에 대해서만 말해 줄 수 있을 뿐이며, 사물의 본질에 관해서는 침묵한다. 그러나 철학은 그렇지 않다. 철학은 오히려 말이 너무 많고, 사물의 본질에 대해 너무나 상충되는 설명을 늘어놓는다.

뿐만 아니라 인간의 모험에는 실망과 좌절과 실패가 있다. 성공조차도 완벽하거나 최종적인 것이 아니다. 우리가 백 배나 더 성공하게 된다 하더라도, 백 명 분의 성공을 거머쥐었다 해도 결과는 마찬가지일 것이다. 나이가 들수록 이루지 못한 계획과 소망에 대한 아쉬움은 커지고, 결국 이루지 못한다는 깨달음도 커진다. 일을 처리할 능력이 감소하고 기능이 쇠하면서 노년이 서서히 찾아온다. 그렇다면 이것은 모험이 끝났다는 뜻인가? 앞에서 보았듯이 모험은 한 방향으로만 간다. 항상 앞으로만 나가는 행진인 것이다. 뿌듯한 마음으로 보든, 서글픈 마음으로 보든, 뒤만 돌아보는 노년은 삶의 흐름을 거슬러 가려 하는 것이다.

나이마다 그에 속하는 모험이 있다. 어린 시절의 모험은 차츰 세상을 발견하고 인생을 준비하며, 신비롭고 매혹적인 미래를 꿈꾸는 일이다. 어린아이를 보면 이런 질문을 한다. "나중에 커서 뭐가 되고 싶니?" 청소년기의 모험은 선택의 모험이다. 마음에 드는 작가나 예술가를 정하고, 친구나 연인을 선택한다. 직업과 인생의 목표를 정하고, 이를 이루기 위해 많은 목표를 희생하게 될 것이다. 성인이 된 후의 모험은 가정을 꾸리고 직업에서 경력을 쌓으며, 아이를 기르고 부부 간의 문제를 해소하고, 승진의 단계를 밟아 올라가며 사회 생활, 문화 생활, 영적인 삶에서 아름답고 참되고 유익하며 가치 있는 것을 위해 분투하는 것이다. 은퇴를 하면 보통은 새로운 모험의 기회를 맞게 된다. 지금까지 하지 못했지만 평생 하고 싶었던 일을 할 때다. 언제나 목표를 향한 전진 운동이 계속되는 것이다.

그러나 갑자기 혹은 점차 행동의 열기가 가라앉는다. 정도의 차이가 무슨 상관이 있겠는가? 모든 것은 어쩔 수 없이 죽음으로 귀결될 텐데. 모험은 이제 정말로 끝났는가? 공허와 회의와 비탄 외에 다른 여지는 없는가? 나이 든 사람들은 자기들의 뒤를 잇는 젊은이들이 못마땅하다. 젊은이들은 다른 원칙에 따라 다른 방식으로 다른 목표를 향해 모험을 추구하며, 나이 든 세대가 세워 놓은 것을 파괴하고 나이 든 세대가 파괴해 놓은 것을 다시 세우는가 하면, 충고를 우습게 여기고 옛 관습을 뒤집으며 위험한 꿈을 추구한다. 나이 든 사람들은 곧잘 "우리 때는 저렇게 하지 않았는데"라고 말하지만, 자기 말에 관심을 가져 주는 사람이 더 이상 없음을 느낀다. 이제 뒷전으로 밀려나는 것이다. 그렇다면 정말 모험은 끝났는가?

결코 그렇지 않다! 이렇게 점점 나이가 들면서 포부를 포기하고, 시간이 갈수록 점차 활동에서 물러나며, 노년의 법칙에 따라 **활동**의 이치에서 **존재**의 이치로 이행해 가는 것 역시 하나의 모험이며, 그것도 커다란 모험이다. 새롭고 신나고 멋진 일이 또 한 번 펼쳐지는 것이다. 이것은 집단에서 개체로, 확신에서 집중으로, 비본질적인 것에서 영원한 것으로 전환해 가는 것이다. 사람은 그제야 인생을 살면서 성공을 거두는 것과 인생을 성공적으로 사는 것이 서로 다르다는 것을 깨닫게 된다. 이 차이는 바람직한 것이다. 사람들 사이에 평등을 재확립하기 때문이다. 사람은 인생을 살면서 성공을 거두는 면에서는 각각 다른 재능을 타고났지만, 인생을 성공적으로 사는 면에서는 모두가 평등하다.

이제 우리는 전체가 단순히 부분이 합쳐진 것과 같지 않다는 것을 알게 된다. 개별적인 요소나 행동, 개별적인 모험을 합쳐 놓는 것만으로는 충분치 못하다. 그 합은 언제나 너무 보잘것없는 것이 될 것이다. 개별적 모험이 아닌, 인생의 전체적인 의미인 모험 그 자체를 찾아야 한다. 이것은 과거와 과거의 여러 모험을 부인하는 것이 아니라 그것을 커다란 모험에 대한 수련으로 보는 것을 의미한다. 과거의 개별적인 성취는 (바벨탑과 같이) 실패할 운명을 지닌 채 하나씩 차례로 쌓인 것이 아니며, 그 나름의 가치가 없는 것도 아니다. 과거는 모험을 위한 훈련이다. 인간이 평생토록 애써 이루어야 할 과업은 자신의 인생이다. 따라서 노년에도 여전히 미래를 바라볼 수 있다. 그렇다. 죽음까지도 바라볼 수 있다. 예수 그리스도께서는 "죽기까지 복종하심으로"(빌 2:8) 인생을 성공적으로 사셨다.

인생에—다양한 단계가 있긴 하지만—통일성을 부여해 주는 인생의 전체적인 의미는 하나님에 대한 순종이다. 어린아이는 자라고 발육하면서 자기에게 생명과 성장이라는 놀라운 능력을 주신 하나님에게 순종한다. 청소년은 선택을 하는 가운데 자기에게 선택의 자유와 책임을 부여해 주신 하나님에게 순종한다. 성인은 자신의 모든 창조적인 모험에 열정적으로 몰입하면서 자신을 그분의 형상대로 만드신 하나님에게 순종한다. 나이 든 사람은 어떤 특정한 일과 덧없는 행동에서 벗어나 초월적인 가치를 추구하며, 어쩔 수 없이 연약하고 일시적이며 제한되어 있고 불완전한 자신의 인간적인 조건을 받아들임으로써, 인간을 "땅에서는 외국인과 나그네"(히 11:13)로 만드신 하나님에게 역시 순종한다.

현실적으로 볼 때 노년의 모험은 알지 못하는 사이에 이미 오래 전에 시작되었다. 요람에서부터 인생은 선택이며, 모든 선택은 가능한 현실을 한 가지씩 버리면서 다양한 가능성에서 단일한 가능성으로 한걸음씩 내딛는 것이다. 그리고 인생의 전 과정을 통해, 모든 창조적인 모험의 와중에서도 우리는 어쩔 수 없이 어떤 목표를 포기하게 될 것이다. 지극히 타당한 포부를 포기하고, 결혼, 어머니가 되는 일, 건강, 열심히 노력한 계획의 성공, 평생을 얻으려고 애써 온 대학 교수직을 포기하게 될 것이다. 이 모든 것은 앞에서 말한 노년의 모험 안에서, 즉 인생의 황혼기에 생기게 마련인 가치관의 변화로 일어나는 단계다. 창조와 병행하여, 시몬느 베이유(Simone Weil)가 사랑의 조건에 든다고 말한 '창조의 해체'(decreation)가 일어날 것이다. 이것은 행동의 모험에는 어느 정도 존재하게 마련인 소유욕을 포기하는 것이며, 사물의 노예가 되는 집착을 포기하는 것이다.

이것은 세상으로부터 자유하는 내적인 자유의 모험이며, 사도 바울이 언급하고 있는 그리스도인의 자유라는 모험이다. "아내 있는 자들은 없는 자같이 하며 우는 자들은 울지 않는 자같이 하며 기쁜 자들은 기쁘지 않은 자같이 하며 매매하는 자들은 없는 자같이 하며 세상 물건을 쓰는 자들은 다 쓰지 못하는 자같이 하라. 이 세상의 형적은 지나감이니라"(고전 7:29-31). 많은 이상 가운데 한 가지 이상을 위해, 많은 계획 가운데 한 가지 계획을 위해, 많은 교회 가운데 한 교회를 위해 싸우고 나서 우리는 관용을 배운다. 이것은 무관심도 항복도 아닌, 새로운 사랑의 모험이다.

우리의 데카르트적인 문명은 보이지 않는 것보다 보이는 것에, 측량하고 계량할 수 없는 것보다 그렇게 할 수 있는 것에, 존재보다 행동에, 종교인(homo religious)보다 공작인(homo faber)에 우위를 두었다. 이것은 노년의 모험에는 그리 유리하지 않은 풍토다. 그래서 오늘날 노인들은 평가절하된 느낌을 받으며 마음이 편치 못하다. 이들은 쓸모 없다는 느낌, 즉 인생의 모험에서 쫓겨났다는 생각으로 마음에 상처를 받는다. 모험을 오로지 행동으로만 규정하기 때문이다. 모험 가운데 가장 위대한 모험은 행동이 아닌 자기 계발이다. 이 모험은 물론 행동이 필요한 단계에서는 행동을 취하기도 하지만, 이것은 또한 내적인 발달이며 하나님과의 만남이며, 하나님을 점점 더 깊이 의지하면서 인간과 세상으로부터 점진적으로 독립성을 확보해 나가는 것이기도 하다.

우리는 그리스도의 다음과 같은 음성을 듣는다. "누구든지 제 목숨을 구원코자 하면 잃을 것이요 누구든지 나를 위하여 제 목숨을 잃으면 찾으리라. 사람이 만일 온 천하를 얻고도 제 목숨을 잃으면 무엇이 유익하리요. 사람이 무엇을 주고 제 목숨을 바꾸겠느냐"(마 16:25-26). 오크센바인 목사는 이 본문에서 '목숨'이라는 단어는 '프시케'(psyche)와 '조에'(zoe)라는 헬라 단어를 번역하는 데 같이 사용되었다고 설명하였다.[3] '프시케'는 행동의 모험과 우리의 개별적인 삶에서 우리에게 생기를 주는 것이다. '조에'는 보편적인 생명이자, 죽음을 이기고 영원한 삶으로 꽃피는 하나님께 있는 생명이다.

그리스도를 위해 목숨을 잃는 자는 사자에게 던져진 순교자나 지금 이 시대에 핍박받는 교회에 속한 현대의 순교자만이 아니다. 그는 가치관의 변화라는 이 새로운 모험을 받아들이는 자며, 예수 그리스도를 붙들기 위해 행동의 모험을 통해서 쌓은 모든 보화를 버릴 준비가 되어 있는 사람이다. 사도 바울이 "내가 그를 위하여 모든 것을 잃어버리고 배설물로 여김은 그리스도를 얻고"(빌 3:8)라고 한 말과 같다. 모든 것을 잃고 나서 받아들이는 것, 이것이 바로 모험이다. 그러나 이 역설은 표면상의 역설일 뿐이다. 삶에 통일성을 부여해 주는 것은 하나님을 아는 지식이기 때문이다. 행동의 모험이 갖는 진정한 가치는 우리의 행위에 있지 않고 그 행동을 하나님과 함께하는 것에 있고, 하나님의 창조적인 모험에 들어가며 하나님과 친근한 사귐에 들어가는 것에 있다. 하나님에 대한 친근한 지식이야말로 최고의 모험이다. 칼빈은 교리문답의 서두에서 이렇게 말하고 있다. "인간의 목적이 무엇입니까? 하나님을 아는 것입니다. 인간의 행복은 무엇입니까? 하나님을 아는 것입니다."

어린 시절에 세상을 발견하는 일은 곧 하나님이 하신 일에 대한 경이를 통해 하나님에게 나아가는 것이다. 성인이 된 다음의 모험은 하나님의 영감과 인도를 받는 활동을 하면서 하나님을 체험하는 것이다. 세상과 점차 분리되는 것은 하나님과 더욱 가깝게 사귀기 위한 필연적인 과정이다. 평생을 통해 우리는 하나님을 알아 간다. 연구를 통해, 활동을 통해 그리고 경배를 통해. 이 세 가지 모험은 결국 하나다. 이것은 언제나 하나님의 모습을 새롭게 발견하게 하며 친근한 하나님의 모습을 재발견하게 하는, 언제나 앞으로 나가는 행진이다.

일전에 나는 오랜 친구를 만났다. 그는 사업가인데, 현명하게도 너무 나이 들기 전에 그 무거운 짐을 내려놓고 지금은 하는 일마다 큰 즐거움을 누리고 있는 사람이다.

"잘 있었나? 어떻게 지내나?" 내가 묻자, 그가 이렇게 대답했다.

"잘 지내지. 인생이라는 것이 탄생(*naissance*)으로 시작해서 지식(*connaissance*)으로 이어지고, 감사(*reconnaissance*)로 끝난다는 걸 깨달았네."

그렇다. 감사가 있어야 한다. 감사는 기분 좋고 안온한 정서지만 요즘에는 너무 찾아보기 힘들다. 이와 관련하여 스위스 보(Vaud) 주(州)가 펴 낸 「가정 편람」에서 읽은 라뮈(C. F. Ramuz)의 멋진 서문이 생각난다.

"아내여, 이리 와서 집 앞 긴 나무의자의 내 곁에 앉으시오. 이건 바로 당신의 권리요. 이제 곧 우리가 같이 산 지 40년이 되니까."

"오늘 저녁은 유난히 아름답고, 게다가 우리도 인생의 해질 녘에 있으니 당신은 좀 쉬어도 되겠지요."

"이제 아이들도 다 결혼해서 세상에서 제 갈 길을 가고 있소. 우리가 처음 시작했을 때처럼 다시 단 둘만 남았군."

그리고 이 늙은 농부 내외의 삶의 모험과 기쁨과 슬픔, 이들이 다시 출발하던 때에 대한 회상이 나온다. 결말은 이렇다.

"이리 옆으로 가까이 오시오. 아무 말도 하지 맙시다. 이제 아무 말도 필요 없는 사이니까."

"우린 그저 함께 있기만 하면 되오. 우리 일을 다 마친 만족감을 누리며 밤을 기다립시다."[4]

휴식은 모험이 멈춘다는 말이 아니다. 그것은 모험이 충만함에 이르렀다는 말이다. 이것은 '하나님의 안식에 들어가는'(히 3-4장) 것을 말한다. 크레스피(Crespy) 교수는 '과로와 휴식'에 관한 에비앙 대회의 연설을 통해 분명하게 설명하고 있다.[5] 이것은 예수님이 주시는 안식이요(마 11:28), 하나님, 삶, 자기 자신과 화해하게 하는 안식이요, 모든 내적인 갈등을 해소하는 안식이다. 모험은 계속되지만 그것은 다른 장단으로 계속되며, 무엇보다도 하나님으로 가득 채운 모험이 된다. 여전히 위험은 남아 있고, 미지의 세계와 죽음이 남아 있다.

완전한 지식은 사도 바울이 말했듯이 나중에, 부활의 때에 찾아올 것이다. "우리가 이제는 거울로 보는 것같이 희미하나 그 때에는 얼굴과 얼굴을 대하여 볼 것이요 이제는 내가 부분적으로 아나 그 때에는 주께서 나를 아신 것같이 내가 온전히 알리라"(고전 13:12). 영원한 부활의 생명은 어떤 모습일까? 그것은 수수께끼다. 그러나 우리는 그것이 여전히 모험이 될 것이며, 하나님과 함께하는 생명, 하나님의 피조물과 함께하는 생명이 될 것을 안다. 우리에게 약속된 부활은 열반이라는 무감동하고 불변하는 공(空)의 세계와는 전혀 다르다. 인간이 어떤 거대한 전체에 삼켜지는, 인간의 비인격화도 아니다. 또한 플라톤이 말한 영혼의 불멸성과도 다르다. 이는 존재의 연장에 불과하다. 부활은 새로운 출발이며, 새로운 모험으로 도약하는 것이다. 부활은 인격적인 부활이며, 인격적인 모험이며, 하나님과 다른 사람과의 인격적인 사귐이며, 인격적인 생명이다.

이것이 밧모 섬에서 사도 요한이 본 환상에서 "그 예비한 것이 신부가 남편을 위하여 단장한 것"(계 21:2) 같은 채로 하늘에서 내려온 '새 예루살렘'의 의미다. 그것은 육화되지 않은 비인격적인 영만 있는 세계가 아니다. 거기에는 성곽이 있고 성문이 있고, 보석과 금이 있으며, 생명수의 강과 생명나무가 있다. 그러나 "다시 저주가 없는"(계 22:3) 곳이다. '새' 예루살렘이라는 명칭은 사도 요한이 잠시 보도록 허락되었던 그 사건의 의미를 잘 표현해 주고 있다. 즉, 새로운 모험이 시작된다는 뜻이다. 하나님의 모험은 계속되고 새로워지며 새롭게 솟아나고, 우리는 그 모험에 충만하게 참여할 것이다.

주

1 | 인간 특유의 본능
1) Henri Ochsenbein, *Les Compagnons de la Vie*, Oberlin, Strasbourg, 1946.

2 | 가상 모험과 실제 모험
1) Frank Grandjean, *Une Révolution dans la Philosophie, La Doctrine de Henri Bergson*, Geneva and Paris, 1913.

3 | 좋은 일, 궂은 일
1) Organisation de l'Armée Secrète(Secret Army Organization).
2) Oliver Juilliard, "Vive la France!" *Express*, Paris, December 21, 1962.
3) Paul Ricoeur, *Histoire et Vérité*, Aubier, Paris, 1955.
4) "Interview with Pastor Alex Bradford", *La Suisse*, Geneva, March 28, 1963.
5) Albert Camus, *The Rebel*, translated by Anthony Bower, Hamish Hamilton, London, 1953.

6) *The Thoughts of Pascal*, translated by C. Kegan, George Bell, London, 1905, pp. 40 and 41.

4 | 뛰어들기
1) "Message de Pentecôte des Présidents du Conseil Oecuménique des Eglises", *La Suisse*, Geneva, June 2, 1963.

5 | 일의 의미
1) Henri de Lubac, s. J., *La Pensée Religieuse du Père Teilhard de Chardin*, Aubier, Paris, 1962.
2) Henri Frédéric Amiel, *Fragments d'un Journal Intime*, Georg, Geneva, and Crès, Paris, 1922.

6 | 헌신
1) Maurice Nédoncelle, *La réciprocité des consciences*, Aubier, Paris, 1942.
2) Henri Flournoy, "Un Cas de Psychopathologie", *Archives des Sciences Physiques et Naturelles*, May-June, 1944.

7 | 하나님의 모험
1) Rainer Maria Rilke, *Lettres à Rodin*, Paul, Paris, 1931.
2) Published by Le Cerf, Paris, 1962.
3) K. von Dürckheim, "Religious Experience beyond Religions", in *Modern Trends in World Religions*, Open Court, LaSalle, Ill,. 1959.

8 | 모험의 특징
1) Adolf Portmann, *Um eine basale Anthropogie*, Rentsch, Zurich and Stuttgart, 1955.
2) Arnold J. Toynbee, *Civilization on Trial*, Meridian Books, Inc., New York.
3) Albert Camus, *Le Mythe de Sisyphe*, Gallimard, Paris, 1942.

9 | 성공과 실패

1) E. Jacob. "Sagesse", in *Vocabulaire Biblique*, Delachaux and Niestlé, Neuchâtel and Paris, 1954.
2) In *Chronique Sociale de France*, No. 5–6, October 15, 1955 (Groupe Lyonnais d'Etudes Médicales, Philosophiques et Biologiques).
3) Lévy-Brühl, *Primitive Mentality*, translated by L. A. Clare, G. Allen and Unwin, London, 1923.
4) Mrs. Dale Carnegie, *How to help your Husband Get Ahead in His Business and Social Life*. The World's Work, Kingswood, 1954.
5) S. Fouché, "La Participation Personnelle du Malade à Sa Guérison." *Cahiers de Ladapt*, Paris, July, 1961.
6) Varillon, 앞의 책.
7) Adolf Portmann, "Mensch and Natur", in *Die Bedrohung unserer Zeit*, Reinhardt, Basel.

10 | 실패 심리학

1) J.-P. Sartre, *L'Etre et le Néant*, Gallimard, Paris, 1943.
2) Jacques Sarano, *La Culpabilité*, Colin, Paris, 1957.
3) Alfred Adler, *Connaissance de l'Homme*, Payot, Paris, 1949.

11 | 역설들

1) J.-P. Sartre, *Existentialism and Humanism*, translated by Philip Mairet, Methuen, London, 1948.
2) See *Chronique Sociale de France*, No. 5-6, October 15, 1955.
3) *Guideposts*, New York, March, 1963.
4) Jacques Sarano, *Médicine et Médicins*, Le Seuil, Paris, 1959.

12 | 독신과 결혼

1) Suzanne Nouvion and collaborators, *Le Célibat Laïc Féminin*, Editions Ouvrières, Paris, 1962.
2) Madeleine Rambert, *La Femme Seule et Ses Problèmes Affectifs*, Delachaux and Niestlé, Neuchâtel, 1961.

3) Françoise Mallet-Joris, *Lettre à Moi-même*, Julliard, Paris, 1963.
4) See *Chronique Sociale de France*, No. 5-6, October 15 1955.
5) Jacques Sarano, *Médecine et Médecins*, Le Seuil, Paris, 1959.

13 | 실패의 교훈

1) H. Pluegge, *Uber die Hoffnung*, Spectrum, Utrecht and Antwerp, 1954.
2) Jacques Sarano, "A Quoi Sert la Douleur?" *Revue Présences*, Champrosay(S.-et-O.), No.70, lst Term, 1960.

14 | 안전 추구 본능

1) Adolf Portmann, *Um eine basale Anthropologie*, Rentsch, Zurich and Stuttgart, 1955.
2) C. G. Jung, *Modern Man in Search of a Soul*, translated by W. S. Dell and C. F. Baynes, Kegan Paul, London, 1933.
3) E. B. Strauss, *Quo Vadimus?*, Tyrolia-Verlag, Innsbruck and Vienna, 1948.

15 | 가치 있는 모험

1) J. P. Sartre, *Existentialism and Humanism*, translated by Philip Mairet, Methuen, London, 1948.
2) *Existentialism and Humanism*, p. 20.
3) Charles Odier, *Les Deux Sources Consciente et Inconsciente de la Vie Morale*, La Baconnière, Neuchâtel, 1943.
4) S. Kierkegaard, *The Journals*, edited and translated by Alexander Dru, Oxford University Press, London, 1938, p. 15(No. 22, August, 1835).
5) Paul Plattner, "Médecine de la Personne", *Artsenblad*, April, 1950.
6) Georges Gusdorf, *La Découverte de Soi*, P. U. F., Paris, 1948.
7) *Chronique Sociale de France*, No. 5-6, October 15, 1955.
8) 앞의 책.
9) 같은 책.

16 | 하나님의 인도

1) Frank N. D. Buchman, "Nations that refuse to think", speech of June 4, 1956(미국과 영국의 독자는 이것이 영어 성경의 왕상 19:12에서 인용한 것임을 알아볼 수 있을 것이다—영역자 주).

18 | 분별의 근본

1) C. Nodet, "Psychoanalyse et Culpabilité", in *Pastorale du Péché*, Desclée de Brouwer, Bruges, 1962.
2) Vojtech Trubka, *Mes Fauves*, Delachaux and Niestlé, Neuchâtel, 1947.
3) Robert Aron, *Les Années Obscures de Jésus*, Grasset, Paris, 1960.

20 | 일의 모험

1) Michael Balint, *Le Médecin, Son Malade et la Maladie*, P. U. F., Paris, 1960.
2) Louis Armand, Michel Drancourt, *Plaidoyer pour l'Avenir*, Calman-Lévy, Paris, 1961.
3) "Un Professeur de Réflexion pour Cadres Supérieurs", *Réalités*, No. 146, March, 1958.
4) Théo Bovet, *L'Art de Trouver du Temps*, Oberlin, Strasbourg, 1955.

21 | 삶의 의미

1) G. Gusdorf, *Dialogue avec le Médecin*, Labor et Fides, Geneva, 1962.
2) *Bulletin des Médecins Suisses*, November 16, 1962, p. 852.
3) Henri Ochsenbein, "Le Problème de la Santé et la Vision Biblique de l'Homme", in *Santé et Vie Spirituelle*, Oberlin, Strasbourg, 1953.
4) C. F. Ramuz, Preface to the *Livret de Famille du Canton de Vaud*.
5) Crespy, Nussbaum, and Vernes, *Surmenage et Repos*, Delachaux and Niestlé, Neuchâtel and Paris, 1963.

역자 후기

하나님은 만남을 통하여 우리를 인도하신다. 좋은 스승, 좋은 친구, 좋은 책과의 만남은 우리의 삶에 근본적인 변화를 가져다 줄 수 있다. 「어느 상담심리학자의 고백」(한국 IVP)에서 밝힌 것처럼, 나 역시 지금까지 그리스도 안에서 귀한 지체들과의 만남을 통해 오늘날의 나로 다듬어질 수 있었다.

하나님은 우리를 사랑의 줄, 사람의 줄로 이끄신다(호 11:4). 1980년, 나는 사랑의교회에서 옥한흠 목사님을 통해 하나님을 인격적으로 만날 수 있었다. 나의 짧은 생애를 돌아볼 때, 하나님은 필요할 때마다 여러 명의 '중요한 타인'(significant others)과 적절한 책들을 만나게 하심으로 나의 삶을 인도하셨다. 비록 투르니에를 직접 만나지는 못했지만 그의 책들을 통해 그의 인격과 사상, 그리고 그의 삶을 접할 수 있었던 것은 나에게 주어진 가장 큰 복 가운데 하나다.

어린 시절부터 혼미한 상태에서 계속 방황하며 무수히 상처를 받았던 나는 소심증에 시달리고 있었다. 오대양 구원파를 비롯해 몰몬교 등 여러 이단 집단을 전전하다가 예수님을 만났을 무렵, 나는 주한 미국대사관에서 홍보전문위원을 맡아 비교적 안정된 직장에 안주하고 있었다.

그 후 그리스도인 심리학자 게리 콜린스(Gary Collins)를 만나 상담심리학자의 소명을 받게 되었고, 그를 통해 이 책의 저자 폴 투르니에를 소개받았다. 상담심리 석사 과정을 공부할 당시 나의 지도 교수였던 임상심리학자 콜린스 박사는 투르니에의 삶과 사상에 매료되어 스위스 제네바에 가서 반 년 동안 셋방살이를 하면서 그의 전기「폴 투르니에의 기독교 심리학」(*Christian Psychology of Paul Tournier*, 한국 IVP 역간)을 저술했다.

나와 아내는 투르니에의 여러 저술을 통하여 '무료 상담'을 받았다. 좋은 부부 모델을 보지 못하고 자란 우리는 '독서 상담'을 통해 여러 '쓴 뿌리'가 치유되는 것을 경험하였다. 이와 같은 과정을 겪으면서 우리는 투르니에가 '기독교가 가장 사랑한 상담자'라는 애칭을 얻게 된 배경을 이해하게 되었다. 1973년 투르니에의 75회 생일을 기념하여 발간된「폴 투르니에의 전인격 의학」에서는 투르니에를 '세계적으로 저명한 내과 의사이며, 정신과 의사, 문명 비평가, 현대 신학자, 존경받는 저술가, 현대의 선지자'로 소개하고 있다.

투르니에는 의료 활동과 저술을 통해 전 세계 의학계와 상담학계에 지대한 영향을 끼쳤으며, 나에게는 인생의 스승이자 신앙의 선배로서 개인적인 상담자가 되었다. 지혜로운 할아버지의 자상한 음성은 나의 영혼에 치유의 메시지로 들려왔고 때로는 도전과 훈계의 말씀으로 다가왔다.

위대한 사상과 인격을 만난 감격에 나는 곧바로 스위스 제네바로 감사의 서신을 보냈다. 투르니에는 나를 한국의 새로운 친구라고 부르면서 친필로 답신을 보내왔을 뿐 아니라 내가 신학대학에서 교수로 채용되었을 때 제일 먼저 축하 편지도 보내 주었다.

투르니에는 「모험으로 사는 인생」에서 인간의 안정 본능과 모험 본능, 일과 노동의 의미, 아마추어 정신과 프로 정신, 독신과 결혼의 의미, 성공과 실패의 의미 등 인생의 제반 문제를 의학과 신학, 그리고 심리학의 통합적 관점에서 예리하게 다루고 있다. 그의 모든 글은 일화 위주로 전개되는데, 실제 경험을 근거로 펼쳐지는 나눔은 항상 새로운 감동으로 다가온다.

실패와 오류로 점철된 과거로 인해 갈등하던 나에게, 하나님의 뜻(목적) 아래서 범한 실수는 더 이상 실패가 아니라는 그의 통찰은 하나님의 섭리의 관점에서 성공과 실패의 의미를 재조명할 수 있게 해주었다. '인생은 하나님이 지휘하시는 모험'이라는 그의 명언은 선한 목자 되신 하나님이 나를 인도해 주신다는 확신을 가지게 해주었으며, 결국에는 내가 미국대사관이라는 안정된 직장을 그만두고 전혀 새로운 모험의 길에 들어설 수 있는 용기를 불어넣어 주었다. 이 책을 읽고 도전을 받지 않았다면, 나는 사십이 다 된 나이에 심리학 연구를 위해 유학을 결정할 엄두도 내지 못했을 것이다.

1984년 초에 나는 본서를 우리말로 번역하여 소개할 뜻을 굳히고 저자에게 한국어판 서문을 써 줄 것을 부탁하였다. 그는 즉시 서툰 영어로 자신의 저술을 소개하려는 뜻에 감사하면서 자신의 모국어인 불어로 한국어판을 위한 저자 서문을 보내 주었다.

이미 잘 알려진 대로 투르니에는 1940년 「인격 의학」(*Medicine of the Whole Person*)을 출간한 이래로 스무 권이 넘는 책을 저술했다. 그는 모든 책에서 신학과 의학과 심리학을 조화시키기 위해 끊임없는 시도를 했기 때문에 그 근저에는 인격에 대한 깊은 경외심이 흐르고 있다. 비인격적인 가정 환경과 종교 집단(이단)에서 30여 년이나 고통당했던 나로서는 그의 「인격 의학」에 끌리지 않을 수 없었다.

그의 책을 한 권씩 읽어 나가면서 투르니에와 내가 여러 유사점을 갖고 있음을 발견했다. 그는 실제 고아로, 나는 심리적 고아로 어린 시절을 자폐아로 보낸 것이라든가, 고무다리, 등신, 숙맥, 엉거주춤과 같은 별명으로 얼룩진 빈약한 자아상 때문에 고통당한 것이라든가, 아버지의 노년에 두 번째 아내를 통해 태어났다는 사실, 그리고 30대에 '중요한 타인'을 만남으로 삶의 진로 설정에 질적인 전환을 맞은 것 등은 외국 대사

통역을 뒤로 하고 뒤늦게 상담심리학으로 진로를 바꾼 나에게 커다란 위로와 격려가 되었다.

나는 미국 유학 중에도 투르니에 부부와 성탄절 카드를 교환하며 직접 만나게 될 날을 고대하고 있었다. 그런데 그는 내가 상담심리 석사 과정을 마치던 해인 1986년에 두 번째 부인을 남겨 둔 채 태어난 지 두 달, 여섯 살 때 각각 사별했던 부모님, 그리고 첫 번째 부인이 먼저 가서 기다리고 있는 하늘나라로 갔다.

당신이 손에 잡고 있는 이 책은 투르니에의 대표작이며, 그의 책 중에서 가장 많이 인용되는 작품이다. 사실 마음 같아서는 은혜를 갚는 심정으로 곧바로 번역하여 소개하고 싶었지만 침례 신학대학에서의 교육 석사 과정(M.R.E.)과 트리니티 신학대학에서의 상담심리 석사(M.A./C.P.), 그리고 교육학 박사 과정(Ph. D.)이 차례로 이어진데다, 귀국 후 1990년부터는 구원파 교주에 대한 명예 훼손 소송으로 구속되었다가 풀려난 후 재판이 계속 이어져 번역할 틈을 찾지 못하고 있었다. 지난 1996년 10월, "이단 교주를 비판하는 것은 명예 훼손에 해당하지 않는다"는 대법원 판결로 6년 동안 계속된 재판이 완결되었다. 그야말로 나의 삶은 투르니에가 이 책에서 일관되게 주장하는 대로 '하나님이 지휘하시는 전화위복과 모험'의 연속이었다.

시간적 여유를 찾을 수 없었던 나는 외국어대학 통역번역대학원을 졸업한 유능한 번역가 박영민 씨의 도움을 얻어 1994년 여름에 드디어 이 책을 완역했다. 저자의 한국어판 서문을 손에 잡은 지 꼭 10년 만에 실현된 꿈이다. 에드윈 허드슨(Edwin Hudson)이 불어에서 영어로 번역한 책(*The Adventure of Living*)을 옮긴 것임을 밝혀 둔다.

성경을 번역하는 심정으로 우리 두 사람은 저자의 의도를 역동적으로 전하는 데 주력하였다. 나는 지금까지 50권이 넘는 영서를 번역하였는데, 이 책은 내가 지금까지 번역한 책 가운데 가장 무게 있고 중요한 책이라고 평가하고 싶다.

2002년 8월 나는 16년 동안 나의 중년기를 바쳤던 침신대 기독교 상담학과의 교수직을 뒤로 하고 생애의 두 번째 모험의 길에 들어섰다. 높아가는 이혼율을 낮추기 위해서는 행복한 결혼율을 높여야 한다는 사명감으로 전국적으로 가족 관계를 강화시키는 일에 남은 생애를 바치기로 작정하고 프리랜서로 직업을 전환할 수 있었던 것은, 역시 투르니에의 '인생은 하나님이 지휘하시는 모험'이라는 도전 때문이었다. 아내의 표현을 빌리자면, 지역구에서 전국구로 사역의 장을 바꾼 셈이다. 우리 부부는 투르니에 부부가 보여 준 본을 따라 한국판 "브리스길라와 아굴라"의 삶을 재현하면서 더없이 행복한 말년을 보내고 있다.

2005년 투르니에가 서거한 지 20년이 가까워오는 해에 그의 대표작이 새롭게 단장하고 독자를 찾아가게 된 것을 기뻐

하며 역자를 대표하여 몇 자를 덧붙였다. 우리 두 사람의 사랑의 수고가 독자의 삶을 풍요롭게 하는 데 한 몫을 하게 되기를 바라 마지않는다.

공주 산언덕에 있는 신성회 가족사랑 쉼터에서
정동섭(가족관계연구소 소장)

옮긴이 정동섭은 경희대 영어영문학과를 졸업한 뒤에 침신대에서 기독교교육석사(MRE), 트리니티복음주의신학교(TEDS)에서 상담심리석사(MA/CP)와 가정사역 전공 철학박사(Ph.D.) 학위를 취득했다. 침례신학대학교에서 18년간 가정생활교육과 상담심리학을 가르치다가 현재는 가족관계연구소 소장으로 강연과 저술 활동에 전념하고 있다. 저서로는 「구원 개념 바로 잡기」(새물결플러스), 「어떻게 사람을 변화시킬 수 있는가」(요단), 「구원파를 왜 이단이라 하는가」(죠이출판사) 등이 있으며, 역서로는 「서로를 이해하기 위하여」, 「모험으로 사는 인생」, 「크리스천 코칭」(이상 IVP) 등이 있다.

박영민은 총신대 영어교육과를 나와 외국어대 통역번역대학원 한영과를 졸업했다. 현재 이화여자대학교 통역번역대학원 번역학과에 출강하고 있다.

모험으로 사는 인생

초판 발행_ 1994년 10월 20일
양장판 발행_ 2005년 3월 10일
무선판 발행_ 2020년 1월 10일
무선판 5쇄_ 2024년 10월 10일

지은이_ 폴 투르니에
옮긴이_ 정동섭·박영민
펴낸이_ 정모세

펴낸곳_ 한국기독학생회출판부
등록번호_ 제2001-000198호(1978.6.1)
주소_ 04031 서울 마포구 동교로 156-10
대표 전화_ (02)337-2257 팩스_ (02)337-2258
영업 전화_ (02)338-2282 팩스_ (02)080-915-1515
홈페이지_ www.ivp.co.kr 이메일_ ivp@ivp.co.kr
ISBN 978-89-328-1744-6

ⓒ 한국기독학생회출판부 1994, 2005, 2020

책값은 뒤표지에 있습니다.
무단 전재와 복제를 금합니다.